大学生创新创业

李春燕 ▣ 主　编
郑　凤　武　迪 ▣ 副主编

清華大學出版社
北　京

内 容 简 介

当前，加快培养规模宏大、富有创新精神、勇于投身实践的创新创业人才队伍是高等教育与科技、经济、社会紧密结合的具体体现之一。本书分为12章，内容包括关于创新、创新思维开发、创新方法、创业知识与创业环境、创业者与创业团队、创业机会与创业风险、创业资源有效整合、商业模式的开发、创业计划书的制订、项目路演、大学生创新创业赛事和企业的创建与管理。

本书适合作为职业院校大学生创新创业课程的指导教材，也可作为社会各类创业者自学的学习指导用书。

图书在版编目（CIP）数据

大学生创新创业/李春燕主编．—北京：清华大学出版社，2024.3
ISBN 978-7-302-65666-1

Ⅰ.①大…　Ⅱ.①李…　Ⅲ.①大学生－创业　Ⅳ.①G647.38

中国国家版本馆CIP数据核字(2024)第048268号

责任编辑：郭丽娜
封面设计：曹　来
责任校对：袁　芳
责任印制：曹婉颖

出版发行：清华大学出版社
网　　址：https://www.tup.com.cn，https://www.wqxuetang.com
地　　址：北京清华大学学研大厦A座　　**邮　　编**：100084
社 总 机：010-83470000　　**邮　　购**：010-62786544
投稿与读者服务：010-62776969，c-service@tup.tsinghua.edu.cn
质量反馈：010-62772015，zhiliang@tup.tsinghua.edu.cn
印 装 者：三河市龙大印装有限公司
经　　销：全国新华书店
开　　本：185mm×260mm　　**印　　张**：16　　**字　　数**：382千字
版　　次：2024年4月第1版　　**印　　次**：2024年4月第1次印刷
定　　价：58.00元

产品编号：105751-01

前言

当前，我国经济已由高速增长阶段转向高质量发展阶段，“大众创业、万众创新”持续向更大范围、更高层次和更深程度推进。国务院办公厅《关于深化高等学校创新创业教育改革的实施意见》（国办发〔2015〕36号）等文件，对推动“大众创业、万众创新”提出了新的要求，鼓励将创新创业与经济社会发展深度融合，促进高等教育与科技、经济、社会紧密结合，加快培养规模宏大、富有创新精神、勇于投身实践的创新创业人才队伍，推动新旧动能转换和经济结构升级，扩大就业和改善民生。

党的二十大报告提出：“我们要坚持教育优先发展、科技自立自强、人才引领驱动，加快建设教育强国、科技强国、人才强国”。大学生是未来社会的主力军，是最具创新精神、创业潜力的群体，推动“大众创业、万众创新”，离不开这些最具活力的高校学生。在高校开展创新创业教育，对提高高等教育质量，促进学生全面发展，推动毕业生创业就业、服务国家现代化建设具有重要意义。

为了指导大学生创新创业，编者结合大学生创新创业的现状，总结多年从事大学生创新创业教学和指导工作的经验编写了本书。本书具有以下特点。

1. 系统性与针对性相结合

创新指导创业，创业实现创新。本书兼顾创新和创业，在创新内容方面，主要介绍了创新的理论知识、创新思维及创新方法；在创业内容方面，主要对创业的具体内容进行讲述，既能帮助大学生树立创新的意识，又能实际指导大学生创业。

2. 体例科学，栏目丰富

本书设有知识结构、学习目标、经典案例、拓展阅读、思考与训练等栏目。通过知识结构和学习目标指出本章重点，通过经典案例、拓展阅读加深学生对知识的理解，通过思考与训练指导学生复习，从实践上加深学生对本章知识的掌握。

3. 深入浅出，贴近实际

本书以通俗的语言讲述了创新创业的知识点，贴近学生的生活、学习实际，有助于培养大学生独立思考问题、分析问题、解决问题的能力。

本书由李春燕任主编，郑凤、武迪任副主编，参与编写的还有王静、张景洋、程景、冀丹、赵伟和郭凯琪。

由于编者水平有限，书中难免存在疏漏或不足之处，敬请广大读者批评、指正。

编　者

2024年1月

第一章　关于创新

知识结构

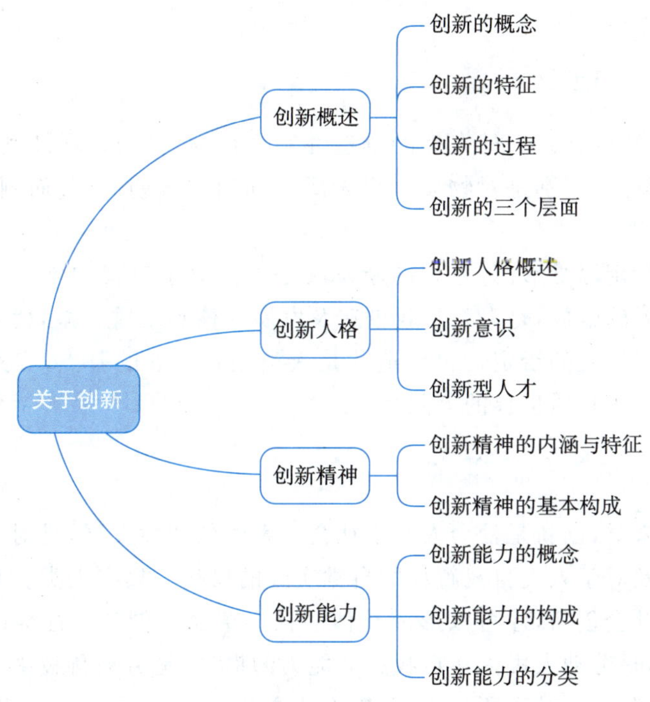

学习目标

- 了解创新的概念，熟悉创新的特征。
- 掌握创新型人才的特征与培养方法。
- 认识创新精神，了解创新精神的基本构成。
- 掌握创新能力的概念，熟悉创新能力的分类。

第一节　创新概述

一、创新的概念

创新的英文单词是 innovation，英文意思是更新、变革、制造新事物。《现代汉语词典》中对“创新”的解释有两种：一是指抛开旧的，创造新的；二是指创造性，新意。在现代社会中，创新是指以现有的思维模式提出有别于常规或常人思路的见解为导向，利用现有的知识和物质，在特定的环境中，本着理想化需要或为满足社会需求，改进或创造新的事物、方法、元素、路径、环境，并能获得一定有益效果的行为。换言之，创新是以新思维、新发明和新描述为特征的一种概念化过程。创新包含三层含义：第一，更新；第二，创造新的东西；第三，改变。

创新是人类特有的认识能力和实践能力，是人类主观能动性的高级表现，是推动民族进步和社会发展的不竭动力。一个民族要想走在时代前列，就一刻也不能没有创新思维，一刻也不能停止各种创新。一般来说，可以从哲学、社会学和经济学三个角度来解释创新的概念。

（一）哲学角度的创新概念

从哲学角度来讲，创新是一种人类的创造性实践行为，目的是增加利益总量，是对事物及发现的利用和再创造，特别是对物质世界矛盾的利用和再创造，进而制造新的矛盾关系，形成新的物质形态。

创意是创新的特定思维形态，意识的新发展是人类对于自我的创新。发现与创新构成人类相对于物质世界的解放，是人类自我创造及发展的核心矛盾关系，代表着两种不同的创造性行为。只有对于发现的否定性再创造才是人类创新发展的基点，实践是创新的根本所在。创新的无限性在于物质世界的无限性。

（二）社会学角度的创新概念

从社会学角度来讲，创新是社会人对于社会关系的创新性发展，是对于社会关系的内在本质及范畴的发现及对于人类自我解放的自觉实践的反映。只有人类自我自觉的自我解放行为才可以是真的社会创新，才可以形成整体的社会革命性创新。社会的革命性创新路径依赖生产力的解放，是劳动人民内在自我解放能力的提升，是劳动科技中劳动者素质及工具的整体进步。创新最终表现为所有劳动者的社会化总体生产力的提升与劳动者自身的发展。

（三）经济学角度的创新概念

从经济学角度来讲，创新是指以现有的知识和物质，在特定的环境中，改进或创造新的事物，包括但不限于各种方法、元素、路径、环境等，并能获得一定有益效果的行为。美籍经济学家熊彼特在其 1912 年出版的《经济发展理论》(*Theory of Economic Development*)中提出：创新是指把一种新的生产要素和生产条件的“新结合”引入生产体系。它包括五种情况：引入一种新产品；引入一种新的生产方法；开辟一个新的市场；获得原材料或半成品的一种新的供应来源；新的组织形式。熊彼特的创新概念包含的范围很广，如涉及技术性变化的创新及非技术性变化的组织创新。

近代以来，人类文明进步所取得的丰硕成果主要得益于科学发现、技术创新和工程技术的不断进步，得益于科学技术应用于生产实践中形成的先进生产力，得益于近代启蒙运动所带来的人们思想观念的巨大解放。可以说，人类社会从低级到高级、从简单到复杂、从原始到现代的进化历程，就是一个不断创新的过程。不同民族发展的速度有快有慢，发展的阶段有先有后，发展的水平有高有低，究其根本，民族创新能力的水平是影响民族发展的主要因素之一。

二、创新的特征

具体来讲，创新具有以下几个基本特征。

（一）目的性

任何创新活动都有一定的目的性，这个特性贯穿创新过程的始终。创新总是围绕解决某一问题而进行的，总是与完成某一任务相联系的。归根结底，创新的最终目的就是不断满足人类自身生存发展的需要。

（二）变革性

创新是对已有事物的改革和革新，是一种深刻的变革。故步自封、安于现状、不想变革，就不会有创新。

（三）新颖性

创新是对现有的不合理事物的抛弃，是革除过时的内容、确立新事物。在确立新事物的过程中所引入的新概念、新工艺或新产品等，与过去相比都具有新颖性。只有对原有的事物注入新的因素，才能使其得以更新、发展和突破。

（四）价值性

创新的成果必须具有明显的、具体的价值，必须能够满足人们的某种需要，能够对促进经济社会的发展具有一定的效益；否则，创新就失去了意义。

（五）发展性

创新是一个不断发展的过程，是创造新知识、应用新知识并不断发展知识的过程。对知识的创造、应用、再创造、再应用的这种循环往复是人类创新永无止境、无限发展的客观规律。在知识经济时代，创造知识和应用知识的能力与效率将成为影响一个国家综合国力和国际竞争力的重要因素。

三、创新的过程

创新的“四阶段理论”是一种影响大、传播广，而且具有较强实用性的过程理论，由英国心理学家沃勒斯提出。该过程理论认为创新的发展分四个阶段，即准备期、酝酿期、明朗期和验证期。

（一）准备期

准备期是准备和提出问题的阶段。创新是从发现问题、提出问题开始的，而问题出现的本质是现有状况与理想状况的差距。爱因斯坦指出，提出一个问题往往比解决一个问题更重要，因为解决问题也许仅是一个数学上或实验上的技能而已；而提出新的问题、新的可能性，从新的角度去看旧的问题，都需要有创新性的想象力，而且标志着科学的真正进步。他还认为，对问题的感受是人的重要的资质。其准备工作可分为以下三步：对知识和经验进行积累和整理；收集必要的事实和资料；了解自己提出问题的社会价值，即能满足社会的何种需要及价值前景。

（二）酝酿期

酝酿期也称为沉思和多方思维发散阶段。在酝酿期，对收集的资料、信息要进行加工处理，探索解决问题的关键，因此通常需要耗费很长的时间，花费巨大的精力。酝酿期是大脑高强度活动的时期。这一时期，要从各个方面，如纵横、正反等方面去进行思维发散，让各种设想在头脑中反复组合、交叉、撞击、渗透，按照新的方式进行加工。加工时应主动地使用创造方法，不断选择，力求形成新的创意。创新思维的酝酿期特别强调有意识地选择，一般来说，富有创造性的人往往比较注重选择。

（三）明朗期

明朗期又称顿悟期或突破期。在明朗期，参与创新的人寻找到了解决办法。明朗期很短促、很突然，呈猛烈爆发状态。也就是说，久盼的创造性突破在瞬间实现，人们通常所说的“脱颖而出”“豁然开朗”“众里寻他千百度。蓦然回首，那人却在，灯火阑珊处。”等都是描述这种状态的。如果说“踏破铁鞋无觅处”描绘的是酝酿期，“得来全不费功夫”则是对明朗期的形象刻画。在明朗期，灵感思维往往起决定作用。

（四）验证期

验证期是评价的阶段，是完善和充分论证的阶段。突然获得突破，瞬间出现飞跃，其结果难免稚嫩、粗糙甚至存在若干缺陷。验证期是把明朗期获得的结果加以整理、完善和论证，并且进一步加以充实的阶段。创新思维所取得的突破，假如不经过这个阶段，创新成果就不可能真正取得。论证，一是进行理论上的验证，二是放到实践中进行检验。

参与创新的人在验证期的心理状态一般较波动，这时候更需要保持耐心，思考周密慎重，不急于求成和不急功近利。

四、创新的三个层面

创新有各种不同的程度，从渐进式创新，一直到革命性创新。渐进式创新，如生产成本的削减、产品性能的改进、企业运作效率的提高；革命性创新，如 Windows 操作系统、Internet 的发明。

创新可以在个人层面、企业层面和社会层面三个层面开展。

(1) 个人层面的创新。此层面的创新始于孩子，如果观察孩子玩耍，可发现孩子天生具有创新能力。社会对孩子的创造通常有两种反应形式：一种是在孩子的创新基础上继续发展；另一种是扼杀孩子的创新。因此，个人层面的创新需要整个社会的支持，包括对创造者环境上的支持，给个体一些创新的机会，使个体有机会在这个环境中实现创新。

(2) 企业层面的创新。现已证实，在团队基础上的创新，威力巨大，远远超过个人基础上的创新。因为当把一群非常有创造力的人组合在一起时，企业可以提供更多创新的条件或环境。首先，要在企业中形成一种创新文化；其次，让有创新能力的人挖掘客户的需求。企业应建立一个创新通道，提供创新的各种资源，建立创新的奖励机制，还要通过专利的形式保护创新。

(3) 社会层面的创新。通常会经过"反对现存的社会力量，即利益组织对于新的发明创造持反对态度，不愿意接受；有几个人发现创新的社会力量，愿意进行尝试；通过这样的几个先锋人物使用这种新技术，以传教的方式，使知识扩展开来，让整个社会开始接受创新的产品和思想；变成公众维持状态，人们不再认为那是什么创新的思想，而认为是理所当然的"这样四个阶段以后，创新思想才能渐渐扎根。

案例 1-1

华为的核心竞争力是怎样炼成的

在过去的 30 年时间里，大多数中国民营科技企业总是逃脱不了"各领风骚三五年"的宿命，我们也听到和看到太多关于中国民营企业崛起、衰落、倒闭的悲伤故事。但是华为技术有限公司(以下简称华为)从 2 万元起家，用 25 年时间，从名不见经传的民营科技企业，发展成为世界 500 强和全球最大的通信设备制造商，创造了中国乃至世界企业发展史上的奇迹。

华为成功的秘诀就是创新。创新是提升企业竞争力的法宝，同时也是一条充满风险和挑战的成长之路。尤其在高新技术产业领域，创新被称为一个企业的生存之本和一个品牌的价值核心。

华为的创新体现在许多方面和各个细节中，但是华为不是为创新而创新，它打造的是一种相机而动、有的放矢的创新力，是以客户需求、市场趋势为导向，紧紧沿着技术市场化路线行进的创新。这是一种可以不断自我完善与超越的创新力，这样的创新能力才是企业可持续发展的基石。

技术创新对于企业的国际化非常重要，但不等于只有在完成技术创新之后才能进行国际化。完全掌握了核心技术，再进行国际化，这是一种过于理想化的模式。国际化的过程本身就是提高企业技术能力的过程，在"战争中学习战争"也是一种相机而动的思维。所以，在 1996 年，华为就尝试走出国门，通过国际竞争促进和提升自身的技术创新。

实际上，华为的技术创新，更多表现在技术引进、吸收与再创新层面上，主要是在国际企业的技术成果上进行一些功能、特性上的改进和集成能力的提升。对于所缺少的核心技术，华为通过购买或支付专利许可费的方式，实现产品的国际市场准入，再根据市场需求进行创新和融合，从而实现知识产权价值最大化。

必须指出的是，产业升级仅有技术升级是不够的，还需要管理的同步升级。与国内其他企业一样，华为在创业之初也有过一段粗放式管理的时期，但是华为及时认识到管理创新的重要性，并不惜血本，进行脱胎换骨式的变革和提升。

经过十多年的不断改进，华为的管理实现了与国际接轨，不仅经受了公司业务持续高速增长的考验，而且赢得了海内外客户及合作伙伴的认可，有效支撑了公司的全球化战略。

华为还探索了一套独特的商业模式，建立了一套行之有效的人力资源管理体系，尊重和爱护人才，聚集了一大批技术精英，为华为的可持续发展提供了人力保障。在培养接班人方面，任正非打破家族式继承，推行轮值 CEO(chief executive officer，首席执行官)制度，让没有血缘关系的优秀后继者担任轮值 CEO，开辟了中国民营企业"代际传承"之先河。

现代管理学之父彼得·德鲁克认为，一家企业的崛起远比一个国家的崛起值得我们夸耀。华为的成功，激起了无数人的想象，为中国企业国际化树立了标杆，建立了信心。华为让我们欣喜地看到了那些优秀世界级企业的影子，我们更希望看到更多如华为一样优秀的企业成长起来。

第二节　创新人格

一、创新人格概述

创新不但曲折复杂，而且充满不确定性。古今中外的创新成功者告诉我们，要想从事这种艰苦的劳动，不但需要具有创新意识、创新思维和创新能力，而且需要具有创新人格。创新人格是创新者特有的个性特征和个性倾向，也是创新者创新成功的有力支撑。

(一) 创新人格的特征

人格(personality)是指个体由先天获得的遗传素质与后天环境相互作用而形成的心理特征，它由需要、动机、兴趣、态度、价值观、气质、性格和能力等要素构成，能代表一个人整体的心理面貌和精神特征。关于创新者人格特征的研究很多，其中以马斯洛、罗杰斯和斯腾伯格的研究最具有代表性。

1. 马斯洛的创新人格研究

美国心理学家马斯洛通过对贝多芬、爱因斯坦、罗斯福、林肯和弗洛伊德等 48 位最能充分发挥自己的创新才能、把工作做得最出色的人进行长期研究，提出了自我实现者应该具备的 15 个特征。

(1) 能对现实采取客观态度。

(2) 对人、对己、对大自然表现出最大的认可。

(3) 坦率、自然和单纯。

(4) 以问题为中心，能献身于事业。

(5) 有独处和自立的需要。

(6) 不受环境和文化的支配。

(7) 对生活经验有永不衰退的欣赏力。

(8) 神秘或高峰体验。

(9) 关心社会、他人，有强烈的同情心。

(10) 良好的人际关系。

(11) 深厚的民主性格。

(12) 明确的伦理道德标准。

(13) 富有哲理感和幽默感。

(14) 富有创造性。

(15) 不受现存文化规范的束缚。

2. 罗杰斯的创新人格研究

美国人本主义心理学家罗杰斯的研究表明,卓越的创新者至少具有下列特征。

(1) 能接受一切经验。

(2) 自我与经验和谐一致。

(3) 个性因素都发挥作用。

(4) 有自由感。

(5) 具有高创造性。

(6) 与他人和睦相处。

3. 斯腾伯格的创新人格研究

美国心理学家斯腾伯格在一项关于创造力的研究中调查普通民众时问道:"你认为有创意的人最主要的特质是什么?"下面是一些公认的主要特质。

(1) 去做别人认为做不到的事情。

(2) 不顺从别人。

(3) 不按常理出牌。

(4) 质疑社会规范、道德和假设。

(5) 愿意表明立场。

从上述三位专家的研究中可以看到,强烈的成就动机,能接受一切经验的开阔胸怀,勇于去做别人认为做不到的事情的自信心,积极乐观的生活态度,大胆坚持自己的主张、不受现存文化规范的束缚、不随波逐流和不按常理出牌的独立个性,良好的现实知觉和问题意识,百折不挠的意志品质等,都是大家比较公认的创新者的人格特征。

(二) 创新人格的作用

1. 创新人格的导向作用

任何创新活动都是目标导向的行动,而目标又有长远目标和近期目标之分。长远目标是人终生追求的东西,表现为雄心壮志和远大理想等,它可以引导和推动人为之坚持不懈地奋斗。近期目标是人在短期内所追求的东西或要解决的问题,如加薪、升职和表扬、奖励等,它能对人近期的工作、学习产生强大的推动力量。

对于创新活动而言,无论是长期目标还是短期目标,都与个体的需要、兴趣和价值观等人格因素有关。例如,个体探索大自然奥秘的愿望,可以让人长期废寝忘食,甚至克服巨大困难进行科学研究。再如,个体追求卓越的成就动机,可以让人在工作中遇到困难时,充分发挥自己的聪明才智,创造性地解决问题。

2. 创新人格的调节作用

创新是极为艰难的高智力、高强度的劳动,它需要凝聚全部力量,集中到一点上去突破。因此,能否最大限度地集中注意力,保持思索问题的最佳状态,也是决定创新成败的关键因素。要做到这一点,则需要通过自我调节系统,抑制头脑中的各种杂乱活动,并将全部注意力都投入所从事的创新活动中。

古今中外越是有新意的想法，越是不容易被大家接受。因为它们通常有别于传统，与主流相背。因此，一个人要想取得创新性成绩，必须能承受孤独寂寞，甚至众叛亲离和冷嘲热讽。要做到这一点，不仅需要自信和毅力，而且要能调节自己的理智和情感，让自己在"合乎潮流者"的嘲笑和打击面前，保持冷静的头脑和乐观的情绪。

3. 创新人格的激励作用

创新过程充满艰难险阻，只有通过不断的自我激励，才能够坚持到底。因此，对人类大多数创新活动而言，创新过程实际上是一个不间断的自我激励过程。在这个过程中，创新者人格特征中强烈的成就动机、强大的自信心、积极乐观的生活态度和百折不挠的意志品质等，将对创新者不断产生激励作用。

在人类历史上，许多伟大的创新成果，都经历了漫长的研究和创作过程。例如，马克思的《资本论》，仅写作就用了 40 年时间；哥白尼的《天体运行论》，从写作到发表用了 30 年时间；李时珍的《本草纲目》，从考察、采集、验证到撰文、绘图、刻书，更是耗尽了李时珍毕生的精力。类似这样的创新成果，没有人格的激励作用是不可能完成的。

二、创新意识

在现实生活中，创新往往带有偶然性，给人一种可遇而不可求的感觉。其实创新并不是偶然的，尽管它在很大程度上存在着机遇问题，但是为什么有些人能够抓住机遇，而有些人却只能看着机遇从眼前白白溜走？其中最为重要的原因就是创新意识在起作用。

(一) 创新意识的内涵

创新意识是创新活动的起点和前提，离开了创新意识，一切创新活动都将无从谈起。所谓创新意识，是人们对创新与创新的价值性、重要性的一种认识水平、认识程度及由此形成的对待创新的态度，并以这种态度规范和调整自己的活动方向的一种稳定的精神态势。创新意识总是代表着一定社会主体奋斗的明确目标和价值指向，是一定主体产生稳定、持久创新需要、价值追求和思维定式及理性自觉的推动力量，是唤醒、激励和发挥人们所蕴含的潜在本质力量的重要精神力量。

创新意识是人类意识活动的一种积极的、富有成果性的表现形式，是人们进行创造活动的出发点和内在动力，是创造性思维和创造力的前提。

(二) 创新意识的基本构成

创新意识主要由创新兴趣、创新动机、创新情感和创新意志四个方面构成。

1. 创新兴趣

兴趣是人们力求探究某种事物和从事某项活动的意识倾向。创新兴趣则是对挑战陈规、创造新事物、提出新方法等感兴趣，热衷于从事创新活动。创新兴趣往往与好奇心、求知欲联系在一起，这是人的天性，有的人将这种天性抑制和限制，而有的人将这种天性保持和发扬。

创新兴趣引导着创新目标的确立、创新能力的开发，人们总是优先根据自己的兴趣来选择合适的创新内容和方向。对创新的强烈兴趣是进行创新活动最重要的心理条件之一。

2. 创新动机

动机是激发和维持个体的活动，并使这种活动朝着一定目标努力的内部心理倾向。创新动机是指引起和维持个体进行创新行动的内在驱动力，是创新行为的动力基础。

创新动机在创新活动中主要有以下三个方面的功能。

(1) 激活动能。创新动机激发、推动个体产生创新行为。

(2) 指向功能。创新动机总是使创新活动指向一定的目标或对象。

(3) 维持与调节功能。创新动机一旦引起创新实践，就会使人表现出极大的积极性，维持创新过程。

3. 创新情感

情感是人对事物的态度的体验，如对创新的态度是认可的，那么相应会产生热爱、崇尚的情感体验。创新情感是指创新主体对创新的主观情感体验，包括对创新及创新过程涉及的各方面内容，它是主体进行创新活动的情感力量，对创新活动的维持和调节起着很大的作用。

(1) 智力和创新情感相互作用。在任何一种活动中，认知活动与情感活动都是相互交织的，健康积极的情感对认知活动起着促进作用，反之则带来消极影响。同样，人的创新过程不仅是激烈的智力活动过程，也是强烈的情感活动过程，在智力和创新情感双重因素的积极作用下，人们的创新才可能有持续的力量和思想火花。

(2) 创新情感作用于创新活动的全过程。从创新动机的产生到创新过程的持续，再到创新结果的验证，各个环节无不蕴含着创新者的情感因素。创新过程需要以创新情感为动力，如求实精神、坚强的信念及道德感等因素。

4. 创新意志

创新是一种意志行为，创新的特征就是要克服困难，做前人和别人没有做的事。可以说，意志就是力量，是创新的支柱。创新意志是有意识、有目的、有计划地调节和支配创新活动的心理现象。创新意志是在创新情感的基础上产生的，没有情感就不可能产生任何意志。创新意志又使创新情感具有了目的性，使创新情感能够按照人的价值需要进行发展。

(三) 创新意识的作用

具体而言，创新意识具有以下三个方面的作用。

1. 创新意识是决定一个国家、民族创新能力最直接的精神力量

创新意识推动社会生产力的发展。科学的本质就是创新，科学技术的每一次进步都是通过创新实现的。科学技术的迅猛发展对人类社会各个方面都产生了深刻而广泛的影响。创新更新了人们的生产工具和生产技术，提高了劳动者的素质，开辟了更广阔的劳动对象，推动了社会生产力的发展。

2. 创新意识促成社会多种因素的变化，推动社会的全面进步

创新意识根源于社会生产方式，它的形成和发展必然进一步推动社会生产方式的进步，从而带动经济的飞速发展，促成上层建筑的进步。创新意识进一步推动人的思想解放，有利于人们形成开拓意识、领先意识等先进观念。创新意识会促进社会政治向更加民主、宽容的

方向发展，这是创新发展需要的基本社会条件。这些条件反过来又促进创新意识的扩展，更有利于创新活动的进行。

3. 创新意识促成人才素质结构的变化，提升人的本质力量

创新实质上确定了一种新的人才标准，它代表人才素质变化的性质和方向，它输出一种重要的信息：社会需要充满生机和活力的人、有开拓精神的人、有道德素质和现代科学文化素质的人。创新意识能够促成人才素质结构的变化，因为创新意识使人有追求新事物和真知灼见的强烈欲望，不满于现状，敢于大胆质疑、标新立异。正是因为有了创新意识，才会有发现创新可能的慧眼，为创新做好充分的前期知识准备，并且实施创新活动。另外，创新意识是个体进行相关创新活动的内在指导力量，如创新过程中面临的路线选择、信息搜集、价值判断等，而且由于创新过程中会遇到很多困难和不良情绪等，创新意识会通过动机、情感和意志等对创新实践进行调控，让创新向着目标前进。因此，创新意识客观上引导人们朝着这个目标提高自己的素质，使人的本质力量在更高的层次上得以确证。它激发人的主体性、能动性、创造性的进一步发挥，从而使人自身的内涵获得极大丰富和扩展。

（四）创新意识和实践能力的关系

创新意识和实践能力是人的精神发展的有机组成成分。它们都是人的本质属性的表现，是不可分割的。创新意识是在实践基础上产生的、在人的思想层面的实践预演，既是过去实践的精神结果，又是即将开展的实践活动的准备。这种观念性的东西是否正确、是否符合实际需要，必须在实践过程中进行验证。

实践能力是实践主体在实践过程中逐渐形成的对目的、计划、方案等思想意识付诸行动的执行力，会对创新意识产生促进作用。

创新意识和实践能力都来自于实践，同时对即将进行的实践具有促进作用。当代大学生只有具备创新意识和实践能力，才能适应快速发展的社会需要。

案例 1-2

装修学生宿舍有市场　大学生做起宿舍家居生意

打开 Dormi 的网页，清新的网页设计马上就吸引了眼球。Dormi 是由几个广东外语外贸大学的学生共同创办的宿舍家居区域性电商。创始人余梓熔对记者说，Dormi 的意思就是“dormitory and I”，即“宿舍与我”之意，他们主要的消费群体是在校大学生，主要是针对广州大学城的在校大学生，提供宿舍家居装饰用品等服务。

余梓熔最初的团队里有八个人，他们分别来自不同专业，有学国际贸易的，也有学计算机的。他和几个同学出于相同的兴趣运营了这个创业项目。而他们几个人的共同点就是喜欢装饰自己的宿舍，有的人因为抽奖抽得了一个鱼缸就在宿舍养起了鱼；有人因为有那么点“考据癖”而把宿舍的书架填得很满；有人因为喜欢周杰伦，所以将宿舍桌面的每个角落都放满了光盘。他们针对大学生的喜好，建立了一个颇具小清新风格的简洁而有趣的网站，在上面放上自己的货品和宿舍家居的设计方案。余梓熔说，“在 Dormi 的概念里，大学生活应该更有生活的味道，不是中学的三点一线，宿舍也不再是只剩下门牌和方位来标识，它需要有属于自己的小天地”。仔细琢磨后，他们发现同样不愿趋于平凡而有装饰自己宿舍想法的大学生并不在少数，这个市场充满了商机，于是几个志同道合的人就办起了这样一个平台。他

们的初衷是“不希望被格式化和快节奏淹没”,让宿舍有一种家的归属感,这或许有些理想化,但并非不可实现。他们的货品主要以一些组合式的简易家居为主,如组合式收纳盒、书架、相框、宿舍床门帘等,这些产品的特征就是符合宿舍的狭小空间,最大程度利用这些组合家居打造出简洁实用又美观的宿舍环境。这些货品大多是团队中的成员从批发市场中精挑细选而来的。余梓熔说,除了广州市内,他也去过佛山、东莞等地寻找货源。

(资料来源:搜索新闻,有改动,https://www.sohu.com/a/132061880_355090,2017-04-05)

三、创新型人才

(一) 创新型人才的概念及特征

所谓创新型人才,就是具有创新精神和创新能力的人才,通常表现出灵活、开放、好奇的个性,具有精力充沛、坚持不懈、注意力集中、想象力丰富及富于冒险精神等特征。

创新型人才一般具有以下几个特征。

(1) 有很强的好奇心和求知欲望。

(2) 有很强的自我学习与探索的能力。

(3) 在某一领域或某一方面拥有广博而扎实的知识,有较高的专业水平。

(4) 具有良好的道德修养,能够与他人合作或共处。

(5) 有健康的体魄和良好的心理素质,能承担艰苦的工作。

(二) 创新型人才的培养

我国当代科学家钱学森曾向温家宝同志进言:“现在中国没有完全发展起来,一个重要原因是没有一所大学能够按照培养科学技术发明创造人才的模式去办学,没有自己独特的创新的东西,老是‘冒’不出杰出人才。这是很大的问题。”培养大量的一线创新人才,是当代中国高等教育最重要的历史使命。

因此,为了培养创新型人才,学校在教学方法上应注重以下几个方面的改革。

1. 营造良好的启发式学习氛围

注重在教学中引导学生思考问题、提出问题、研究问题和解决问题。在一个班集体、一个学习小组或一个宿舍集体内,形成研究问题、讨论问题的风气,这是引发思考、启迪智慧、激发灵感的重要渠道,是创新型学习重要的形式,是最重要的学风。

2. 培养学习思考兴趣

学习中有了兴趣,可以有效地提高学习的内动力,就能做到忙而不累,乐而忘忧,就能够产生灵感,提高效率。现在我国高等教育中比较普遍的问题是学生学习的内在动力不足,学习的兴趣和求知的欲望不足,因此如何培养学生的学习兴趣、提高学生学习的内动力成为高等教育要研究和解决的一个重要问题。

3. 善于整合知识

要引导学生把学到的多门课程以至多个门类的知识综合在一起,去解决一个实际问题。科学是内在的统一体,它被分解为单独的部分,不是取决于事物的本质,而是取决于人类认识能力的局限性。当代科学技术不断分化与综合,以综合化、整体化为主。

4. 善于学以致用,由输入与吸纳知识转化为能力与素质

知识不等于能力和素质。知识只有转化成能力与素质才能体现出其价值。知识存在着过时和忘记的问题,而能力和素质则更稳定、更长久。德国物理学家劳厄认为,教育无非是一切已学过的东西都忘掉的时候所剩下的东西。劳厄所说剩下的东西就是由学到的知识转化成的能力和素质。

5. 勇于突破自我、挑战权威

培养学生有意识地突破前人、突破书本、突破自己的老师。如果一个老师把学生教得超过了自己,那么这个老师很了不起。科学的发展、社会的进步,既是以继承前人为基础的,又是以怀疑否定前人为突破的。

第三节　创新精神

一、创新精神的内涵与特征

创新精神作为一种奋发向上、积极进取、追求进步、建功立业的精神状态,充分体现着一个民族自强不息的坚定意志,展现着一个社会蓬勃发展的强劲势头。了解创新精神的内涵和特征,有助于科学地理解和培养创新精神。

(一)创新精神的内涵

创新精神是一个国家和民族发展的不竭动力,也是现代人应该具备的素质。

创新精神是指要具有能够综合运用已有的知识、信息、技能和方法,提出新方法、新观点的思维能力和进行发明创造、改革、革新的意志、信心、勇气和智慧。

创新精神属于科学精神和科学思想范畴,是进行创新活动必须具备的一些心理特征,包括创新意识、创新兴趣、创新胆量、创新决心,以及相关的思维活动。

创新精神是一种勇于抛弃旧思想、旧事物,创立新思想、新事物的精神。例如,不满足已有的认识(掌握的事实、建立的理论、总结的方法),不断追求新知;不满足现有的生活和生产方式、方法、工具、材料、物品,根据实际需要或新的情况不断进行改革和革新;不墨守成规(规则、方法、理论、说法、习惯),敢于打破原有框架,探索新的规律、新的方法;不迷信书本、权威,敢于根据事实和自己的思考,向权威质疑;不盲目效仿别人的想法、说法、做法,不人云亦云、唯书唯上,坚持独立思考;不喜欢一般化,追求新颖、独特、异想天开、与众不同,不僵化、呆板,灵活地应用已有知识和能力解决问题……都是创新精神的具体表现。

创新精神提倡独立思考、不人云亦云,并不是不倾听别人的意见、孤芳自赏、固执己见、狂妄自大,而是要团结合作、相互交流,这是当代创新活动不可少的方式;创新精神提倡胆大、不怕犯错误,并不是鼓励犯错误,只是出现错误认知是科学探究过程中不可避免的;创新精神提倡不迷信书本、权威,并不反对学习前人经验,任何创新都是在前人成就的基础上进行的;创新精神提倡大胆质疑,而质疑要有事实和思考的根据,并不是虚无主义的怀疑一切……总之,要用全面、辩证的观点看待创新精神。

创新精神是科学精神的一个方面,与其他方面的科学精神不是矛盾的,而是统一的。例

如，创新精神以敢于摒弃旧事物、旧思想，创立新事物、新思想为特征，同时创新精神又要以遵循客观规律为前提，只有当创新精神符合客观需要和客观规律时，才能顺利地转化为创新成果，成为促进自然和社会发展的动力；创新精神提倡新颖、独特，同时又要受到一定的道德观、价值观、审美观的制约。

只有具有创新精神，才能在未来的发展中不断开辟新的天地。

（二）创新精神的特征

具体来说，创新精神具有以下几个特征。

1. 综合性

综合性反映了创新精神内涵的丰富性和结构构成的多重性。创新精神不是单一的某种创新因素，而是因素集合，是一个完整的结构。这种综合性表明了它作为素质教育重点的适切性。

2. 关联性

所谓关联性，包含两层意思：一是创新精神的外部关联性，指的是创新精神的构成因素，是指与创新活动、成果、创新主体最直接相关的因素，这种关联性提供了一种限定，也给研究和实践提供了一种便利；二是内部关联性，是指创新精神内部构成因素之间具有密切的相互依存、影响、促进的关系，在相辅相成的关系中，统一于一体，构成一个整体。

3. 发展性

创新精神不是天生的，虽然与生理遗传密切相关，特别是特殊领域的创新，如音乐、美术、运动等，但其实质性的发展则是后天的。因此，创新精神具有发展性。

二、创新精神的基本构成

创新精神是一个综合体，它由多个要素构成，这些要素相辅相成、互相依存、缺一不可。创新精神主要由勇于探索的精神、艰苦奋斗的精神和乐于献身的精神三部分构成。其中，勇于探索的精神是创新精神的核心，艰苦奋斗的精神是创新精神的保障，乐于献身的精神是创新精神的依托。

（一）勇于探索的精神

勇于探索的精神是创新精神的核心，可以从以下三个方面来诠释。

1. 强烈的好奇心

好奇心是对客体的选择性态度。具有好奇心，就会很自然地受到未知世界的吸引，乐于施展才智以寻求答案。具有创新精神的人，往往有强烈的好奇心、旺盛的求知欲，酷爱探索和钻研。只有对客观世界有好奇心，才会产生观察事物、解决问题的兴趣，才能有志于探索和思考创新事物。

2. 稳定的兴趣

兴趣是成功的内在起点。当人们对客观世界的某些现象或问题产生浓厚的兴趣时，就喜爱观察和思考它们，从而产生旺盛的求知欲望，很想进行深入了解，追究原因，并做出解答。兴趣还能诱发与增强勇气和决心，从而使人们千方百计地去克服困难、排除障碍。

3. 旺盛的求知欲

求知欲是指追求某些现象发生的原因、探究客观事物变化的规律和寻求解决问题的办法的内心欲望。只有具备强烈的求知欲，才能有不畏困难、坚持探索、不达目的誓不罢休的雄心和勇气，而最终取得成功。求知欲是个体进行创新活动的开端，是影响个体创新能力的主要因素，也是创新型人才的基本特质。

（二）艰苦奋斗的精神

艰苦奋斗是一种不怕艰辛苦难而勇敢去战胜困难的精神。要形成艰苦奋斗的精神，就要具有足够的自信心和顽强的意志力。

1. 足够的自信心

具备创新精神的人往往相信自己是更有创造性的。没有足够的自信，是很难大胆创新的。信心是胜利的起点，是产生勇气和实现雄心壮志的保证。

2. 顽强的意志力

意志是人自觉地确定目标，并支配行动去克服困难以实现预定目标的心理过程。顽强的意志是不可或缺的创新素质之一。

案例 1-3

杂交水稻之父——袁隆平

1960 年，袁隆平成为湖南省安江农校的一名普通教师，除了教好课，他还有一项任务，就是在农业科研上做出些成绩，为老乡们培育出高产量的好种子。

袁隆平教过遗传育种、作物栽培等学科，在他看来，杂种优势是自然界中存在的普遍现象。然而，按照传统经典理论，水稻恰恰没有杂种优势，它是一种自花授粉作物，一株水稻只要一开花，雄花自然就会给同株上同时开放的雌蕊柱头授粉。

难道水稻真的不能杂交？袁隆平有些不服气。1960 年 7 月，袁隆平在安江农校实习农场早稻试验田里，偶然发现一株水稻植株与众不同。怀着好奇的心理，第二年春天，他把收获的这株种子播到试验田里，结果表明这是一株地地道道的天然杂交稻。这令袁隆平欣喜若狂，他当即决定跳出无性杂交学说的束缚，开始进行水稻的有性杂交试验。

然而，要找到天然雄性不育株却不是一件容易的事。袁隆平有恒心，一边教学一边继续试验。1964 年 7 月，袁隆平在稻田里惊喜地寻找到一株天然雄性不育株，经人工授粉，结出了数百粒第一代雄性不育种子。1966 年 2 月，袁隆平第一篇论文《水稻的雄性不孕性》在《科学通报》杂志上发表，首次提出了通过培育雄性不育系、保持系和恢复系的三系法培育杂交稻，以大幅度提高水稻产量。

这一发现震动了整个农业界和科技界。袁隆平不仅思想开明，而且意识超前，他主张建立起分子育种室，并不遗余力地加强对人才的引进和培养，先后输送多名年轻科技人员出国或到中国香港深造。

在袁隆平的培养和影响下，不论是在他的研究中心，还是在全国杂交水稻技术攻关协作单位，都已经形成了一支梯队结合、协同作战的杂交水稻技术队伍，肩负起将杂交水稻向纵深发展的重任。

（资料来源：腾讯网，有改动，https://new.qq.com/rain/a/20210616A062TB00，2021-06-16）

（三）乐于献身的精神

创新探索的道路上充满了矛盾和斗争。新理论、新观点、新产品的出现常常会遭到质疑、反对，而拥有创新精神的人往往坚持真理，甚至献出了自己的生命。从心理学的角度看，为真理而献身，是完善性格品质的最高表现。献身精神是智力因素与非智力因素的完美结合，反映了对科学的正确认识，对真理的追求，对科学无限的热爱，坚韧不拔的毅力，大无畏的勇敢精神和高度的牺牲精神。创新的过程如同战斗，总会有人“负伤”，甚至“牺牲”。只有勇敢地坚持真理，勇于献身，才能为科学创新做出重大贡献。

第四节　创新能力

一、创新能力的概念

创新能力是人类特有的一种综合性本领，人的创新能力是可以通过科学的教育和训练而不断地被激发出来的，转化为显性的创造能力，并且得到不断的提高。

创新能力具有综合独特性和结构优化性等特征。遗传素质是形成人类创新能力的生理基础和必要的物质前提，它潜在决定着个体创新能力，未来发展的类型、速度和水平；环境是个体创新能力提高的重要条件，环境影响着个体创新能力发展的速度和水平；实践是人创新能力形成的唯一途径，实践也是检验创新能力水平和创新活动成果的尺度标准。

创新能力有一部分来自不断发问的能力和坚持不懈的精神；创新能力在一定知识积累的基础上可以训练、启发出来，甚至可以“逼出来”；创新最关键的条件是要解放自己，因为一切创造力都源于人的潜在能力的发挥。创新能力的强弱，是一流人才和一般人才的分水岭。创新能力是知识、智力、能力及优良的个性品质等多种复杂因素综合优化构成的。创新能力是产生新思想、发现和创造新事物的能力，它是成功地完成某种创造性活动所必需的心理品质。

二、创新能力的构成

创新能力由多种能力构成，这些能力受多种因素的影响，这些因素由一定的因子所决定。事实表明，创新能力并不等于这些因素的简单相加，它呈现出一定的非加和形式，其形成过程受一定的内外环境的影响。其中，内部环境包括一个人的智力因素及非智力因素；外部环境是指国家的教育制度和教育管理模式（学校在执行国家教育制度过程中的实际操作，指学校为学生创造的学习氛围，学校倡导的学习结果），更直接的一个因素就是教育者（包括管理人员）的素质，其影响、决定大学生的创新能力。

大量研究表明，创新能力是一定的智力和非智力因素构成的系统表现出的特殊的功能。创新能力由基础能力和专业能力组合而成，是通过认知、情意、技能三个方面的整合与有效应用，并经过长时间的思考之后，在已掌握知识的基础上发展出前所未有的、与众不同的、实用多样的且具有一定价值的新产物。其中，基础能力包括自学能力、表达能力、审美能力、动手能力、观察能力、推理能力、类比能力、判断能力、归纳能力和相关的思维能力等；专业能力包括信息的获取、加工和综合能力，可行性研究和技术开发能力，社会适应和把握机遇能力，合作和协调能力，系统分析和综合能力及决策能力等。基础能力在一定的智力水平的支持下，获取知识、转化知识，对发现和获取的外部显性知识进行内化，并用广义化原则扩展，以便广泛应用。从知识发现到知识获取，然后进行知识转化，进而实现知识创造是一个整体的过程，也是一个螺旋上升的过程。最终内显为一定的智力水平，外显为一定的能力水平。所有这些能力都需要一定的文化知识为基础，从一定程度上讲，文化功底越深越有利于创新能力的发挥。

三、创新能力的分类

（一）学习能力

学习能力即获取、掌握知识、方法和经验的能力，包括阅读、写作、理解、表达、记忆、搜集资料、使用工具、对话和讨论等。学习能力还包括态度和习惯，如活到老、学到老的终身学习的态度和信念。个人具有学习能力，组织也具有学习能力，人们把学习型组织理解为“通过大量的个人学习特别是团队学习，形成的一种能够认识环境、适应环境，进而能够能动地作用于环境的有效组织。即通过培养弥漫于整个组织的学习气氛，充分发挥员工的创造性思维能力而建立起来的一种有机的、高度柔性的、扁平的、符合人性的、能持续发展的组织”。在如今竞争的时代，一个人或一个组织的竞争力往往取决于个人或组织的学习能力，因此，无论对于个人还是对于组织而言，其竞争优势都是有能力比竞争对手学习得更多更快。

（二）分析能力

分析能力是指把事物的整体分解为若干部分进行研究的技能和本领。事物是由不同要素、不同层次、不同规定性组成的统一整体。认识事物的有效方式之一就是把它的每个要素、层次、规定性在思维中暂时分割开来进行考察和研究，弄清楚每个局部的性质、局部之间的相互关系及局部与整体的联系，做到由表及里、由浅入深、由易到难地认识事物和问题。

分析能力的高低强弱与三个因素有关：一是个人的知识、经验和禀赋；二是分析工具和方法的水平；三是共同讨论与合作研究的品质。随着科学技术的发展，高性能计算机和各种科学仪器及新的分析方法的出现和应用，有效地提高了人们的分析能力。当然，分析能力也有局限性和片面性，容易使人只见树木、不见森林，忽视从整体上把握事物，因此，通常把分析能力与综合能力结合起来运用，这样将会取长补短、相辅相成。

（三）综合能力

综合能力是强调把研究对象的各个部分结合成一个有机整体进行考察和认识的技能与本领。综合是把事物的各个要素、层次和规定性用一定线索联系起来，从中发现它们之间的本质关系和发展的规律。具体来讲，综合能力包括三项内容：一是思维统摄与整合，就是把大量分散的概念、知识点及观察和掌握的事实材料综合在一起，进行思考加工整理，由感性到理性、由现象到本质、由偶然到必然、由特殊到一般，对事物进行整体把握；二是积极吸收新知识，综合能力需要多方面的知识和方法，不断吸收新知识、不断更新知识都是必要的，特别是要学会跨学科交叉，只有把不同学科的知识、不同领域的研究经验融会贯通，才能更好地综合；三是与分析能力紧密配合，才能正确认识事物，实现有价值的创新。

（四）想象能力

想象能力是指以一定知识和经验为基础，通过直觉、形象思维或组合思维，不受已有结论、观点、框架和理论的限制，提出新设想、新创见的能力。想象力往往是发现问题和解决问题的突破口，在创新活动中扮演“突击队”和“急先锋”的角色，缺乏想象力很难从事创新工作。

（五）批判能力

批判能力表现在两个方面：一方面是在学习、吸收已有知识和经验时，批判能力保证人们不盲从，批判性、选择性地吸收和接受，去粗取精、去伪存真；另一方面是在研究和创新方面，质疑和批判是创新的起点，没有质疑和批判就只能跟在权威和定论后面亦步亦趋，不可能做出突破性贡献。科学技术史表明，重大创新成果通常都是在对权威理论进行质疑和批判的前提下做出的。

（六）创造能力

创造能力是创新能力的核心，它是指首次提出新的概念、方法、理论、工具、解决方案、实施方案等的能力，是创新人才的禀赋、知识、经验、动力和毅力的综合体现。

（七）解决问题的能力

解决问题的能力包括提出问题和凝练问题，针对问题选择和调动已有的经验、知识和方法，设计和实施解决问题的方案，对于难题，能够创造性地组合已有的方法乃至提出新方法予以解决。解决问题分为狭义和广义，狭义的解决问题就是人们通常认为的各种问题的解决，如物理问题、数学问题、技术问题等；广义的解决问题则包括各种思维活动，这种情况下，创新能力就等同于创新性解决问题的能力。

（八）实践能力

实践能力特指社会实践能力。提出创造发明成果，只是创新活动的第一阶段，要使成果得到承认、传播、应用，实现其学术价值、经济价值和社会价值，必须和社会打交道，实践能力就是为实现这一目标而进行的各种社会实践活动的能力。

（九）组织协调能力

组织协调能力的实质是通过合理调配系统内的各种要素，发挥系统的整体功能，以实现目标。对于创新人才来讲，要完成创新活动，就要协调各方，当拥有一定资源时，就可通过沟通、说服、资源分配和荣誉分配等手段来组织协调各方以最终实现创新目标。

（十）整合多种能力的能力

创新人才的宝贵之处不仅在于拥有多种才能，更重要的是能够把多种才能有效地整合在一起发挥作用。整合多种能力的能力是能力增长和人格发展的结果，这需要通过学习、实践和人生历练才能达到。要完成重大创新，拥有整合多种能力的能力是一个关键。

拓展阅读

中国5G商用四周年，交出怎样的成绩单？

2019年6月6日，中国发放5G牌照。自5G商用以来，中国交出一份亮眼的成绩单。

目前，中国已建成全球规模最大、技术最先进的5G网络。截至2023年4月底，累计建成5G基站超过273万站，5G移动电话用户数6.34亿户。5G网络覆盖中国所有地级市、县城城区。中国工程院院士邬贺铨表示，到今年4月，中国的5G基站占全球比例60%，5G用户占全球比例也是60%。

中国5G网络的共建共享给世界提供了中国方案。中国电信联手中国联通建成全球首张规模最大的5G SA共建共享精品网络。中国铁塔董事长张志勇介绍，九年来，新建站址共享率从最初的14%增长到83%，不仅为5G新基建注入了加速度，还实现了网络部署更高效、更经济。

5G商用以来，已赋能各行各业数智化转型，5G融合应用广度深度持续推进。截至目前，5G已经在钢铁、制造、矿山、电力、港口等行业的16000多个专网项目中得到规模应用，5G行业专网的经济规模已经突破百亿元人民币。

工业和信息化部数据显示，5G融合应用目前已经融入97个国民经济大类中的60个，相比去年52个又提升了8个行业，应用案例数超过5万个。

5G网络建设拉动了通信产业链发展。5G网络的定制化产品不断成熟，轻量化核心网、定制化基站等网络设备加速落地，大带宽、低时延等技术能力不断增强。5G终端产品日益丰富，截至今年3月底，5G手机、无线路由器、车载终端等5G终端产品已经超过了1160多款。

业界认为，中国对5G有明确的战略定位和频谱支持，运营商围绕着5G用户体验持续进行场景化创新，整个产业共同推进了5G的应用创新与生态发展。

（资料来源：人民网，有改动，http://kpzg.people.com.cn/n1/2023/0607/c404214-4000 8124.html，2023-06-07）

思考与训练

培养创新兴趣

1. 实训目的

通过收集、整理、分析经典案例、名言警句来明确自己的创新兴趣，以便进一步培养自己的创新兴趣，为创新意识的产生奠定基础。

2. 实训内容

1）分析案例

阅读下面的案例，分析之后回答问题。

两次荣获诺贝尔化学奖的英国生物化学家弗雷德里克·桑格说："我很幸运获得了两次诺贝尔奖。我的工作能得到认可是令人激动的，但真正的乐趣在于工作本身。科学研究就像发现新大陆，需要你不断地尝试以前没有尝试过的新事物。这些尝试有很多是没有效果的，但我在计划遭受挫折时从来不着急，我会开始设计下一次实验，整个探索的过程都充满了快乐。"

(1) 试分析弗雷德里克·桑格所说的话蕴含的道理，并简单说明兴趣的作用。

(2) 你身边是否有相似的案例？试举例说明。

2）收集名言警句

通过网络、书籍、报刊等收集有关创新兴趣的名言警句，并简单谈谈你对这些名言警句的理解。

3）发现自己的创新兴趣

仔细分析自己的情况，找出自己的创新兴趣点，并说明这些兴趣点的价值。

第二章　创新思维开发

知识结构

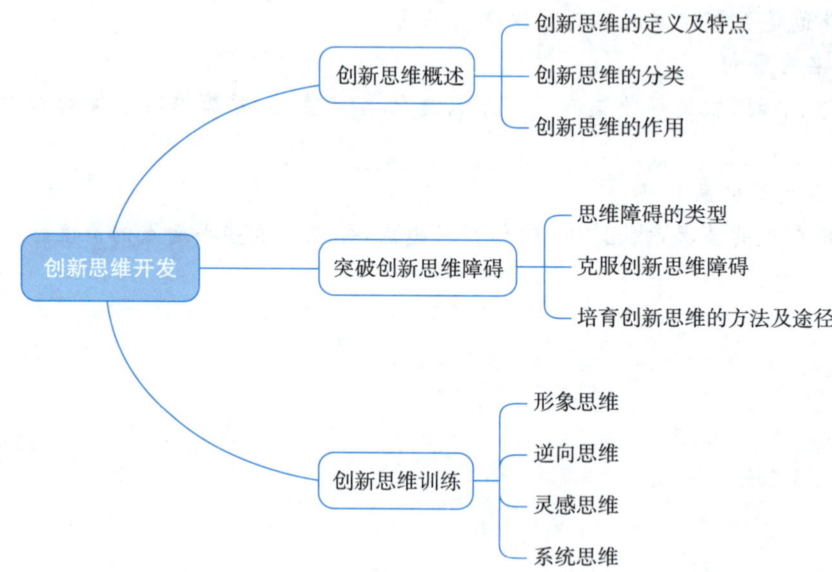

学习目标

- 了解创新思维的定义及特点，创新思维的分类与作用。
- 了解突破创新思维障碍的方法。
- 掌握培育创新思维的方法及途径。
- 掌握几种主要的创新思维方式。

第一节　创新思维概述

一、创新思维的定义及特点

（一）定义

创新思维是指以新颖独创的方法解决问题的过程，这种思维能突破常规的界限，以超常规甚至反常规的方法、视角去思考问题，提出与众不同的解决方案，从而产生新颖的、独到的、有社会意义的思维成果。

（二）特点

（1）实践性。思维是实践的先导，创新思维是创新实践的先导。

（2）求新性。创新思维追求的是新成果，目的在于找出解决问题的新方法。

（3）价值性。创新思维的目的是获得新价值，在市场经济条件下，解决多元主体利益的矛盾需要运用创新思维达到共赢。

（4）高效性。创新思维能带来高效率。

二、创新思维的分类

（一）发散思维

发散思维又称辐射思维、放射思维、扩散思维或求异思维，是指大脑在思考过程中呈现的扩散状态，它表现为思维广阔，如“一题多解”“一事多用”“一物多用”，最终产生多种可能的答案而不是唯一解，因此容易产生新颖的观念。只有在有尽可能多的有价值的解题方案的前提下，紧随其后的收敛思维才能发挥作用。在创新思维的技巧性方法中，有许多都与发散思维密切相关。不少心理学家认为，发散思维是创造性思维的最主要特点，是拥有创造力的主要标志之一。发散思维具有以下几个方面的特征。

1. 流畅性

流畅性是指人们能在尽可能短的时间内生成并表达出尽可能多的思维观念及较快地适应、消化新的思想观念。

2. 变通性

变通性就是跳出人们头脑中某种僵化的思维框架，朝某一新方向进行思索的过程。

3. 独特性

独特性是指人们具有异于他人的新奇反应的能力，是发散思维的最高目标。

4. 多感官性

发散思维不仅要运用视觉和听觉，还要充分利用其他感官接收信息并进行加工。

（二）收敛思维

收敛思维又称聚合思维、求同思维等，是指在解决问题的过程中，利用已有的知识和经验，把众多的信息和可能性引导到条理化的逻辑序列中，最终得出一个合乎逻辑的结论。收敛思维的特点是几种思维一个方向，使几种思维条理化、简明化、逻辑化、规律化。收敛思维与发散思维就像硬币的两面，是对立统一的关系。收敛思维具有以下几个方面的特征。

1. 封闭性

如果发散思维的思考方向是以问题为原点指向四面八方，具有开放性，那么收敛思维则是把许多发散思维的结果由四面八方聚合起来，形成一个合理的答案，具有封闭性。

2. 连续性

发散思维的过程，是从一个设想到另一个设想时，设想之间相互可以没有任何联系，是一种跳跃式的思维方式，具有间断性。收敛思维的进行过程则相反，设想之间是一环扣一环的，具有较强的连续性。

3. 求实性

发散思维所产生的众多设想，多数都是不成熟的或不实际的。对发散思维的结果必须进行筛选，收敛思维就可以起这种筛选作用。被选择出来的设想是按照实用的标准来确定的，应当是切实可行的。这样，收敛思维就表现出了很强的求实性。

（三）联想思维

联想思维是指人脑内记忆表象系统中由于某种诱因使不同表象间发生联系的一种思维活动。联想思维和想象思维是一对“孪生姐妹”，在人们的思维活动中起着基础作用。联想思维有以下几个类型。

1. 相似联想

相似联想是指把形式、性质或原理等方面相似的事物联系起来。

2. 相反联想

相反联想是指由某一事物联想到与其相反的事物。相反联想可以利用事物相反的特点创造新事物。

3. 因果联想

因果联想是指由两个事物存在因果关系而引起的联想。这种联想往往是双向的，既可以由起因想到结果，也可以由结果想到起因。

4. 组合联想

组合联想是指把几种事物联系起来，组合成新的事物。

（四）想象思维

想象思维是指人的大脑通过形象化的概括，对脑内已有的记忆表象进行加工、改造和重组的思维活动。想象思维是形象思维的具体化，是人脑借助表象加工操作的最主要形式。想象思维有以下几个类型。

1. 无意想象

无意想象是不受意识主体支配的想象。思维主体没有特定的目的性，可以让思维达到自由的状态。

2. 有意想象

有意想象是受意识主体支配的想象。这种状态下思维活动总是在创新者需要的支配下进行。有意想象又可分为再造型想象、创造型想象和幻想型想象。

(1) 再造型想象。再造型想象是根据他人的描述而在自己的头脑中产生形象的心理过程。

(2) 创造型想象。创造型想象是创造主体有目的地对自己已有的记忆进行加工、改造和重组而产生新形象的思维过程。

(3) 幻想型想象。幻想型想象是创造型想象的一种极端形式，其特点是以现实世界为出发点，但其范围不受拘束，其结果往往超出现实，有的一时难以实现。

（五）互联网思维

互联网思维就是在“互联网＋”、大数据、云计算等科技不断发展的背景下，对市场、用户、产品、企业价值链乃至整个商业生态进行重新审视的思考方式。互联网思维有八个重要的思维、20 个法则。

1. 用户思维

用户思维是指在价值链各个环节都要以用户为中心去考虑问题。作为企业，必须在整个价值链的各个环节建立起以用户为中心的企业文化，只有深度理解用户才能生存。没有认同，就没有合同。这里面有几个法则。

法则 1：得用户者得天下

成功的互联网产品多抓住了用户的需求。如果产品不能让用户成为自身的一部分，不能和用户连接在一起，必然是失败的。

法则 2：兜售参与感

一种情况是按需定制，企业提供满足用户个性化需求的产品即可，如海尔的定制化冰箱。另一种情况是在用户的参与中去优化产品，如“七格格”，每次有新品上市，都会先把设计的款式放到其管理的“粉丝”群组里，让“粉丝”投票。这些“粉丝”决定了最终的款式，自然也会为这些产品买单。让用户参与品牌传播，便是“粉丝”经济。

法则 3：体验至上

好的用户体验应该从细节开始，并贯穿每一个细节，能够让用户有所感知，并且这种感知要超出用户预期，给用户带来惊喜，贯穿品牌与消费者沟通的整个链条。微信小程序的应用，就是很典型的用户体验至上的选择。

用户思维体系涵盖了最经典的品牌营销的 Who—What—How 模型：Who 是目标消费者——“草根”；What 是消费者需求——兜售参与感；How 是怎样实现——全程用户体验至上。

2. 简约思维

互联网时代信息爆炸，人们的耐心越来越不足，因此，必须在短时间内吸引用户。

法则 4：专注

美国苹果公司就是典型的例子。1997 年，美国苹果公司接近破产，乔布斯回归，砍掉了 70%产品线，重点开发四款产品，使得苹果公司起死回生、扭亏为盈。品牌定位也要专注，给消费者选择你的品牌的理由。

法则 5：简约即是美

在产品设计方面，要做减法。外观要简洁，内在的操作流程要简化。谷歌首页永远都是清爽的界面，苹果产品的外观、特斯拉汽车的外观，都是这样的简约设计。

3. 极致思维

极致思维，就是把产品、服务和用户体验做到极致，超越用户预期。

法则 6：打造让用户“尖叫”的产品

用极致思维打造极致的产品，方法有三个：第一，需求要抓得准（痛点、痒点或兴奋点）；

第二，自己要逼得狠（做到自己能力的极限）；第三，管理要盯得紧（得产品经理者得天下）。一切产业皆媒体，在这个社会化媒体时代，好产品自然会形成口碑传播。

法则 7：服务即营销

前面提到，极致就是超越预期。那么，极致的服务自然也是超越用户预期的服务。

4. 迭代思维

“敏捷开发”是互联网产品开发的典型方法，是一种以人为核心、循序渐进的开发方法，允许有所不足、不断试错，在持续迭代中完善产品。这里面有两个点，一个是“微”，另一个是“快”。

法则 8：小处着眼，微创新

要从细微的用户需求入手，贴近用户心理，在用户参与和反馈中逐步改进。看似不起眼的一个点，用户可能觉得很重要。

法则 9：精益创业，快速迭代

“天下武功，唯快不破”，只有快速地对消费者需求作出反应，产品才更容易贴近消费者。Zynga 游戏公司每周对游戏进行数次更新，小米 MIUI 系统坚持每周迭代。对传统企业而言，更应侧重迭代的意识，这意味着企业必须及时把握消费者需求的变化。

5. 流量思维

流量意味着体量，体量意味着分量。

法则 10：免费是为了更好地收费

互联网产品大多用免费策略极力争取用户、锁定用户。当年 360 安全卫士用免费杀毒进入杀毒市场，结果收费杀毒软件卡巴斯基、瑞星等纷纷被用户卸载。“免费是最昂贵的”，不是所有的企业都能选择免费策略，要根据产品、资源、时机而定。

法则 11：坚持到质变的“临界点”

任何一个互联网产品，只要用户活跃数量达到一定程度，就会产生质变，从而带来价值。注意力经济时代，只有先把流量做上去，才能更好地思考今后的发展。

6. 社会化思维

社会化商业的核心是网，公司面对的客户以网的形式存在，这将改变企业的生产、销售、营销等整个形态。

法则 12：利用好社会化媒体

某智能手表品牌，通过 10 个微信号、近 100 个微信营销群、3000 多人转发，11 小时预售出 18698 只智能手表，订单总额 900 多万元。这就是微信朋友圈社会化营销的魅力。口碑营销不是自说自话，而是站在用户的角度，以用户的方式与其沟通。

法则 13：众包协作

众包是以“蜂群思维”和层级架构为核心的互联网协作模式，维基百科就是典型的众包产品。传统企业要思考如何利用外脑，使“天下英雄入吾彀中”。

InnoCentive 网站创立于 2001 年，已经成为化学和生物领域的重要研发供求网络平台。该公司引入“创新中心”的模式，把公司外部的创新比例从原来的 15%提高到 50%，研发能力提高了 60%。

小米手机在研发中让用户深度参与，实际上也是一种众包模式。

7. 大数据思维

大数据思维是指对大数据的认识,对企业资产、关键竞争要素的理解。

法则 14: 小企业也要有大数据

用户在网络上一般会产生信息、行为、关系三个层面的数据,这些数据的沉淀有助于企业进行预测和决策。一切皆可被数据化,企业必须构建自己的大数据平台,小企业也要有大数据。

法则 15: 你的用户是每个人

在互联网和大数据时代,企业的营销策略应该针对个性化用户做精准营销。

8. 平台思维

互联网的平台思维就是开放、共享、共赢的思维。平台模式最有可能成就产业巨头。全球最大的 100 家企业里,有 60 家企业的主要收入来自平台模式,包括苹果、谷歌等。

法则 16: 打造多方共赢的生态圈

平台模式的精髓,在于打造一个多主体共赢互利的生态圈。将来的平台之争,一定是生态圈之间的竞争。百度、阿里巴巴、腾讯三大互联网巨头围绕搜索、电商、社交各自构筑了强大的产业生态,所以后来者其实是很难撼动的。

法则 17: 善用现有平台

当不具备构建生态型平台的实力时,就要思考怎样利用现有的平台。

法则 18: 让企业成为员工的平台

互联网巨头的组织变革,都是围绕着如何打造内部"平台型组织"。

阿里巴巴 25 个事业部的分拆、腾讯六大事业群的调整,都旨在发挥内部组织的平台化作用。海尔将 8 万多员工分为 2000 个自主经营体,让员工成为真正的"创业者",让每个人成为自己的 CEO。

内部平台化就是要变成自组织而不是他组织。他组织永远听命于别人,自组织是自己来创新。

法则 19: 挟"用户"以令"诸侯"

这些互联网企业为什么能够参与并赢得跨界竞争?答案就是:用户。它们一方面掌握用户数据,另一方面具备用户思维。阿里巴巴、腾讯相继申办银行,小米做手机、做电视,都是这样的道理。

法则 20: 用互联网思维,大胆颠覆式创新

一个真正厉害的人,很可能是跨界人才,能够在科技和人文的交汇点上找到自己的坐标。一个真正厉害的企业,很可能是手握用户和数据资源、敢于跨界创新的组织。

三、创新思维的作用

首先,创新思维可以不断地增加人类知识的总量,不断推进人类认识世界的水平。其次,创新思维可以不断地提高人类的认识能力。创新思维的特征表明,创新思维是一种高超的艺术,创新思维活动及过程中内在的东西是无法模仿的。这内在的东西即创新思维能力,这种能力的获得依赖人们对历史和现状的深刻了解,依赖敏锐的观察能力和分析问题能力,依赖平时知识的积累和知识面的拓展。每一次创新思维过程都是一次锻炼思维能力的过程，因为要想获得对未知世界的认识，就要不断地使用新的思维方法、角度去思考，就要独创性地寻求没有先例的办法和途径去正确、有效地观察、分析和解决问题，从而提高认识未知事物的能力。因此，认识能力的提高离不开创新思维。最后，创新思维可以为实践开辟新的局面。创新思维的独创性与风险性特征赋予了它敢于探索和创新的精神，在这种精神的支配下，人们不满于现状，不满于已有的知识和经验，总是力图探索客观世界中还未被认识的本质和规律，并以此为指导进行开拓性的实践，开辟出人类实践活动的新领域。

案例 2-1

明亏暗赚

日本松户市原市长松本清，是一个头脑灵活的生意人。

松本清经营“创意药局”的时候，曾将当时售价 200 日元的膏药以 80 日元卖出。因为 80 日元的价格实在太便宜了，所以“创意药局”连日生意兴隆，门庭若市。由于他不惜赔血本地销售膏药，这种膏药的销售量越来越大，但赤字并未越来越高。

那么，松本清这样做的秘密在哪里呢?

原来，前来购买膏药的人，几乎都会顺便买些其他药品，这当然是有利可图的。靠着其他药品的利润，不但弥补了膏药的亏损，而且使整个药局的经营出现了前所未有的盈余。

这种明亏暗赚的创意，既降低一种商品的价格，又促销其他商品，不仅吸引了顾客，而且大大提高了知名度，有名有利，可谓一举两得。

（资料来源：应届毕业生网，有改动，https://www.yjbys.com/edu/wangluoyingxiao/38840.html，2022-11-09）

第二节　突破创新思维障碍

创新思维的实质是对原有思维模式的超越，是对创新主体头脑中原有知识、经验、观念、方法等进行新的组合。这种新的组合必然会突破原有知识、经验、观念、方法的限制。在这种情况下，创新主体头脑中原有的知识、经验、观念、方法内部及互相间的组合方式或结合模式就会本能地阻挠这种突破，成为创新思维的障碍。不突破这些障碍，既无法进行创新思维，也无法提高创新能力。

一、思维障碍的类型

（一）习惯型思维

习惯型思维即思维惯性，也叫惯常思维、经验思维，即人们习惯用原有的经验处理已经变化了的问题的一种思维定式。习惯型思维一般与个人的世界观的形成存在着内在的必然联系。由于它具有社会性、阶段性及知识经验的局限性，在一定的历史时期成为指导人们个人行为方式的固有模式，而当时代需要变更创新、新旧交替时又成为其发展的主要障碍。

习惯型思维有以下两个特点：一是思维模式，即通过各种思维内容体现出来的思维程序、模式，与具体内容有联系，却又不是具体内容，而是许多具体的思维活动所具有的逐渐定型化的一般路线、方式、程序、模式；二是强大的惯性或顽固性，习惯型思维有时会深入潜意识，成为不自觉的、类似本能的反应。

习惯型思维是创新思维最大的障碍。世界观、生活环境和知识背景都会影响人们对事对物的态度和思维方式，但最重要的影响因素是经验。生活中有很多经验，它们会时刻影响人们的思维。

习惯型思维对于人们解决问题有益处也有害处，它的益处体现在人们处理一般问题时。在解决日常事务时，经验能够帮助人们迅速解决问题，提高效率。因此单位招聘时，往往需要应聘者具备工作经验。在人们解决新问题、遇到新挑战的时候，仍然生搬硬套惯常的思维模式和做法必然影响创新能力的发挥，不利于问题的解决。

（二）权威型思维

权威型思维是指在思维过程中盲目迷信权威，以权威的判断为标准，缺乏独立思考能力。权威型思维表现为说话时喜欢引用权威的语言，行动中遵照权威的指示。迷信权威人物，这是权威型思维的集中体现。受此心理的影响，在对待知识的态度上，人们经常采取不敢怀疑的尊重式学习；至于学习知识，则经常采取接受与吸收的方式。

权威型思维有积极意义，尊重权威能帮助人们节省时间和精力。但也有其局限性，如果一切行为都不敢逾越权威半步，就会成为创新思维的障碍。

（三）从众型思维

从众型思维是指个人受到外界人群行为的影响，而在自己的知觉、判断、认识方面表现出符合公众舆论或多数人的思维方式。只有很少的人保持了独立性，没有从众，所以从众型思维是大部分个体普遍具有的思维定式，是一切都跟随大众的固定思维模式。从众型思维最大的特征是人云亦云，没有独立思考的能力。不同类型的人，从众型思维的程度也不一样。

事实上，从众型思维具有双重性：消极方面是抑制个性发展、束缚思维、扼杀创造力，使人变得没有主见；积极方面是有助于学习他人的智慧经验、扩大视野，克服固执己见、盲目自信，修正自己的思维方式等。

（四）书本型思维

书本型思维是指在思考问题的时候不顾实际情况，不假思索地运用书本知识，且从书本出发，以书本为纲，对书本知识完全认同和盲从的思维模式。这种思维认为书本知识是完全正确的，不能有任何改动。这是一种把书本知识夸大化、绝对化的错误观点。

书本知识的作用确实是巨大的，但是许多书本知识有时效性、滞后性。随着社会的发展，有些书本知识会过时。知识是需要更新的，只有不断地更新才能成为有效的信息，推动事业的进步和发展。因此当书本知识与客观事实之间出现差异时，受书本知识的束缚，抱着书本知识不放，就会成为思想障碍，失去取得重大新成果的机会。

二、克服创新思维障碍

创新思维障碍的根源是人们的心智模式，并受到人们的知识、经验和个人素质的影响。

因此，排除创新思维障碍既要注重反思和探寻人们的心智模式，也要加强对创新思维原理的学习和训练。要排除创新思维障碍，主要有以下几个对策。

（一）要有怀疑批判精神

要敢于怀疑批判一切，不仅要有怀疑批判别人的精神，而且要有怀疑批判自己的胆量和勇气。由于传统观念、固定观念和思维定式都存在于潜意识之中，人们不知不觉地受到它们的支配，要想克服这些因素，就要求创新主体必须有反思传统、习惯的自觉意识。

怀疑批判精神不等于否定一切，不等于事事唱反调，而是指接受别人的理论、思想或言论时要善于起疑、存疑和质疑，以自己独立的理性思考将其一一过滤，然后决定取舍。不迷信权威和名人，只相信自己理性的思考，把一切都纳入质疑对象，但绝不是为了质疑而质疑，而是通过质疑过程辨明是非、优劣和真伪，然后决定是认同还是不认同，是部分认同还是全部认同。“批判”在这里表现为一种方式和手段，而绝不是目的。批判精神所表明的不是一个人拥有多少知识，而是一个人潜在的素质和能力，是一个人的关键素质和实际能力。

（二）要克服胆怯心理

破除传统习惯，克服“唯上”“唯书”的倾向，是需要勇气的。因为传统的、权威的东西同时也是为多数人所承认和接受的东西，突破它们就意味着向多数人支持的东西挑战，而这种挑战又不可能次次成功，经常伴随着挫折和失败。这就特别需要正确对待创新过程中的错误和曲折，需要丰富自己的阅历，多经历一些事情、多历练。不管是工作中的还是生活中的，都需要自己面对、处理，成功了吸取经验，失败了总结教训。当经验积累到一定程度时，就不会再胆怯了。如果处处担心犯错误、害怕失败，就会陷于保守，不敢突破原有的界限，也就谈不上开拓创新了。

（三）要学会运用创新思维的原理和方法

人们在考虑问题时，都会寻找一条正确的思路，有利于寻找、发现、分析、解决问题。除了常规的逻辑思维外，还有一些与人们日常思维不同的特殊思维方式，也就是创新思维。创新思维的出现能帮助人们突破传统、习惯和思维定式，克服各种思维障碍。

值得一提的是，创新思维并不是少数天才人物才具有的素质，而是每个正常人都具备的一种思维方式。例如，创新的逆向思维方法就是把人们通常思考问题的习惯思路反过来，从相反的方向进行思考；侧向思维是让人们换一个新的角度去思考，主动求异；类比思维是让人们通过类比已有事物创造未知事物，触类旁通；发散思维是沿着不同的方向去思考、探索，寻求解决途径。如果创新主体能够善于运用这样一些方法，就可以屏蔽一些传统观念、固定观念及思维定式的干扰，不断创新。

三、培育创新思维的方法及途径

创新是人脑的机能，因此人人都有创新的天赋。人的潜力或人的潜在的天赋能力是很大的。要把人的潜力开发为人的创新能力，科学的思维方法具有巨大作用。因此，培育创新思维是一切创新者的基本功，没有创新思维就谈不上创新。人们的创新思维一旦形成，就会成为其自觉进行创新的力量源泉。

(一) 积累丰富的知识

创新与知识密切相关,不存在超越知识的创新能力。知识固然不等于能力,但知识是能力的基础,一个人没有某一方面的知识,就很难有某一方面的能力。一个人的知识、经验越丰富,产生创新设想的可能性就越大。一个有所创造的人,即使没有受过专门的系统教育,也必定在实践活动中经过自己的钻研和探索掌握了一定的知识和经验。尤其在知识经济时代,知识就是财富,谁掌握了知识,谁就掌握了创新的源泉,谁就赢得了财富。不学无术或知识浅薄可能偶然取得成功,但不可能持久取得成功。成功与财富永远属于掌握知识、勇于创新的人。

在"知识爆炸"的今天,多数人只能掌握一个知识体系内的亚体系或更低层次的次亚体系。因此,在进行知识积累的过程中,要根据主观和客观条件建立合理的知识结构,即要有一个主导专业和几个辅助专业,主导专业决定着知识结构的性质与功能,辅助专业对主导专业具有扶持、支撑的作用。不仅如此,知识面还应当尽可能广博,做到兼收并蓄。这样,才能使创新主体的思维处于一种比较理想的状态,才能够专注地进行创新思考。

案例 2-2

创新的"10 年法则"

一位名为海斯的学者研究了在音乐创作、绘画、诗歌创作等领域达到大师级水平所需要的时间,结果表明,在所有被调查的领域中,即使是最具天赋的人,在创作出成名作之前也需要多年的准备。例如,他考察了 76 位作曲家从入门到创作出第一首成名作所花费的时间,分析了这些作曲家一生中创作的 500 多部作品。结果发现,在这些作品中,只有 3 部是在作曲家创作生涯的第 10 年以前创作的,且这 3 部作品都是在创作生涯的第 8 年或第 9 年创作的。海斯描述作曲家创作生涯的一般发展模式是:始于他称之为"默默无闻的 10 年",其后才出现第一部杰作,接着创作生涯的第 10~25 年间杰作迅速增加,在第 25~49 年间是创作力稳定的时期,最后逐渐减弱。据此,海斯认为,准备期(从某种意义上说是专心致志于某一学科)对于创新性成果来说是必需的。作曲家、画家、诗人需要一定的时间在他们从事的研究中获得充分的知识,而后才能在该领域里达到世界级水平,这就是所谓创新的"10 年法则"。布卢姆及其合作者通过对不同的领域如雕塑、数学、网球等达到世界水平成就的人的访谈调查研究,也证明了"10 年法则"的正确性。

(资料来源:百度文库,有改动,https://wenku.baidu.com/view,2023-10-19)

(二) 形成批判思维

质疑是创新的基础和前提,质疑孕育着创新和突破,没有质疑就没有创造。由于人们认识的局限性,在创新过程中难免会犯错误。从某种意义上讲,人类社会发展的历史就是一部对错误进行批判和否定的历史,没有否定就不会有创新。批判和怀疑的关键在于独立思考,这是克服创新障碍、提高创新能力的基本途径。

质疑具有一定的思维技巧:第一是找原因。一般来说,事物发展变化总是有因果联系的,找到了原因,就为解决问题找到了前提条件。第二是想结果。思考问题的时候,不要受旧事物结果的束缚，要敢于提出新的看法，并要养成思考“这样做会产生什么样的新结果”的习惯。第三是找规律。事物的因果联系性是由事物的发展规律决定的，找到了联系，就找到了事物的发展规律。第四是看发展。事物总是向前发展的，在思考问题的时候要大胆假设，预想出当某一种情况发生后的发展趋势。

（三）摆脱惯性思维

如果长时间处于一种相对稳定的认知或环境下，很容易产生惯性思维。为什么要克服惯性思维？因为有时候惯性思维会带来意想不到的麻烦。比如，惯性思维中经常把灭火和水自然地联系到一起，但当油锅着火时，如果有人端起水往上浇，结果会越烧越旺，甚至引起火灾。有的人想问题、办事情总是喜欢按照一个固定的思路，套用一个固定的框架。要克服惯性思维，就要从惯性思维形成的两个方面的原因着手：一方面是因为长期没有更新自己的认知；另一方面就是重复某一行为的次数过多。

只有打破思维模式，才会有“惊奇”的发现。如果这个发现反作用于思维，便会产生内在的创新渴望，进而转化为创新。

（四）培养联想思维

联想思维是创新的驱动力，创新主体的联想思维能力越强，就越能把自己有限的知识和经验充分调动起来加以利用，越能把与某种事物相关联的众多事物联系综合，越能获得别人得不到的东西。

然而，在创新实践中，由于受到过分“务实”的影响，人们的联想思维常常会在不知不觉中退化。这就要求人们必须不断提高联想能力，大胆设想，大胆理解，尽管有时可能不切实际，但是在大胆的设想中总会有创新的观点，或许能产生惊人的发现。

培养联想思维的方法，首先是增加知识和经验，知识贫乏、经验不足，难以具有丰富的联想能力；其次是采用合理的联想方法，避免杂乱无章、支离破碎的胡思乱想；最后是养成观察事物的良好习惯，善于发现事物与事物之间的联系。尤其重要的是，对某一事物的观察，不仅要觉察其自身的特性，而且要注意这一事物与其他事物之间的相互联系，不但要注意同时和同地事物之间的联系，还要注意当前事物与以往事物之间的联系，以及所遇到的事物与自己的经验的联系。

案例 2-3

北京奥运会火炬艺术和技术特色

2008 年，奥林匹克的圣火在高雅华丽的“中国纸卷”中熊熊燃烧。北京奥运会火炬创意灵感来自“渊源共生，和谐共融”的“祥云”图案。祥云的文化概念在中国具有上千年的历史，是具有代表性的中国文化符号。火炬造型的设计灵感来自中国传统的纸卷轴。造纸术是中国四大发明之一，通过丝绸之路传到西方，人类文明随着纸的出现得以留存。源于汉代的漆红色在火炬上的运用使之明显区别于往届奥运会火炬设计，红银对比的色彩产生醒目的视觉效果，有利于各种形式的媒体传播。火炬上下比例均匀分割，祥云图案和立体浮雕式的工艺设计使整个火炬高雅华丽、内涵厚重。

（资料来源：百度百科，有改动，https://baike.baidu.com/item，2023-10-07）

（五）把握直觉思维

直觉思维是指对一个问题未经逐步分析，仅依据内因的感知迅速地对问题答案做出判断，或在对疑难问题百思不得其解之时，突然有“灵感”和“顿悟”。在创新思维的道路上，直觉思维是一种非常奇妙的思维方式。直觉思维的本质在于人们能够越过有意识的思考层次而直接得出结论，因为人们大脑的深层活动能够觉察到令人信服的模式或有说服力的见识，最终使人们学会发现并信任自己敏锐的直觉，并把它们与无根据的预感区分开。

人们捕捉和把握直觉，有赖于自身知识和经验的积累及智力水平的提高，有赖于良好的精神状态与和谐的外部环境。其具体方法：一是要自觉地拓宽知识面，尽量多掌握有效信息，信息越及时、强烈、异常，就越能产生新的思维结构；二是要做有心人，随时记录思想火花，并进行深入思考；三是要对思考对象深入解剖，达到熟能生巧的境界，以激活潜意识；四是不要对直觉采取忽视的态度，而要以积极的心态鼓励它自由发展，并对它进行完善和验证。

第三节　创新思维训练

一、形象思维

（一）形象思维的概念

形象思维主要是指人们在认识世界的过程中，对事物表象进行取舍时形成的只运用直观形象的表象解决问题的思维方法。形象思维是在对形象信息传递的客观形象体系进行感受、储存的基础上，结合主观的认识和情感进行识别（包括审美判断和科学判断等），并用一定的形式、手段和工具（包括文学语言、绘画线条色彩、音响节奏旋律及操作工具等）创造和描述形象（包括艺术形象和科学形象）的一种基本的思维方式。

（二）形象思维的特点

1. 形象性

形象性是形象思维最基本的特点。形象思维所反映的对象是事物的形象，思维方式是直感、想象的，其表达的工具和手段是能为感官所感知的图形、图像和形象性的符号。形象思维的形象性使其具有生动性、直观性和整体性的优点。

2. 非逻辑性

形象思维不像抽象（逻辑）思维那样一步一步、首尾相接地对信息进行线性加工。形象思维调用许多形象性材料合成新的形象，或由一个形象跳跃到另一个形象。它对信息的加工过程不是系列加工，而是平行加工，是面性的或立体的。它可以使思维主体迅速从整体上把握住问题。形象思维是或然性思维，思维的结果有待逻辑的证明或实践的检验。

3. 粗略性

形象思维对问题的反映是粗线条的，对问题的把握是大体上的，对问题的分析是定性的，因此，形象思维通常用于问题的定性分析。抽象思维可以给出精确的数量关系，因此，在实际的思维活动中，往往需要将抽象思维与形象思维巧妙结合。

4. 想象性

想象是思维主体运用已有的形象形成新形象的过程。形象思维并不满足于对已有形象的再现，它更致力于追求加工已有形象而获得新的产品形象。因此，想象性使形象思维具有创造性。这也说明了一个道理：富有创造力的人通常具有极强的想象力。

（三）应用形象思维的方法

1. 模仿法

模仿法是指以某种模仿原型为参照，在此基础上加以变化产生新事物的方法。人类的很多发明创造都建立在对前人或自然界的模仿的基础上，如模仿鸟发明了飞机，模仿鱼发明了潜水艇。

2. 想象法

想象法是指在脑海中抛开某事物的实际情况而构成直接反映该事物本质的简单化、理想化的形象。直接想象是现代科学研究中广泛运用的进行思想实验的方法。

3. 组合法

组合法是指从两种或两种以上的事物或产品中提取合适的要素重新组合，构成新的事物或产品的创造技法。常见的组合技法一般有同物组合、异物组合、主体附加组合、重组组合四种。

4. 移植法

移植法是指将一个领域中的原理、方法、结构、材料、用途等移植到另一个领域中，从而产生新事物的方法。移植法主要有原理移植、方法移植、功能移植、结构移植等类型。

案例 2-4

“小人国”

我国香港中旅集团有限公司总经理马志民赴欧洲考察，参观了融入荷兰王国景点的“小人国”。回来后他就把荷兰的“小人国”的微缩处理方法移植到深圳，融华夏的自然风光、人文景观于一体，集千种风物、万般锦绣于一园，建成了具有中国特色和现代意味的崭新名胜“锦绣中华”。开业以来游人如织，十分红火。

（资料来源：腾讯网，有改动，https://new.qq.com/rain/a/20230315A04WBN00，2023-03-15）

二、逆向思维

（一）逆向思维的概念

逆向思维也叫求异思维，是对司空见惯的似乎已成定论的事物或观点反过来思考的一种思维方式。采用逆向思维时，敢于“反其道而思之”，让思维向对立面发展，从问题的反面深入地进行探索，树立新思想，创立新形象。

当大家都朝着一个固定的思维方向思考问题时，你却独自朝相反的方向思索，这样的思维方式就叫逆向思维。人们习惯沿着事物发展的正方向去思考问题并寻求解决办法，其实，对于某些问题，尤其是一些特殊问题，从结论往回推，从求解推导已知条件，或许会更简单。

(二) 逆向思维的特点

1. 普遍性

逆向思维在各种领域、各种活动中都可适用。由于对立统一规律是普遍适用的，而对立统一的形式又是多种多样的，有一种对立统一的形式，相应就有一种逆向思维的角度，所以逆向思维也有多种形式，如性质上的转换(软与硬、高与低等)，结构、位置上的互换、颠倒(上与下、左与右等)，过程上的逆转(气态变液态与液态变气态等)。

2. 批判性

正向思维与逆向思维是比较而言的。正向思维是指常规的、公认的或习惯的想法与做法。逆向思维则恰恰相反，是对传统、惯例、常识的反叛，是对常规的挑战。它能够克服思维定式，破除由经验和习惯造成的僵化认识。

3. 新颖性

循规蹈矩的思维和按传统方式解决问题虽然简单，但容易使思路僵化、刻板，摆脱不掉习惯的束缚，得到的往往是一些司空见惯的答案。其实，任何事物都具有多面性，由于受过去经验的影响，人们往往容易看到熟悉的一面，而忽视另一面。逆向思维能克服这一障碍，给人以耳目一新的感觉。

(三) 应用逆向思维的方法

1. 结构逆向思维

结构逆向思维是指从原有事物的逆向结构形式去设想，寻求解决问题的新途径的思维方法。

2. 功能逆向思维

功能逆向思维是指从原有事物的相反功能方面去设想，寻求解决问题的新途径的思维方法。

谈到功能逆向思维，人们常常会联想到一句话："失败是成功之母。"3M公司的一个职员无意中发现废弃的纸张经过一定的处理可以成为粘贴纸，这种新的产品为公司创造了巨额的利润。

3. 状态逆向思维

状态逆向思维是指人们根据事物的某一状态的逆向来认识事物，引导创造发明的思维方法。

4. 因果逆向思维

因果逆向思维是指对原有事物之间因果关系的认识作交换性思考的思维方法。人们对事物因果关系的认识可以由因到果，也可以由果溯因。

三、灵感思维

（一）灵感思维的概念

灵感思维也称作顿悟，是人们借助直觉所迸发的一种领悟或理解的思维形式。

文学家的“神来之笔”、军事指挥家的“出奇制胜”、思想战略家的“豁然贯通”、科学家和发明家的“茅塞顿开”等，都说明了灵感思维的这一特点。一般情形是在经过长时间的思索，问题没有得到解决之时，思维突然受到某一事物的启发，使问题解决。灵感来自信息的诱导、经验的积累、联想的升华、事业心的催化。科学史上许多重大难题往往就是靠这种灵感的顿悟奇迹般地得到解决的。所谓“众里寻他千百度，蓦然回首，那人却在灯火阑珊处”，就是这样一种意境。

（二）灵感思维的特点

1. 突发性和模糊性

由于没有在显意识领域遵循常规逻辑过程形成，所以灵感思维产生的程序、规则及其要素与过程等都不是能被自我意识清晰地意识到的，而是模糊不清、“只可意会不可言传”的。

2. 独创性

独创性是灵感思维的必要特征。不具有独创性，就不能叫灵感思维。

3. 非自觉性

其他的思维活动都是自觉的思维活动，灵感思维的突发性必然带来它的非自觉性。

4. 意象性

出现灵感思维时，潜意识领域或显意识领域总伴有意象思维活动，没有意象的启迪就没有思维的顿悟。

5. 互补综合性

互补综合性是灵感思维的重要特点，如潜意识与显意识的互补综合、逻辑与非逻辑的互补综合、抽象与形象的互补综合等。

（三）应用灵感思维的方法

1. 观察分析

在进行科技创新活动时，自始至终都离不开观察分析。观察不是普通的观看，而是有目的、有计划、有选择地去观察所要了解的事物。通过深入观察，可以从平常的现象中发现不平常的东西，可以从表面上无关的东西中发现相关性。在观察的同时必须进行分析，只有在观察的基础上进行分析，才能形成创造性的认识。

2. 启发联想

新认识是在已有认识的基础上发展起来的，旧与新或已知与未知的连接是产生新认识的关键。因此，要创新就需要联想，以便从联想中受到启发、引发灵感，形成创造性的认识。

3. 实践激发

实践是创造的阵地，是灵感产生的源泉。在实践激发中，既包括现实实践的激发，又包括过去实践体会的升华。各项科技成果的获得都离不开实践需要的推动，在实践的过程中，迫切需要解决的问题促使人们积极地思考、废寝忘食地钻研探索。科学探索的逻辑起点是问题，因此，在实践中思考问题、提出问题、解决问题，是引发灵感的一种好方法。

4. 激情冲动

激情能够调动身心去创造性地解决问题。在激情冲动的情况下，可以增强注意力、丰富想象力、提高记忆力、加深理解力，使人产生一股强烈的、不可遏止的创造冲动。

5. 判断推理

判断与推理有密切的联系，这种联系表现为推理由判断组成，而判断的形成又依赖推理。推理是从现有判断中获得新判断的过程，因此在科技创新的活动中，对于新发现的判断也是引发灵感、形成创造性认识的过程。所以，判断推理也是引发灵感的一种方法。

上述几种方法，是相互联系、相互影响的。在引发灵感的过程中，有时是以一种方法为主，有时是各种方法交叉运用。

四、系统思维

（一）系统思维的概念

系统思维就是把认识对象作为系统，从系统和要素、要素和要素、系统和环境的相互联系、相互作用中综合地考察认识对象的一种思维方法。系统思维是以系统论为基本模式的思维形态。系统思维能极大地简化人们对事物的认知，给人们带来整体观。

（二）系统思维的特点

系统思维方式的客观依据是物质存在的普遍属性，思维的系统性与客体的系统性是一致的。现代思维方式特别是系统思维方式，主要有整体性、结构性、立体性、动态性、综合性等特点。

1. 整体性

系统思维方式的整体性由客观事物的整体性所决定。整体性是系统思维方式的基本特征，它存在于系统思维运动的始终，也体现在系统思维的成果之中。整体性是建立在整体与部分之辩证关系的基础上的，整体与部分密不可分，整体的属性和功能是部分按一定方式相互作用、相互联系所造成的，而整体也正是依靠这种相互作用、相互联系的方式实现对部分的支配的。

2. 结构性

系统思维方式的结构性，就是把系统科学的结构理论作为思维方式的指导，强调从系统的结构去认识系统的整体功能，并从中寻找系统的最优结构，进而获得最佳系统功能。系统结构是与系统功能紧密相连的，系统结构是系统功能的内部表征，系统功能是系统结构的外部表现。系统中结构和功能的关系主要表现为：系统结构决定系统功能。在一定要素的前提下，有什么样的结构就有什么样的功能。问题在于，与人相联系的系统，其结构才决定其功能，表现为优化结构和非优化结构同功能的关系。优化结构能产生最佳功能，非优化结构不能产生最佳功能，这是结构决定功能的一个具有方法论意义的观点。

3. 立体性

系统思维方式是一种开放的立体思维，它以纵横交错的现代科学知识为思维参照系，使思维对象处于纵横交错的交叉点上。在思维过程中，系统思维方式把思维客体作为系统整体来思考，既注意进行纵向比较，又注意进行横向比较；既注意了解思维对象与其他客体的横向联系，又能认识思维对象的纵向发展，从而全面准确地把握思维对象。

4. 动态性

系统的稳定是相对的，任何系统都有自己生成、发展和灭亡的过程。因此，系统内部诸要素之间的联系及系统与外部环境之间的联系都不是静态的，都与时间密切相关，并会随时间不断地变化。这种变化主要表现在两个方面：一是系统内部诸要素的结构及其分布位置不是固定不变的，而是随时间不断变化的；二是系统都具有开放的性质，总是与周围环境进行物质、能量、信息的交换活动。因此，系统处于稳定状态，并不是指系统没有变化，而是指系统始终处于动态之中，处在不断演化之中。

5. 综合性

系统思维方式的综合性并不等同于思维过程中的综合方面，它是比“机械的综合”“线性的综合”更为高级的综合。它有两个方面的含义：一是任何系统整体都是这些或那些要素为特定目的而构成的综合体；二是任何系统整体的研究都必须对其成分、层次、结构、功能、内外联系方式的立体网络作全面的综合考察，这样才能从多侧面、多因果、多功能、多效益上把握系统整体。系统思维方式的综合已经是非线性的综合，是从“部分相加等于整体”上升到“整体大于部分相加之和”的综合，它对于分析多因素、多变量、多输入、多输出的复杂系统是行之有效的。

（三）应用系统思维的方法

1. 整体法

整体法是指在分析和处理问题的过程中，始终从整体来考虑，把整体放在第一位，不让任何部分的东西凌驾于整体之上。

整体法要求把思考问题的方向对准全局和整体，从全局和整体出发。如果在应该运用整体法进行思维的时候不用整体法，那么无论是宏观方面还是微观方面都会受到损害。

2. 结构法

进行系统思维时，注意系统内部结构的合理性。系统由部分组成，部分与部分之间组合是否合理对系统有很大影响，这就是系统中的结构问题。好的结构是指组成系统的各部分间组织合理、有机联系。

3. 要素法

每一个系统都由各种各样的因素构成，其中相对具有重要意义的因素被称为构成要素。要使整个系统正常运转并发挥最好的作用或处于最佳状态，就必须对各要素考察周全，充分发挥各要素的作用。

4. 功能法

功能法是指为了使一个系统呈现出最佳态势，从大局出发来调整或改变系统内部各部分的功能与作用。在此过程中,可能是使所有部分都向更好的方向改变,从而使系统状态更佳,也可能为了系统的全局利益,以降低系统某部分的功能为代价。

拓展阅读

华为的创新哲学:从"倒买倒卖"做到通信巨头

30多年来,华为是怎么从一个"倒买倒卖"设备的公司做到影响全球的通信巨头的?是依靠技术的强大吗?是依靠资本或者政府的力量吗?都不是。

1. 创新哲学之一:客户需求是创新之本

华为的成功,是哲学的成功,也是创新的成功。华为创新的基础理念是紧紧抓住市场需求、客户需求。

华为曾经是一家技术导向型公司。华为早期的10年可以称作星光灿烂的10年。那些技术英雄给华为贡献了极其重要的产品,使华为有了通信技术行业的"入场券"和在中国市场上参与竞争的杀手锏。但技术导向背景下的个人英雄主义也浪费了公司很多钱,这不是他们个人的错误,而是因为当时华为的创新战略是"摸着石头过河",带有很大的盲目性和随意性,依靠一帮"天才人物"的智慧火花进行拍脑袋式的研发决策,缺乏方向感。

华为积累了很多的人才、经验,用15年打造了一个以客户需求为导向的前端是客户、末端也是客户的端到端的流程,这才从根本上改变了华为技术导向型公司的价值观和研发战略。

华为投入了巨大的力量进行创新,但华为反对盲目创新,反对为创新而创新,华为推动的是有价值的创新。

华为端到端的研发流程使整个研发建立在理性决策的基础上,建立在市场需求——显性的客户需求与隐性的客户需求之上。失误率降低了很多,成本浪费大大减少,组织对个人的依赖度也降低了。

2. 创新哲学之二:开放式合作是创新的基石

这里面包括几点,一是专利互换、支付专利费等。交专利费,或者依靠自身的专利储备进行专利互换。二是与竞争对手、客户建立战略伙伴关系。华为在研发体制上的重大创新之一,是与全球诸多大客户包括沃达丰等运营商建立了28个联合创新中心。这种创新体制,使得华为在面向未来和客户长远需求的研发领域赢得了无数先机和众多突破。三是华为的愿景是丰富人类的沟通与生活。如何实现这个宏大的愿景?华为的创新战略是利用全世界的智慧为华为服务。

3. 创新哲学之三:基于开放式、学习型的创新理念

华为的经验之一是向西方学习,比如端到端的研发流程变革是由IBM主导的。还有供应链变革、人力资源变革、财务体系变革、市场体系变革等,华为都花巨资聘请了美国、英国、日本、德国等国家的顶尖咨询公司,先后有十几家咨询公司为华为做过管理咨询,使华为的管理创新、组织创新及整个组织管理能力都有了巨大进步,奠定了华为成为一家全球化公司的根基。

4. 创新哲学之四:基于尊重知识产权的创新

华为每年要向西方公司支付2亿美元左右的专利费,拿出1亿多美元进行研发,并且参

与和主导了多个全球行业的标准的制定。华为认为，未来5～8年会爆发一场“专利世界大战”，必须对此有清醒的战略研判和战略设计。

5. 创新哲学之五：开放、包容、鼓励试错是创新之源

在我们的文化中，宽容、包容是稀缺的社会品质。华为要不要给予包容？任正非的观点叫作“灰度理论”，反对非黑即白的用人观。有文化洁癖尤其是道德洁癖的人是做不了企业领袖的，所以任正非多次讲，他们是一支商业部队，华为要容得下各种“异类”。

另外，华为也有“蓝军参谋部”，从高层到基层组织都在有意识地培养“蓝军参谋”。“蓝军参谋”的职能是什么呢？是虚拟各种对抗声音，建立红蓝对抗机制。华为有一群这样的“名人”，如“蓝军参谋部”的领头人白志东、固定网络部的徐恩启等，他们从个性到谈吐都充满了否定性风格，是一批“乌鸦嘴”，随时在为华为唱“丧歌”而不是赞曲。在任正非身上，却经常表现出“红蓝对决”的两面性：公司内外形势一片大好时，他是悲观主义的蓝军，散布“悲观论”；形势不好时，他却是乐观主义的红军，以极富煽动性的讲话风格在公司上下催生“正能量”。

任正非说，华为研发20年浪费1000亿元，但正是这1000亿元构筑了华为的软实力，华为的世界级创新实力是构筑在华为交出的“学费”上的，在数不清的教训的基础上积累了创新成功的经验。华为一位高管这样说：“在华为，所有坐在第一排的人都犯过无数的错误，领导力、创新力是用钱砸出来的。”华为芯片研发部门曾经确定目标：“一次投片成功！”任正非说：“一次投片成功的说法是反动的，这个世界上没有神仙。”要知道，投片一次的成本是几百万美元。

（资料来源于网络，作者整理得到）

思考与训练

拟订咖啡馆设计方案

【主题】使用创新思维。

【目标】运用创新思维方法，完成咖啡馆的设计方案。

【建议时间】20分钟。

【准备材料】A4纸、笔。

【活动步骤】

（1）采用随机的方式进行分组，每组4～6人为宜。

（2）教师讲述活动背景，假设要开一家咖啡馆，请运用创新思维方法，完成咖啡馆的设计方案。

（3）教师挑选一两名学生分享有代表性的方案。

（4）教师进行点评总结。

第三章 创新方法

知识结构

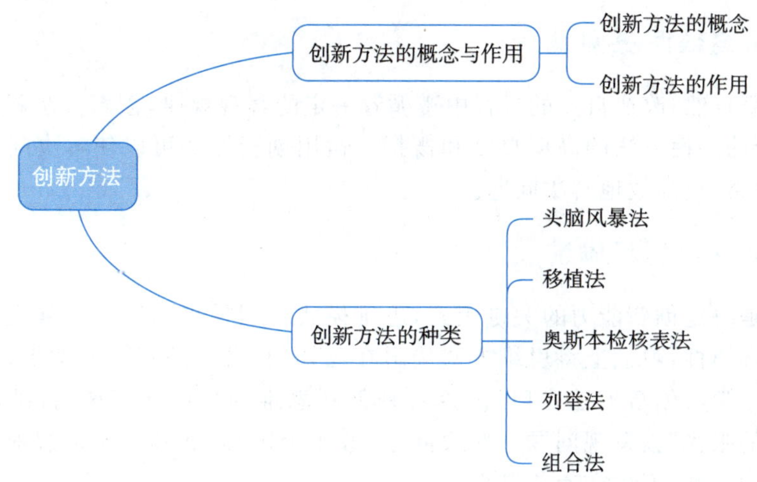

学习目标

- 了解创新方法的概念和作用。
- 掌握头脑风暴法、奥斯本检核表法、列举法、组合法的内容。
- 灵活运用创新方法。

第一节 创新方法的概念与作用

创新也需要掌握一定的方法，只有掌握了正确的、合适的创新方法，创新活动才能顺利进行，创新效果才能凸显。

一、创新方法的概念

创新方法是创造学家收集大量成功的创造和创新的实例后，研究其获得成功的思路和过程，经过归纳、分析、总结而找出的一些带有普遍规律性的原理、方法和技巧。它们可以供人们学习、借鉴和效仿。

创新方法一直为世界各国所重视，在美国被称为创造力工程，在日本被称为发明技法，在俄罗斯被称为创造力技术或专家技术。我国学者认为创新方法是科学思维、科学方法和科学工具的总称。其中,科学思维是一切科学研究和技术发展的起点,始终贯穿科学研究和技术发展的全过程,是科学技术取得突破性、革命性进展的先决条件;科学方法是人们进行创新活动的创新思维、创新规律和创新机理,是实现科学技术跨越式发展和提高自主创新能力的重要基础;科学工具是开展科学研究和实现创新的必要手段和媒介,是最重要的科技资源。由此可见,创新方法既包含实现技术创新的方法,也包含实现管理创新的方法。

二、创新方法的作用

具体来说,创新方法的作用有以下几点。

(一)促进高效解决问题

人类在征服自然、改造自然的过程中遵循着一定的客观规律,创新方法就是对人类解决问题、实现创新的共性方法的高度总结和概括。运用创新方法可以使解决问题的方案更科学,可以少走弯路,更高效地解决问题。

(二)推动培养创新思维

思维惯性是决定创新能力的关键因素,思维模式不同带来的结果也就大相径庭。每个人都有一种思维惯性,习惯上将思维方式局限在已知的、常规的解决方案上,从而阻碍新方案的产生。通过学习创新方法,可以掌握各种创新思维的特征和规律,打破固有的思维模式,学会用"新的眼光"去发现问题和解决问题,敢于否定、质疑和超越常规地去思考、实践,养成创新思维的习惯,形成变通性思维。

(三)科学指导创新实践

在不同时期、不同领域里出现的创新问题及为了解决这些问题所使用的创新原理与方法是有规律的。通过学习创新方法,可以根据实践活动的具体情况,科学地运用创新方法中实用与适用的创新原理,在实际工作中实现创新,少走弯路,尽快、尽早地剔除那些复杂而效率不高的解决方案,找出更高效的解决方案,使实践活动的方案更具方向性、有序性和可操作性。

第二节 创新方法的种类

创新的核心是创新思维,而创新思维最重要的工具就是创新方法。人们在进行具体的创新活动时,为克服各种思维障碍、增加信息刺激、提高思维效率而采用创新方法,可达到创造性解决问题的目的。

一、头脑风暴法

头脑风暴法的英文全称为 brain-storming,又称智力激励法。头脑风暴是指以小组的形式无限制地自由联想和讨论,以产生新观念或激发创新思想。这种方法是由美国创造学家亚历克斯·奥斯本于1939年首次提出的。

(一)头脑风暴法的分类

头脑风暴法一经提出便在世界各国引起强烈反响,后经创造学研究者的实践和发展,最终形成了一个相对完善的发明技法群,如三菱式智力激励法、默写式智力激励法、卡片式智力激励法等。

(1)三菱式智力激励法是由日本三菱树脂公司改进而成的,其优点是修正了奥斯本智力激励法严禁批评的原则,有利于对设想进行评价和集中。

(2)默写式智力激励法是无参照扩散法的一种,由德国创造学家荷立创造,其特点是用书面阐述来激励智力。

(3)卡片式智力激励法又称卡片法,包括CBS法和NBS法两种。CBS法由日本创造开发研究所所长高桥诚改进而成,其特点是可以对每个人提出的设想进行质询和评价;NBS法是日本广播电台开发的一种智力激励法。

(二)头脑风暴法必须遵守的原则

为了使与会者畅所欲言,互相启发和激励,达到较高的效率,头脑风暴法必须严格遵守以下规则。

(1)推迟判断,禁止批评。对别人提出的任何想法都不能批判,不得阻拦。只有这样,与会者才可能在充分放松的心境下,集中精力开拓自己的思路,做到尽力多提设想,且越多越好。

(2)提倡自由发言、畅所欲言、任意思考、任意想象、尽量发挥,主意越新越怪越好,因为其能启发人们产生新的想法。

(3)综合改善。鼓励巧妙地利用和改善他人的设想,这是激励的关键所在。每个与会者都要从他人的设想中激励自己,从中得到启示,或补充他人的设想,或将他人的若干设想综合起来而提出新的设想等。

(三)运用头脑风暴法的条件

运用头脑风暴法需要遵循以下一些条件。

(1)防止出现一些“扼杀性语句”和“自我扼杀语句”,如“这根本行不通”“你这想法太陈旧了”“这是不可能的”等。

(2)与会人员一律平等,将各种设想全部记录下来。

(3)鼓励巧妙地利用和改善他人的设想。

(4)独立思考,不允许私下交谈,以免干扰别人的思维。

(5)随便思考,任意想象,尽情发挥。

(6)不强调个人的成绩,应以小组的整体利益为重。

(四)头脑风暴法的实施步骤

实施头脑风暴法时可按照下面的步骤进行。

(1) 确定要讨论的问题，然后组建小组，并通知会议的内容、时间、地点。

(2) 准备会场，可以准备一些智力游戏道具、简单的发散思维练习布置等，以活跃气氛。

(3) 根据实际情况组织人员，通常以10～15人为宜。

(4) 向参会者宣布讨论的主题。

(5) 坚持头脑风暴法的原则。

(6) 会后收集、整理设想、提案。

(7) 综合评价，选出最佳设想、方案。

二、移植法

移植原意是指将植物移动到其他地点种植，后引申为将生命体或生命体的部分转移的器官移植。

(一) 移植法的概念

移植法是指将某个领域的原理、技术、方法引用或渗透到其他领域，用以变革和创新，即把某一事物的原理、结构、方法、材料转到当前研究对象中，从而产生新成果的方法。在通常情况下，移植法是将已成熟的成果转移到新的领域，用来解决新问题，因此它是现有成果在新情景下的延伸、扩展和再创造。

(二) 常见移植法的类型

(1) 原理型移植法。原理型移植法是指将某种行之有效的技术原理，由其最初运用的技术领域移植到其他技术对象上，以创造新的技术产物。

(2) 结构型移植法。结构型移植法是指将某事物的结构形式特征转用到另一事物上，以产生新的事物。

(3) 方法型移植法。方法型移植法是指将新的方法转用到新的情景中，以产生新的成果，即将某一学科领域中的方法应用于解决其他学科领域中的问题。

(4) 材料型移植法。材料型移植法是指将材料转用到新的载体上，以产生新的成果。

(三) 移植法的实施思路

在运用移植法创新时，可以采用以下两种思路。

(1) 成果推广型移植。成果推广型移植就是将现有科技成果向其他领域铺展延伸的移植方法，其关键是在弄清现有成果的原理、功能及使用范围的基础上，利用发散思维方法寻找新载体。

(2) 解决问题型移植。解决问题型移植就是从研究的问题出发，通过发散思维找到现有成果，经移植后使问题得到解决。

(四) 运用移植法的条件

运用移植法时，首先要弄清楚移植什么及为什么要移植的问题。理论和实践经验表明，要有效地运用移植法，应注意以下三个基本条件。

(1) 用传统方法难以找到理想的设计方案或解题思路，或者利用本专业领域的知识根本无法找到出路。

(2) 其他技术领域存在解决相似或相近问题的方式。

(3) 对移植结果能否保证系统整体的新颖性、先进性和实用性有定性判断。

以上是实施移植法的基本条件，在创造活动中只有同时具备这三个条件，才有实施移植法的必要性和可能性。

(五) 移植法的实施步骤

实施移植法时，可按照下面的步骤进行。

(1) 明确决策问题。

(2) 组织人员形成评价小组，人员包括项目组成员、相关领域的专家等。

(3) 根据评价准则制订评价方法，包括确定评价项目、制订评价表格。

(4) 针对决策课题选择不同的实现方法来模拟原型。

(5) 小组成员对不同的模拟原型进行评价并打分，选择集中的方案或得分最高的方案为决策方案。

三、奥斯本检核表法

奥斯本检核表法又称分项检查法，它是由美国的亚历克斯·奥斯本提出的。它是以提问的方式，根据创新或解决问题的需要列出有关问题，形成检核表，然后对问题逐个进行核对与讨论，从而发掘出解决问题的大量设想的一种方法。

(一) 奥斯本检核表法的内容

奥斯本检核表法是通过引导主体在创造过程中对照九个方面的问题进行思考，以便启迪思路、开拓思维想象空间，促进人们产生新设想、新方案的方法，如表 3-1 所示。

表 3-1　奥斯本检核表法

检核项目	含　义	示例说明
能否他用	现有事物有无其他用途？保持不变能否扩大用途？稍加改变有无别的用途	吹风机的功能是吹干头发。日本的某位已婚妇女在冬天或雨天使用吹风机将婴儿尿布上的湿气吹干，她的丈夫由此产生联想，创新出了适合宾馆等单位使用的被褥烘干机
能否借用	能否引用其他的创造新设想？能否从其他领域、产品、方案中引入新的元素、材料、造型、原理、工艺、思路等	医生在治疗肾结石病人的时候，借用现代的爆破技术，将炸药的分量用到只能炸碎肾脏里的结石而不影响肾脏本身的程度，创新出了医学上的微爆破技术
能否改变	现有的事物能否做某些改变，如颜色、声音、味道、式样、花色、音响、品种、意义、制造方法？改变后效果如何	一般漏斗的下端都是圆形的，用来向同样是圆形的瓶口里灌装液体，但是因瓶内空气的阻碍，液体不易流下。把漏斗的下端改成方形，插入瓶口时便留出间隙，使瓶内的空气在灌液体时能顺利排出而使得灌液体更加流畅

续表

检核项目	含　义	示 例 说 明
能否扩大	现有的事物能否扩大使用范围？能否增加使用功能？能否增加零部件以延长使用寿命？能否增加长度、厚度、强度、频率、速度、数量、价值	日本某牙膏厂在牙膏中加入特殊物质，当刷牙时间超过3分钟时，该物质使口内牙膏由白变黑，以此提醒人们已经达到必要的刷牙时间了
能否缩小	现有事物能否体积变小、长度变短、重量变轻、厚度变薄及拆分或省略某些部分(简单化)？能否浓缩化、省力化、方便化、短路化	日本大阪西卡公司推出的超轻型老花眼镜，只有4.5克重(相当于普通眼镜质量的1/5)，度数可调，深受人们的喜爱，上市不到1年，就在世界50多个国家售出2000余万副，从而以“世界上最受老人欢迎的老花眼镜”载入《吉尼斯世界纪录大全》
能否代用	现有事物能否用其他材料、元件、结构、设备、方法、符号、声音等代替	用激光代替医生的手术刀治疗某些外科疾病，不但快捷、方便，而且病人几乎没有痛苦，也大大地减少了医生的工作量
能否调整	现有事物能否交换排列顺序、位置、时间、速度、计划、型号？内部元件可否交换	过去的老式飞机，其螺旋桨是装在头部的，后来有人把它安装在飞机的顶部，于是有了直升机，把它安装在飞机的尾部就有了现代喷气式飞机
能否颠倒	现有事物能否从里外、上下、左右、前后、横竖、主次、正负、因果等相反的角度颠倒过来用	英国科学家法拉第把“电流能够产生磁场”的原理颠倒过来，实现了“磁能生电”的设想，为世界上第一台发电机的诞生奠定了基础
能否组合	能否进行原理组合、材料组合、部件组合、形状组合、功能组合、目的组合	现在广泛使用的一种多功能小型木工机床，就是将平刨机、凿眼机、木工钻、木工车床等组合在一起的，它很受小型木工厂和木工们的欢迎

(二) 奥斯本检核表法的实施步骤

奥斯本检核表法的具体实施步骤如下。

(1) 根据创新对象明确需要解决的问题。

(2) 参照奥斯本检核表法列出的九个问题，运用丰富的想象力，强制性地逐个核对与讨论，写出尽可能多的新设想。

(3) 对提出的新设想进行筛选，将最有价值和创新性的设想筛选出来，根据实际需要提出改进方案。

四、列举法

列举法是最常用、最基本的一种创新思维方法。它是一种将研究对象的某方面属性(如特点、缺点或希望点)一一罗列出来，对其进行分析研究，从中探求出各种改进方法的创新思维方法。

根据研究对象的不同，列举法可分为特性列举法、缺点列举法、希望点列举法等。

(一) 特性列举法

特性列举法是一种将创新对象的名词特性、形容词特性和动词特性等特征一一列举出来，然后分析、探讨能否以更好的特性来代替，最后提出革新方案的创新思维方法。特性列举法的具体实施步骤如下。

(1) 选择一个目标比较明确的分析对象，对象宜小不宜大。如果是一个比较大的分析对象，最好将其分成若干个小对象。

(2) 从名词特性、形容词特性和动词特性三个方面对对象的特性进行列举。如果觉得这样列举不好操作，就按数量特性、物理特性、化学特性、结构特性、形态特性、经济特性等进行列举。分析对象的特性应尽可能详细地列出，并且要尽量从各个角度提出问题。

(3) 分析各自特性，通过提问激发出新的创造性设想和方案。分析各个特性时，可采用智力激励法来激发创意。在上述列举的特性下尽量尝试各种可替代的属性进行置换，以产生新的设想和方案。

(4) 提出新的方案并进行讨论、检核、评价，挑选出行之有效的设想来结合实际需要对对象进行改进。

(二) 缺点列举法

缺点列举法是美国通用电气公司提出的一种创新思维方法。它是运用“吹毛求疵”的精神，尽力发掘事物的缺点，将其一一列举出来，然后对这些缺点进行归类、分析，以便找出改进方案的方法。在这个过程中，缺点列举得越多越好，以便把问题彻底暴露。

缺点列举法的具体实施步骤如下。

(1) 列举缺点阶段。通过会议、访谈、电话调查、问卷调查、对照比较等方式，广泛调查和征集意见，尽可能多地列举事物的缺点。

(2) 探讨改进方案阶段。对收集到的缺点进行归类和整理，并对每类进行分析，在此基础上提出改进方案。

(三) 希望点列举法

希望点列举法是与缺点列举法相对应的一种创新思维方法。如果说缺点列举法是寻找事物的缺点进行创新，那么希望点列举法就是根据人们对事物的愿望要求来进行创新的思维方法。希望点列举法与缺点列举法的一个重要差异在于：缺点列举法一般是一种被动型的创新思维方法，因为缺点列举法不可能离开事物的原型来分析，但是希望点列举法有很大的主动性，它完全可以不受事物原型的约束，只从创新者或用户的希望与追求的出发点为创新构思的基点。因此，希望点列举法是一种积极主动的创新思维方法。

希望点列举法的具体实施步骤如下。

(1) 通过会议、访谈、问卷等方式，激发和收集人们的希望。

(2) 对大家提出的各种希望进行整理和研究，形成各种希望点。

(3) 在各种希望点中选出目前可能实现的希望点进行研究，制订革新方案，创造新产品，以满足人们的希望。

五、组合法

组合法是指按照一定的技术原理，通过重组合并两个或多个功能元素，开发出具有全新功能的新材料、新工艺、新产品的创新方法。这种创新方法不同于突破性创新中完全采用新技术、新原理的方法，是对已有发明的再开发利用。

根据组合方式的不同，组合法可分为主体附加法、异物组合法、同类组合法、重组组合法、信息交合法等。

（一）主体附加法

主体附加法又称为内插式组合法，是在原有的技术思想中补充新内容，在原有的物质产品上增加新附件，从而使新得到的物品性能更好、功能更强的组合方法。它常适用于对已有的产品做不断完善和改进。

主体附加法的实施步骤如下。

（1）有目的地选定一个主体。

（2）运用缺点列举法全面分析主体的缺点。

（3）运用希望点列举法对主体提出种种希望。

（4）考虑能否在不变或略微改变主体的前提下，通过增加附属物以克服或弥补主体的缺陷。

（5）考虑能否通过增加附属物，实现对主体寄托的希望。

（6）考虑能否利用或借助主体的某种功能，附加一种别的东西使其发挥作用。

（二）异物组合法

异物组合法是将两种或两种以上的技术思想或具有不同功能的物质产品进行组合的方法。组合的结果是产生新的思想、新的概念、新的技术或新的产品。例如，索尼公司把耳机和一台收音机组合起来，就发明了随身听。由于不相似或不相同的事物是无穷无尽的，所以相对于主体附加法和同类组合法，异物组合法的思维广度和深度更大，其创造性也更强。

异物组合法的具体形式主要有以下几种。

（1）功能组合。功能组合就是把不同物品的不同功能、不同用途组合到一个新的物品上，使之具有多种功能和用途。在生产实际和日常生活中，功能组合的机会很多，组合的环节简单，成功率较高。

（2）原理组合。原理组合是指将某一事物的原理同别的事物的原理相互渗透、融会贯通，从而得出一种新方法或新理论。在事物的组合关系中，原理的组合是一种高层次的组合，具有组合对象难找、组合过程复杂的特点，但这种组合的创造性较强，可能会产生突破性的成果。

（3）意义组合。意义组合功能不变，但组合之后赋予事物新的意义。例如，一件普通的T恤衫可能并没有人会去买，但如果印上所在学校的名称，就会给学生带来一种归属感、自豪感，成为有纪念意义的衣服，不仅会受到学生的欢迎，还会得到他们的收藏。

（4）构造组合。构造组合是指将两种东西组合在一起，它便有了新的结构并带来新的实用功能。例如，房车就是房屋和汽车的组合，它不仅可以作为交通工具，还可以作为居住的场所。

（5）成分组合。成分组合是指两种物品成分不相同，组合在一起后就构成了一种新的产品。成分是指构成事物的各种不同的物质或因素，它直接关系着创造的原理与结构，成分的组合是利用已知的物质进行组合而做出的某一创造。

(6) 材料组合。材料是人们用来制作有用物件的物质，是构成创造成果的物质基础。人们在进行创造时，总是先利用现有的材料，当现有的材料不能满足创造要求时，就需要对材料进行创造。其中，把两种或两种以上现有的材料组合起来解决问题的方法就是材料组合方法。不同材料组合在一起，不仅可以改善原物品的功能，还能带来新的经济效益。

(三) 同类组合法

同类组合法是两种或两种以上的相同或相近的事物的组合，其特点是参与组合的对象与组合前相比，其基本性质和结构没有根本变化，是在保持事物原有功能或意义的前提下，通过数量的变化来弥补功能上的不足或得到新的功能。

同类组合的目的是在保持事物原有功能或原有意义的基础上增加新功能或新意义，而这种新功能或新意义是单个事物不具有的。同类组合的条件是根据需要来决定的。简单、复杂的事物都可以组合，关键是看其有没有必要组合，究竟需不需要组合，是否具备组合的条件。

同类组合时要考虑以下两个方面。

(1) 单独事物组合后，其功能是否更好、是否有新意。

(2) 两个以上相同事物组合后，能否有新的功能和新的意义，能否赋予新的特征。同类组合法进一步利用了已有的事物，并使组合过程变得比较简单。同类组合往往具有事物的对称性或一致性趋向。

(四) 重组组合法

重组组合法是改变原有事物的结构组合方式，使原有元素在不增加数量的情况下，改变原有事物性质的组合。重组组合是在事物的不同层次上分解原来的组合形式，然后以新的思想重新组合起来，其特点是改变了事物各部分之间的相互关系。因为它是在同一事物上施行的，所以一般不增加新的内容。

重组组合法的构思方式一般有以下几种。

(1) 变位重组。变位重组即通过改变组成要素的相对位置进行重组构思。例如，早期的双门电冰箱都是上部为冷冻室，下部为冷藏室，这种结构的冰箱存在一些不足，如空气流通的规律是热空气向上流通，而上部正好是冷冻室，造成冰箱比较费电；再如，通常情况下使用比较多的是冷藏室，而冷藏室却在下部，造成取东西不太方便。通过变位重组把冰箱改成上“热”下“冷”式的结构，可以克服早期冰箱的不足。

(2) 变形重组。变形重组即先对组成部分进行适当的变形，然后进行重组。

(3) 模块重组。模块重组即把组成事物的各要素按模块化设计，使用时，根据需要进行模块化组合。模块化结构有利于产品的标准化、通用化、系列化，有利于缩短设计的时间和试制时间。

(五) 信息交合法

信息交合法是由我国创造学研究者许国泰发明的，它是指将思考对象的所有信息要素按照不同类别分类，每一类作为一条坐标轴，然后根据需要把各种坐标点有机地结合起来，并从各种信息的交合点入手进行创造的一种思维方法。信息交合法有利于人们打破传统思维定式，为创新思维提供丰富的信息资源，提高创新思维的质量和水平。

信息交合法的交合方式主要有以下几种。

(1) 成对列举交合。成对列举交合是创新主体将任意的两个事项组合起来，成对列举，或把某一范围内的事物一一列举，依次成对组合，从中获得独创性设计方案的方法。成对列举交合法既有特性列举法务求全面的特点，又汲取了强制联想法易于产生新颖设想的优点，是启发思想效果比较好的创新思维方法。

(2) 平面坐标交合。平面坐标交合是从 X 坐标和 Y 坐标两个方向列出信息元素后进行成对交合思考的方法。这种方法利用坐标系促使人们从意义上缩小不同事物之间的差距，使原来无关的事物建立起联系，并演变为新事物。

(3) 立体交合。立体交合是在确立一个问题点后以此为中心，分解列出许多不同的各种变量的坐标，而每一变量坐标又可以不断分解设置下去，然后用线线相交或面面相交的办法，寻找新的创意的方法。

拓展阅读

"三只松鼠"快跑的秘籍

"三只松鼠"的创始人章燎原在接受《重庆商报》记者采访时说，品牌为先、做足细节、用超预期的用户体验一环扣一环地吸引消费者，都是其打造"三只松鼠"品牌的秘籍。

1. 全新尝试，从线下走到线上

章燎原在27岁时进入了做坚果产品的安徽詹式食品有限公司，负责芜湖地区的一线销售。这一年，芜湖成为詹氏本土之外的最大市场。29岁时，他被破格提升为詹氏的营销副总经理。

随着詹氏规模的不断扩张，章燎原渐渐发现，以坚果类产品为主打先天性限制了货物的存放期，油脂类食物存放太久就会非常不新鲜，无人愿意再购买，所以一旦货物滞留两个月就必须更换一次。

"此时我注意到了电子商务，电子商务能让超市将'从拿货到送至消费者手中'这一环节，从2～3个月的时间缩短至不足一周。此外，电商经营还可以降低巨大的实体店运营开销。"章燎原说。

在经过一番调研后，章燎原精心筹划的壳壳果旗舰店在2011年年初登录淘宝。不到一个月时间，"壳壳果"就已赢得了不错的销售业绩和市场口碑，而章燎原也得到了一个"壳壳老爹"的封号。

2. 十年一剑，"三只松鼠"整装出发

就在壳壳果逐渐在线上做得风生水起之时，一次万人免费试吃活动却成为巨大的打击。

"当时因为接到了超百万的订单导致公司手忙脚乱，我们的团队又非常年轻，货源不足、经验不够，在配送等后期工作做得非常糟糕。结果那一次活动结束后，我们店铺的动态评分从4.9直接降到了4.5。"章燎原告诉《重庆商报》记者。

事实上，尽管这次损失给章燎原带来了巨大的考验，但同时也给了他极大的启发。他意识到电子商务居然有如此辽阔的空间，而互联网的魅力更使人疯狂。2012年1月，章炼原辞

职了,随后他迅速开始组建新的团队寻找融资。当年6月,坚果类品牌“三只松鼠”正式上线了。

彼时,网络上已有一批颇有口碑的坚果淘品牌。章燎原在此间杀入,似乎并不占据天时、地利。他告诉《重庆商报》记者,抓住“差异化”发展、多年沉浸坚果行业的经验、对互联网渠道与客户的深度解剖,成为章燎原的核心竞争力。

首先是品牌意识,章燎原表示,消费者需要一个有情感的品牌。因此,他创立了一个鲜活的“三只松鼠”品牌,松鼠可拟人化、可互动,传播性也强,同时非常好记。

“之后要做的,就是增加品牌互动性,构建从原料、加工、服务的全供应链整合运营模式。”章燎原说。

3. 着力互动,卖萌上演“商务话剧”

在章燎原看来,营销的根本就是吸引新顾客和留住老顾客。简言之,就是尽量满足用户的需求。

这个道理说来简单,但如何运用在生意实践中,则成了许多创业者跨不过的门槛。

章燎原开创了中国电商客服场景化的服务模式——淘宝客服化身为拟人化的“松鼠”,亲切地称买家为“主人”,并从客服到售后,带给买家一次完整的“松鼠与主人”的体验购物,以此增加品牌的趣味性与独特性。

章燎原告诉《重庆商报》记者,当卖家打开“三只松鼠”的网店页面时,首先映入眼帘的便是三只活灵活现的卡通小松鼠。再往下拉,就是一串以松鼠名字命名的淘宝客服。每当客户咨询客服时,屏幕那头会回应:“主人,请问有什么需要?”并以松鼠的口吻解答所有的问题。当客户收到坚果后,打开包裹也能发现带有三只松鼠LOGO的购物袋、箱子、杂志等一系列配套物品。

“电商品牌相比于传统品牌,更加注重于产品力和顾客体验度,其本质是媒介载体而生的渠道,这个渠道不仅实现销售属性,还得实现传播属性,有效利用之是优势整合,不利用之则是致命。我将三只松鼠定位于互联网品牌,便是希望传统的坚果食品能够具备互联网基因。”章燎原说。现在网购的主力群体是年轻人,他们非常看重在互联网上的社交互动。当品牌彻底拟人化后,就可以大大增加与买家的互动性。

在章燎原的一系列设计下,“三只松鼠”被成功塑造成一个能给年轻人带来深刻印象的卖萌品牌。据统计,“三只松鼠”仅上线65天,销售量在淘宝天猫坚果行业就跃居第一名。其发展速度之快创造了中国电子商务历史上的一个奇迹。在2012年“双11”促销中,“三只松鼠”当日成交近800万元,一举夺得坚果零食类目冠军宝座,并且成功在约定时间内发完10万笔订单,创造了中国互联网食品历史突破。2013年“双11”,则创造了单日3562万元的销售额,全网食品电商销量第一。

“利用互联网抓住了传统企业做不到的许多要点,给用户带来了新的服务体验与价值,解决了传统企业不能解决的痛点。这就是我成功的秘诀。”章燎原笑言。

(资料来源:三只松鼠 快跑的秘密:让主人快乐,有改动,现代营销(经营版)(J),2014)

思考与训练

头脑风暴

假设现在在海难,一个游艇上有八名游客等待救援,可是直升机每次只能够救助一个人。游艇已经损坏,不停地漏水。寒冷的冬天,刺骨的海水。游客的情况如下。

(1) 将军,男,69岁,身经百战。

(2) 外科医生,女,41岁,医术高明,医德高尚。

(3) 大学生,男,19岁,家境贫寒,参加国际数学奥林匹克竞赛获奖。

(4) 大学教授,男,50岁,正主持一个科学领域的项目研究。

(5) 运动员,女,23岁,奥运金牌获得者。

(6) 经理人,男,35岁,擅长管理,曾将一大型企业扭亏为盈。

(7) 小学校长,男,53岁,劳动模范,"五一"奖章获得者。

(8) 中学教师,女,47岁,桃李满天下,教学经验丰富。

请将这八名游客按照营救的先后顺序进行排序。各小组内使用头脑风暴法进行讨论,限时15分钟。每位小组成员都要尽可能地富有创造性和创造力,对任何提议都不能加以批评。每个小组分别指定一名成员把所提出的各种方案写下来。用10～15分钟的时间讨论各个方案的优点与不足,每个小组最终选择一个使所有成员意见基本一致的最合理的方案。

第四章 创业知识与创业环境

知识结构

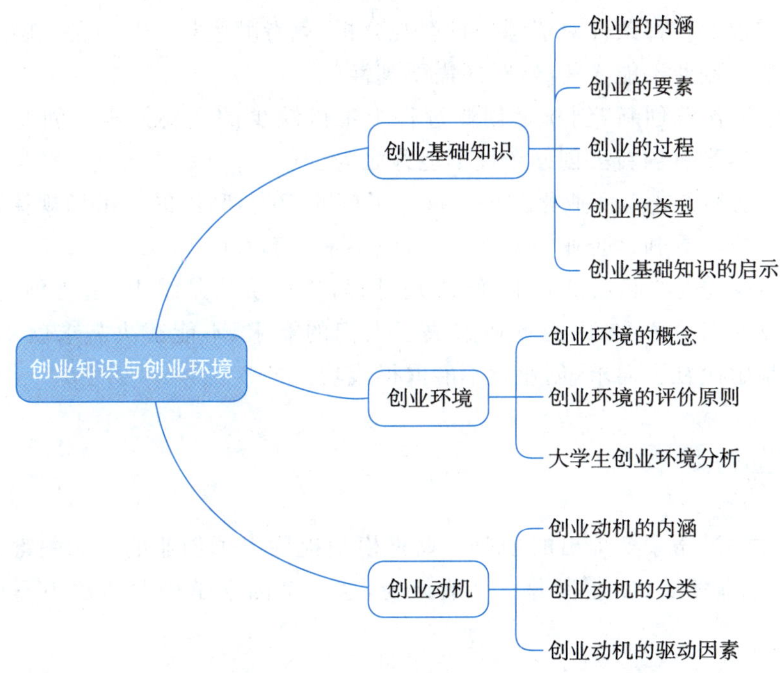

学习目标

- 了解创业的内涵和实质。
- 掌握创业的要素。
- 掌握创业的过程。
- 了解大学生创业的环境。
- 了解创业动机的内涵。

第一节 创业基础知识

一、创业的内涵

一般来说，创业有广义和狭义之分。广义的创业是指创造一番事业，这个事业既可以是营利的，也可以是非营利的，可以是经济方面的，也可以是政治、军事、文化、科学、教育等各个领域的。狭义的创业则是指创办一个企业。本书讨论的创业，其定义只限于狭义的范畴。

创业，就是为了满足社会的某种需求，通过整合各种资源，设计制造一类专业的产品或服务，运用商业的方式，去满足需求，解决问题，创造价值，最后成就一番事业的过程。通过以上定义，可知创业的内涵如下。

(1) 肯定了创业的实质是以成就事业为目的的社会实践活动。既然是要追求某种事业的成功，一个人是不可能取得的，事业的成功当然离不开团队，它强调了创业过程中团队的作用和重要性。

(2) 强调了创业的初衷和目的是解决社会的某种需求。

(3) 强调了资源整合的重要性。并不是人们身边所有的社会需求都能被解决，创业者需要根据解决需求的各种条件对资源进行客观分析，思考哪些是已具备的，哪些是通过某种努力可以获取的。创业不能光凭激情，还需要理性。

(4) 创业中包含着创新，创新是创业过程中不可缺少的重要元素。创业的产品(或服务)是创新的成果，没有创新去创办企业不能称之为创业。

(5) 创业活动的方式是商业化。创业选择了商业行为，利用的是市场规律，从而决定了企业的盈利性。所以盈利是企业的属性之一，但不是全部属性。

(6) 创业实践过程的起点是需求，解决是过程，创造价值是结果，这是创业活动的逻辑过程。之所以创业有价值，是因为创业解决了人们的需求，不能解决需求就不可能创造价值。不能很好地解决社会需求，创业就不能取得成功。

二、创业的要素

“创业教育之父”蒂蒙斯提出的创业三要素模型提炼出了创业的三大关键要素，即创业机会、创业者与创业团队、创业资源。一般认为，这三个因素是创业活动中不可或缺的，如图 4-1 所示。

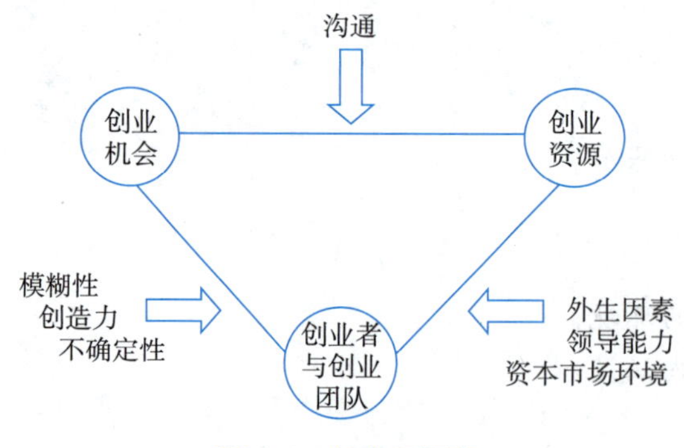

图 4-1　创业三要素

(一) 创业机会

创业机会是指有利于创业的一组条件的形成情况，包括客户对某产品持续性的需求、满足某种需求的创意、实施创意的能力或资源，以及能够开发创意的资金或团队等。在这一模型下，创业机会是创业过程的核心，也是创业过程的起点。特别是在创业初期，有了创业机会的驱动，创业过程才能够得以运转。对于创业者来说，不仅要分析创业机会，更要学会评估创业机会的商业价值。

（二）创业者与创业团队

创业者的素质与能力是创业成功的关键要素。同时，创业过程中选择合适的合作伙伴，组建创业团队也至关重要。创业团队是指在创业初期（包括企业成立前和成立早期），由一群才能互补、责任共担、愿意为共同的创业目标奋斗的人所组成的特殊群体。这个团队应包含四个方面的素质。

（1）团队中要有具备高超领导艺术的人，能用正确的方法激励所有人共同实现目标。

（2）有专业化的管理水平，一个企业仅有理想、没有管理水平，就无法控制成本。

（3）有强大的拓展能力，包括产品的销售、融资等方面的拓展能力。

（4）有战略思考的能力，对企业要往哪个方面发展、每一步怎么走等进行战略思考。

因此，创业初期，不仅要找资金，更重要的是要找到与创始人有共同点，同时有优势互补的人。只有这样，团队长期的团结、协作才是可以预期的，否则，就是乌合之众。

（三）创业资源

资源的可获得性是实施公司创业的关键组织特征。大多数人在初次创业的时候都面临着资源不足的状况，使企业创业成功的概率降低，但要有完全充分的资源也是不可能的。在资源方面，一般要符合两种条件：一种是要有进入一个行业的起码的资源；另一种是具备差异性资源。如果这些条件都不具备，创业成功的可能性就很小。

创业的资源条件主要包括以下八个方面。

（1）业务资源：赚钱的模式是什么？

（2）客户资源：谁来购买？

（3）技术资源：凭什么赢取客户的信任？

（4）经营管理资源：经营能力如何？

（5）财务资源；是否有足够的启动资金？

（6）行业经验资源：对该行业资讯与常识的积累。

（7）行业准入条件：某些行业受到一些政策保护与限制，需要满足进入资格条件。

（8）人力资源条件：是否有合适的专业人才？

创业者不需要具备以上全部资源，但至少应满足其中一些重要条件，其他条件可以通过市场化方式来获取：创业者如果有足够的财力资源，其他资源欠缺也可以弥补；如果有足够的客户资源，在创业过程中将起到克服障碍的作用。

三、创业的过程

创业的过程就是建立一个新企业的过程。创业就像所有的有机体，要经历从筹建到建立、起步、发展、成熟、衰退以至灭亡的过程。因此，在创业的过程中，要注重企业成长的内在规律，根据各成长阶段的特点实施有效的管理。

（一）创业过程具有发展性

创业过程是一种生产活动，它以提供产品或服务作为活动的直接结果。创业区别于一般的生产活动，在于它的发展特性。创业本身既可以是从无到有的创造，也可以是在现有基础上革新，但不论是创造还是革新，创业的内涵都是一个从无到有、从弱到强、从幼稚到成熟的过程。发展是创业过程最重要的特性，成功的创业都有快速稳健的发展过程，维持创业企业的健康发展是创业重要而基本的任务。

创业过程的发展性还在于它的增值效果，增值是生产的必然属性。没有增值，生产就没有意义。利润是市场法则，没有利润，企业就不能生存。在市场环境下，利润和增值是事物的现象和本质，是形式和内容的关系，但又往往不一致。利润只有以增值为基础，才有可能长久存在和发展，增值只有通过利润来体现才能生存。创业需要相关资源，资源是创业的基础，创业的直接结果是产出，产出可以是产品，也可以是服务，但必须是有用的，或者说是有使用价值的。创业必须增值，作为市场行为，创业必须获取利润，创业的直接目的是增值，没有增值，创业过程就没有意义。

（二）创业过程是一个系统工程

创业的实现是一个复杂的过程，创业者创立的企业是一个投入产出系统，即投入资源，产出产品与服务。创业的过程就是不断地投入资源，以连续地提供产品与服务的过程。能否以最少的资源获得最大的产出，使得企业具有竞争力并盈利，是衡量创业活动成效的标准之一。

创业过程一般包括以下步骤：识别和评价创业机会、拟订创业计划、确定和获取创业资源、管理和发展企业以收获创业价值。创业过程的每一阶段中又可能同时蕴含着其他阶段的内容，各阶段相辅相成、不可分割，只有有机集成的创业才是有效和成功的创业过程。

创业是一个系统工程，是由多个创业要素组成的复杂系统。创业是由商机驱动、工作团队和资源三个要素保证的。创业过程始于商机而不是资金、战略网络、团队或商业计划。在创业一开始，真正的商机要比团队的才干和能力或适宜的资源重要。创业团体的作用就是利用自己的创造力，在模糊、不确切的环境中发现商机或者创造商机，并利用资本市场、环境、外生因素等组织资源领导企业来实现商机的价值。在这个过程中，资源与商机是“适合—存在差距—适合”的动态过程。商业计划的作用是提供沟通这三个要素之间匹配和平衡状态的语言及规则。

（三）创业过程是一个不断学习的过程

创业活动的模糊性、不确定性和风险性，使得工作团队一开始就要注重学习，学习掌握市场规律，学习组织协调创业资源，学习生产经营管理，学习塑造企业文化，等等。学习的目的在于提高创业团队的素质，使他们不仅有能力对机会和挑战作出反应，而且能根据这种反应的结果调整和修正未来的思路。

成功的创业过程必然是一种不断向社会和他人学习的过程，有作为的、与时俱进的创业团队必然是一个学习型组织。

四、创业的类型

创业活动是多种多样的，对创业进行分类是比较复杂的。

（一）根据创业目标分类

根据创业目标，创业可以分为三种类型，即自主创业、脱胎创业和二次创业。

1. 自主创业

自主创业又称独立创业，是指创业者个人或创业团队白手起家进行创业。自主创业可能基于各种原因，如自己有了发明创造成果，并发现它的商业价值类型属性强；不愿为别人打工；有条件创业又抓住了创业机会；受其他人自主创业成功的影响等。对创业者来说，选择自主创业的道路是充满挑战的。在创业过程中，创业者的智商、情商和财商可以得到最大限度的发挥。创业者可以接触各类人物，从事各类工作，经历各种感受，而不是固定地日复一日地从事单调乏味的工作。创业成功，可以获得大量的财富，实现更高的需求，而不是在就业和择业的循环中消磨人生。独立创业的魅力，促使许多人跃跃欲试。

但是自主创业的难度和风险较大，因为创业者往往缺乏足够的资源、经验和支持。资源需要费尽周折地筹集，经验需要在成功与失败的实践中积累，来自各方面的支持十分有限。在自主创业的企业中，有一部分成功了，带来了成功的喜悦和成就感；而另一部分却夭折了或发展缓慢，给创业者带来了打击和挫折感。

2. 脱胎创业

脱胎创业是公司内部的管理者从公司中脱离出来，新成立一个独立企业的创业活动。脱胎创业又称母体脱离创业，这种创业者拥有创业所需的专业知识、经验和关系网络，生产同原公司相近的产品，或提供类似的服务。

脱胎创业的频繁程度与产品所处的生命周期和行业类型有关，脱胎创业更多地发生在产品生命周期的早期阶段和新兴行业中，因为这时产品供不应求，竞争还不激烈，市场空间很大，预示着巨大的商业机会，美国硅谷和北京中关村就有很多脱胎创业的例子。脱胎创业的成功与否与创业者筹集资金和组建团队的能力密切相关，寻求资金支持是脱胎创业的创业者面临的最大挑战之一，因为脱离母体的创业者，往往只是某一个方面的专家，最常见的是技术专家或营销高手，他们欠缺其他方面的管理技能，这就需要组建一个高效的创业团队来各尽其职、各显其能地进行创业活动。

3. 二次创业

二次创业是指企业内的创业。现在的大企业已经不是创业热潮中的旁观者和被动的应对者，甚至一些知名的大公司，也在积极地寻找和追逐新的有利可图的创意和商业机会，在这种情况下，就会出现所谓的二次创业。

（二）根据创业方向分类

美国哈佛大学 MBA 课程将创业分为以下四种类型。

1. 复制型创业

复制型创业是指复制原有公司的经营模式，延续创业者在原公司的流程。虽然这类复制型创业在社会中出现的比率较高，但科技创新贡献率较低，缺乏创业精神的内涵，不是创业管理主要研究的对象。这种类型只能称为“如何开办新公司”，因此很少会被列入创业管理课程中作为学习的对象。

2. 模仿型创业

如某家装公司的经理辞掉工作，开设一家咖啡店。这种创业，创新成分虽然很低，但与复制型创业的不同之处在于，创业过程具有一定的不确定性，学习过程长，犯错机会多，创业成本较高。创业者能否成功，取决于他是否具有适合的人格特性，是否经过系统的创业管理培训，能否掌握正确的市场进入时机。

3. 安定型创业

企业内部创业即属于这一类型。例如，研发单位的某小组在开发完成一项新产品后，继续在该企业部门开发另一项新品。这种类型的创业虽然具有一定的创造价值，但对创业者而言，本身并没有面临太大风险和改变，做的也是比较熟悉的工作。这种创业类型强调的是创新意识和创业精神，而不是新组织的创造。

4. 冒险型创业

冒险型创业是一种难度很高的创业类型，典型的就是高科技创新创业，对社会而言，它不仅具有很高的科技创新风险，给创业者本身也带来极大改变，同时个人前途命运的不确定性也很高，创业之路将面临很高的失败风险，可一旦成功，所得的回报也很惊人。这种类型的创业者要想获得成功，必须在创业能力、创业时机、创业精神、创业管理、创业模式和策略等各方面具备很好的素质和潜质。

（三）根据创新内容分类

根据创新内容，创业可分为基于产品创新的创业、基于营销模式创新的创业和基于组织管理体系创新的创业。

1. 基于产品创新的创业

基于产品创新的创业是指基于技术创新或工艺创新等产生了新的消费群体，从而导致创业行为的发生。例如，将原来的玻璃杯做成紫砂杯，甚至紫砂保温杯，可以使一批品茶爱好者买到中意的茶杯。

2. 基于营销模式创新的创业

基于营销模式创新的创业是指采取有别于其他厂商的市场营销模式，因而有可能给消费者带来更高的满足度。零售店的开架销售模式就是典型的例子，从中进一步开发出的连锁超市，更是几乎形成了日用商品零售端的革命性变革，超大规模的购物中心在一定程度上改变了人们的购物习惯。

3. 基于组织管理体系创新的创业

基于组织管理体系创新的创业是指采取有别于其他厂商的企业组织管理体系，因而能够更高效地实现产品的商业化和产业化。例如，采用事业部制组织结构既保留了直线职能制组织结构的优点，又使得组织的管理和控制规模得到较大的扩展，在一定程度上抵消了“大企业病”对组织的危害。

五、创业基础知识的启示

(一) 培养大学生形成正确的创业价值观

创业一定是基于解决社会需求或问题去创业,要强化创业初心的使命感。盈利是企业的属性,不是创业者的初心。企业的盈利性和创业者的初心分别是企业主体和创业主体的不同目的。其实,这两个主体的不同目的并不是对立的。当创业者不忘初心,专注聚焦解决好了需求问题时,实现企业的盈利性则是顺理成章的事。

(二) 充分认识创新在创业中的重要作用

创业中包含着创新,创新是创业过程中非常重要的元素。在创办企业过程中,是否有产品研发团队,是否有产品研发投入,是区别生意人和创业者的标准之一,没有创新的创办企业不能被称为创业。企业只有创新,才能使产品更具专业性,具有更厚的防火墙,具有市场竞争力,才能有针对性地有效解决某种社会需求。大学生要充分认识创新在创业中的重要作用,在国家"创新驱动发展战略"中发挥主力军作用。

(三) 充分重视创业实践在创业能力养成中的作用

创业是一个具有许多不确定性和风险的社会工程。要取得创业的成功,既需要很多资源和条件,还需要创业者具备较高的能力素质。如何把控创业过程中的诸多风险和不确定,靠的是创业者自身的能力素质。这些能力素质包括创业者的创业特质、领袖素质、商业素质,对创业行业的深度认知和经验积累,以及对创业项目和产品把控的能力。这些能力素质需要创业者在创业实践中不断历练、不断提升。大学生要勇于投身到创业实践中,在成长中创业,在创业中成长。

第二节 创业环境

一、创业环境的概念

创业环境是指影响潜在创业者创新思想形成及开展创业活动的各种因素的总和。简单来说,创业环境就是与创业活动相关的因素的集合,包括行政环境、教育与培训环境、融资环境和社会文化环境。

行政环境是指政府对新企业创立和扶持新创企业成长的支持力度,主要包括政府在新创企业设立、税收、资金、规范市场行为、知识产权保护等方面的政策法规与规章制度,以及政府的行政服务质量等方面内容。

教育与培训环境主要包括高校和社会等中介机构为大学生创业开展的创业教育和商业技能培训、创业指导与创业实践等方面内容。

融资环境主要包括信贷担保、风险投资、金融机构贷款等创业专项扶持基金获得的难易程度,以及各种融资渠道的多样性等方面内容。

社会文化环境主要是指当地文化氛围对创新和冒险精神的鼓励，社会公众对创业失败的宽容，亲朋好友对创业的支持态度等方面内容。

二、创业环境的评价原则

对于创业者来说，学会客观公正地分析评价当地的创业环境可以大概了解自身的创业方向，从而更好地制订创业策略，获得创业成功。以下是对创业环境分析评价的几点原则。

（一）全面性原则

影响创业环境的因素有很多，既有内部因素，也有外部因素；既有宏观因素，也有微观因素；既有社会因素，也有自然因素。这些因素涉及市场、行业、经济、环境、政治、社会等各方面，因此，在评价创业环境时要全面考虑综合评价。

（二）科学性原则

创业环境评价的科学性体现在评价指标的科学性和评价方法的科学性。对于评价指标而言，科学性表现在两个方面：第一，指标是在实证的基础上确定的；第二，指标是在参考评价指标体系的基础上，结合当地实际情况确定的。评价方法的科学性体现在对关键指标要采取定性分析方法，然后结合定量分析方法进行评价。

（三）重要性原则

在坚持全面性原则的基础上，对影响创业环境的指标进行分类，对影响创业机会的关键指标采用定性的方法，这也是创业环境评价的第一步；同时，考虑不同地区、不同省份、不同历史阶段的差异性，对创业环境指标体系进行调整，保留那些影响创业环境的关键要素，去掉对创业环境影响不大的因素。

三、大学生创业环境分析

当今世界，经济全球化、政治多极化、文化多元化、社会信息化等飞速发展，正在日益深刻地改变着人类生产、生活方式。新的科学技术把人类带入了一个新的时代，即知识经济时代。知识经济时代的特征不仅是知识成为发展经济的主要要素，而且带来经济全球化和社会的各种变革。这些都为大学生的创业带来了契机。中国社会背景创业是社会发展过程中形成的一种活跃而有效的经济形式。我国在改革开放以后，创业的形势有很明显的好转，不论是私人创业涉及的领域还是创业的发展势头，都有着健康发展的趋势。特别是在国家和政府的政策支持下，中国迎来了一个规模空前的创业热潮，“大众创业、万众创新”是我国经济发展到目前阶段的一个必然选择，依靠改革创新加快新动能成长和传统动能改造提升。

（一）大众创业、万众创新

1. “大众创业、万众创新”的时代背景

创新是一个民族进步的灵魂，是一个国家兴旺发达的不竭动力。创新的重要性不言而

喻,国家历来也非常重视,频频出台多项政策、措施,支持、鼓励社会进行创新、创业。政策多样本是好事,现实却往往背道而驰,施行效果不尽如人意。在实际施行过程中,一些政策存在交叉重复现象,因缺乏顶层宏观设计,加之配套措施难以跟进到位,导致政策效果大打折扣,执行程序烦琐,各部门衔接沟通不够畅通,使得政策初衷难以真正实现。

而且作为经济的管理者、社会的服务者,政府本应优化创新创业环境,提高全社会的创业热情。政策宣传和解释不及时、不到位,难以满足社会的创业需求。

2015 年,国务院第 93 次常务会议通过了《国务院关于大力推进大众创业、万众创新若干政策措施的意见》(以下简称《意见》),这是推进“大众创业、万众创新”的一个系统性、普惠性政策文件,是迎接“新时代”、推进“双创”工作的顶层设计。

2. 重要推动措施

《意见》从创新体制机制、优化财税政策、搞活金融市场、扩大创业投资、发展创业服务、建设创业创新平台、激发创造活力、拓展城乡创业渠道、加强统筹协调九个领域提出了 27 个方面、93 条具体政策措施,可概括如下。

(1) 在“创新体制机制,实现创业便利化”方面,提出了完善公平竞争市场环境、深化商事制度改革、加强创业知识产权保护、健全创业人才培养与流动机制四个方面的措施。这些措施优化了创新创业市场环境,从破除制约创新创业的制度障碍入手,努力营造适应创新创业的体制机制,促进创业便利化。

(2) 在“优化财税政策,强化创业扶持”方面,提出了加大财政资金支持和统筹力度、完善普惠性税收措施、发挥政府采购支持作用三个方面的措施,意在通过各级财政资金的支持、普惠性税收政策环境的鼓励和引导,强化创业政策扶持。

(3) 在“搞活金融市场,实现便捷融资”方面,提出了优化资本市场、创新银行支持方式、丰富创业融资新模式三个方面的措施,以加快便捷融资的实现。

(4) 在“扩大创业投资,支持创业起步成长”方面,提出了建立和完善创业投资引导机制、拓宽创业投资资金供给渠道、发展国有资本创业投资、实施创业投资“引进来”与“走出去”四个方面的措施,助力创业起步与成长。

(5) 在“发展创业服务,构建创业生态”方面,提出了加快发展创业孵化服务、大力发展第三方专业服务、发展“互联网+”创业服务、研究探索创业券和创新券等公共服务新模式四个方面的措施,以提升创业服务能力。

(6) 在“建设创业创新平台,增强支撑作用”方面,提出了通过打造创业创新公共平台、用好创业创新技术平台和发展创业创新区域平台三个方面的措施,为创业创新增强支撑和保障作用。

(7) 在“激发创造活力,发展创新型创业”方面,提出了支持科研人员创业、支持大学生创业、支持境外人才来华创业三个方面的措施,支持高端人才创业。

(8) 在“拓展城乡创业渠道,实现创业带动就业”方面,提出了支持电子商务向基层延伸、支持返乡创业集聚发展和完善基层创业支撑服务三个方面的措施,支持基层和返乡务工人员创业。

(9) 在“加强统筹协调,完善协同机制”方面,提出了加强组织领导、加强政策协调联动、加强政策落实情况督查三个方面的措施,确保各项政策措施落地生根。

3. “大众创业、万众创新”的意义

“大众创业、万众创新”是推动中国经济结构调整、打造发展新引擎、增强发展新动力、走创新驱动发展道路的动力之源，是中国实现稳增长、保公平、促民生目标的根本所在。

“大众创业、万众创新”的提出把创业创新与人、企业这几个关键要素紧密结合在一起，不仅突出要打造经济增长的引擎，而且要打造就业和社会发展的引擎；不仅要突出精英创业，而且要突出“草根”创业、实用性创新。

大众创新创业能够提供多样化消费需求的产品与服务，培育新的经济增长点；新技术、新产品、新业态会催生一大批中小企业；依靠技术创新、管理创新、生产组织模式创新等，可加快实现要素投入和生产环节的发展动力转换，提升企业质量效益和竞争力，是实现我国经济迈向中高端水平的新动力。

推进大众创新创业有利于打破“玻璃天花板”的体制性障碍，有利于拓展就业渠道，有利于促进社会资源和社会财富的自由分配，让有能力、想创业的人员充分释放活力，让社会底层群众和年轻人有更多发展的上升通道。大众创新创业既能增加更多的市场主体，又能为社会提供更多的就业岗位，促进社会和谐稳定。

推进大众创新创业有利于创新产业组织。互联网、开源技术平台等对大众创业者的普及，开放社交网络的发展，以及“众筹、众包、众创”的融资模式和生产方式的出现，促进了智力资源、产业资源、社会资本的自由流动，推动了产业资源优化配置，使传统大规模生产逐渐向柔性化、智能化、专业化、个性化的方向发展，去中心化的按需生产、规模定制的新业态和新商业模式不断涌现。

通过完善法治环境和加大简政放权，有利于政府不断加强自身建设，提高现代治理能力，增强执行力和公信力，扫除制约人民群众创新创造的政策制度障碍，促进人才红利释放与个人价值实现，促进社会公平、正义。

案例 4-1

在碰撞中成长：两代人的生意经

24 岁的晏林英是西南林业大学的毕业生，老家是大理白族自治州的宾川县。宾川县距离“苍山洱海”虽然只有半个小时的车程，但与“网红气质”毫不沾边，反倒充满了浓浓的“土味”。因地处金沙江的河谷地带，宾川县常年光照充足，气候干热，被称为“天然温室”，适宜种植咖啡和水果，尤其盛产大蒜，当地孕育出的紫皮蒜，皮薄瓣大，蒜香浓郁，是我国大蒜的重要产区之一。

2020 年新型冠状病毒感染疫情防控期间，当地的大蒜一度滞销，宅在家里上网课的晏林英抱着试试看的心态，开始在拼多多上卖大蒜。最初的时候，每天最多三五单，摸索出电商运营的窍门之后，店铺的订单持续飞涨，单日销量最高超过 15 吨，为当地很多农户的大蒜打开了销路。

毕业之前，晏林英创立的“大蒜电商”项目，拿下了“第七届全国互联网创业创新大赛”的校区大奖。返校之后，晏林英就带着自己的“大蒜项目”参加了比赛，就是这样一个土味项目，最终从“造飞机、造火箭”等科技项目扎堆的大赛中脱颖而出，拿下了西南林业大学校区的第三名。

真正让晏林英转变想法的，还是去年爆发的新冠疫情。疫情暴发时，正是宾川大蒜开始

上市的时节，外地的收购商进不来，当地的大蒜就卖不出去，晏林英自家的仓库也积压了不少库存。受疫情影响，还在读大三的晏林英也一直没有返校，而是宅在家里上网课。宅在家里的那段时间，晏林英发现家里网购的需求大增，生活用品大部分都来自网上，便萌生了开网店卖大蒜的想法。网店开起来之后，由于缺乏经验，也不会运营，每天能卖个三五单。

学校复课之后，晏林英并没有去上课，而是偷偷跑到昆明的电商公司打工，从电商公司"偷师"，逐渐摸索出了电商运营的门道，店铺的单量也慢慢有了起色，从每天三五单增长至4000多单，最多的一天，一共帮助合作社的村民卖出了15吨大蒜。当滞销的大蒜卖出去之后，合作社的村民终于露出了久违的笑容，这真正触动了晏林英，也让她下定了决心，毕业之后，要回来继续卖大蒜。

回来做电商的第一年，晏林英虽然成功打开了缺口，但一直没有太大的突破，平台的排名也在腰部徘徊。"与传统模式不同，电商的逻辑就是薄利多销，销量上来之后，后期的利润还是很可观的。"在父亲的支持下，晏林英第一时间对大蒜进行降价，效果也立竿见影。春节期间，店铺订单日均超过4万单，单日销量超过50吨。截至今年6月底，店铺的销售额累计超过3000万，远远超过了父亲的线下市场。

（资料来源：在碰撞中成长：两代人的生意经，有改动，农村青年(J)，2021）

（二）大学生创业的优势

大学生创业既是新生事物也是大势所趋，是近年来的一个热门话题。大学生创业正迎来前所未有的大好时机。尽管我国大学生创业成功率不高，出现了不少问题。但是，从整体形势和趋势来看，我国大学生创业的优势还是很明显的。

1. 外部环境优势

(1) 国家鼓励大学生创业并给予各项政策支持。高校毕业生是我国宝贵的人力资源。国家鼓励高校毕业生到城乡基层、中西部地区和中小企业就业，鼓励自主创业，提供创业培训，并推出贷款优惠政策、税费减免政策、金融扶持政策等，切实为大学生创业提供各方面的支持。

广大的政策舆论给想要创业的大学生带来了积极的心理暗示。此外《国务院办公厅关于深化高等学校创新创业教育改革的实施意见》中也明确要强化创新创业实践，促进实验教学平台共享，利用各种资源建设大学科技园、大学生创业园、创业孵化基地和微企业创业基地。建好一批大学生校外创新创业实践基地，举办全国大学生创新创业大赛。

(2) 民营企业地位上升。改革开放以来，民营企业已经成为社会主义市场经济的重要组成部分，民营经济得到了大力发展，在国民经济发展中起到越来越重要的作用。这给创业者带来了福音，也给二次创业者带来了机会。成功的民营企业虽然得到了较好的发展，有了一定的规模，但在当下竞争日益激烈、企业管理落后等问题层出不穷，需要解决更多深层次的问题。对拥有丰富理论知识的大学生而言，二次创业能取得一定的成功。

2. 大学生自身优势

(1) 大学生对未来充满希望。大学生有着年轻的血液、蓬勃的朝气及初生牛犊不怕虎的精神，而这些都是一个创业者应该具备的素质。

(2) 学科专业优势。大学生在校期间学到了很多理论性的知识，他们有着较高的技术优势，大学生创业一开始就有极大的可能会走向高科技领域，大学生创业的特色就是用智力换取资本。一些风险投资家通常就是因为看中了大学生所掌握的先进技术而愿意对其进行投资的。除此之外，大学期间开设的课程大都有一定的内在关联性，学生从中学到的是一种理念和一种思维方法，这对大学生创业会有许多帮助。

(3) 大学生有创新精神。大学给大学生提供了许多培养创新能力的平台，如大学生社团，学生在经营过程中能够锻炼沟通能力、组织能力、事务处理能力等。此外，全国各高校还为广大大学生组织了各种创新比赛，引导大学生的创业创新意识。拥有创新精神的大学生往往对传统观念和传统行业有挑战的信心和欲望，这是大学生创业的动力源泉。

(4) 大学生概念性技能强。随着市场经济的规范化，企业管理及决策科学化，创业并不是头脑一热毫无准备就能付诸行动的。创业者要拥有足够的知识，对规划分析、注册选择、品牌经营等各流程有所了解。大学生在这些概念性很强的理论方面较社会上其他创业者来说，有着较强的优势。

(5) 大学生团队组合优势。大学生创业团队大多为年轻人且往往是团队组织者利用自己的关系网组建的，成员间彼此熟悉，因此比较容易互相融合信任，较为容易接受共同的意愿，增加了团队的凝聚力，减少了部分风险。每个成员都有自身的优势，在团队中担任不同的角色，资源互补，协同共振，具有良好的团队互补性。

(三) 大学生创业的劣势

大学生自主创业本身具有积极的意义，但同时也存在一定的问题。

1. 社会经验不足

大学生由于对创业没有充足的心理准备，常常盲目乐观，面对创业过程中的挫折和失败，会感到痛苦茫然甚至一蹶不振。他们心中的创业更多的是成功的例子，是理想主义的心态。既看得到成功，也要看得到失败，这才是真正的市场，这才能使创业者变得更加理智。

2. 缺乏管理经验

大学生虽然有知识方面的优势，但一部分人喜欢纸上谈兵，容易眼高手低、好高骛远，看不起蝇头小利。大学生缺乏必要的实践能力和经营管理经验，不知道怎样制订公司战略，怎样管理提高效率，怎样进行市场推广等。

3. 缺乏真正有前景的创业项目

大学生提交的创业计划书中许多创业点子经不起市场的考验。市场预测普遍过于乐观，许多人试图用一个自认新奇的创业观点来吸引投资，但现在的投资人看重的是创业计划中真正的技术含量有多高，市场盈利有多少。对于这些，大学生必须有一套细致周密的可行性论证与实施计划。

4. 市场观念淡薄

很多大学生创业往往只有一个点子或是几个人的突发奇想，但如何将这些想法转化为商业计划常常被大学生忽略。他们乐于向投资人大谈自己的技术如何独特，却很少涉及这些技术的市场空间，忽略了产品本身的市场价值。

5. 综合素质不足

组建高效的团队是创业成功的开端。大学生在综合素质方面有待进一步提升。不少大学生有核心的技术、独特的创意，但在第一阶段正常运行后随着业务量的增多、团队的扩大，可能会在人事、财务等方面出现问题。由于没有足够的经验，不少团队因此跌在了创业的路上。大学生需进一步提高自身的实践能力、组织领导能力、协调合作能力、沟通创造能力。

（四）大学生创业的注意事项

大学生创业是正常现象，但是很多人因没有经验等而失败，那么对于这样一个特殊的群体，在创业的进程中都有哪些注意事项呢？

1. 多学多问，虚心请教

学习一直是成功人士必备的品质。尤其对于缺乏社会经验的大学生创业群体，学习不可放下，而且应该是多方面且有实效的。做事不能一意孤行，向别人多请教，不只局限于成功的创业前辈，目标消费者也是大学生的创业导师。

2. 耐住性子，不可冲动

冲动是很多年轻人的共性，而作为创业投资者来说，更应该耐住性子，行事千万不能冲动。要多思多虑，年轻人创业本身就是有风险的事，所以经营过程中更应该深思熟虑，做有把握的事。

3. 勇于承担，负责到底

一个成功的领导者必不可少的品质就是勇于承担，不论是失败还是成功，都不能责怪别人或怨天尤人，要多从自己身上找原因，要敢于担当。

4. 要认识并接受人的本性

大学生沉浸在校园简单的人际交往中，初入社会后经验不足，所以在前期人际交往中一旦受挫，情绪和思想浮动会很大。大学生创业群体一定要认清社会现实，学会正确接受人的本性。

5. 要有大局意识，不能只顾眼前

做长久之事，行事须看到五步之外，所谓深谋远虑是也。大学生在创业的时候不能只看到一时得失，行事考量等都须往长远看，做合理的投资。

6. 向竞争者学习

竞争者虽然会在短期内给自己造成压力，但无论是成功还是失败的竞争者都可以成为自己创业的现成教材，而且通常近地域并具相似性，可以更加清楚地看到自己经营的好坏所在。

7. 做事前要仔细分析，请教前辈

投资本身就是一项需要智慧和社会经验的脑力、体力劳动，而这些又是大学生的硬伤，所以要多向前辈请教，借鉴前辈的经验，少走弯路，避免犯错。在自己思维范围内，做事前一定要先思考三分钟，拿出切实可行的决策依据。

8. 不可任意挥霍，合理理财

部分大学生习惯了衣来伸手、饭来张口的生活，所以初期对花销没有概念。创业又是一个很需财力的投资，所以一定要克制自己，用钱的地方很多，一定要花到实处，绝不可以任意挥霍。

9. 要有从屡次挫败中爬起的勇气

数据表明大学生创业成功的不到两成，这和他们自身的局限及性格特征有诸多关系。虽然失败的可能性很大，但是面临失败时，不能灰心丧气，依然要保持热情，就算创业不成，也可转向工作或其他行业，力求在工作中磨炼自我，重回创业的舞台，成就一番事业。

第三节　创业动机

每个人都有可能成为创业者，但是对于大多数人来说，只有在创业外部环境的刺激和内部动力结合起来时才会真正采取创业行动。个体只有具备价值创造性、创业主动性及自身想法的独特性，才能被称为真正的创业者。不同创业者的创业动机各不相同，因此所产生的创业行为与创业结果也会有很大的差异。

一、创业动机的内涵

创业行为作为一种具有主动性、创造性的社会行动，是由创业动机所推动的。德国社会学家韦伯在《经济与社会》一书中明确指出，社会行动必须具备两个条件：一是行动者个人赋予其行动以意义，即行动者个人采取行动的动机；二是行动者所采取的行动包含着以他人的行为为目标，即行动者主观意识到与他人的联系。可见，动机是直接推动个体活动以达到一定目的的内部动力。

要分析成功创业者的创业行为，就必须分析他们创业的动机。人的动机是由需要激发的。当需要得不到满足时，人们会呈现出焦虑的状态，由此产生动机，指导自身行动以达到一定目的来满足需要。

马斯洛需求层次理论是行为科学的理论之一，由美国心理学家亚伯拉罕·马斯洛于1943年在《人类激励理论》一文中提出。马斯洛将人的需求从低到高分为五个层次，分别为生理的需要、安全的需要、爱与归属的需要、尊重的需要和自我实现的需要，如图4-2所示。

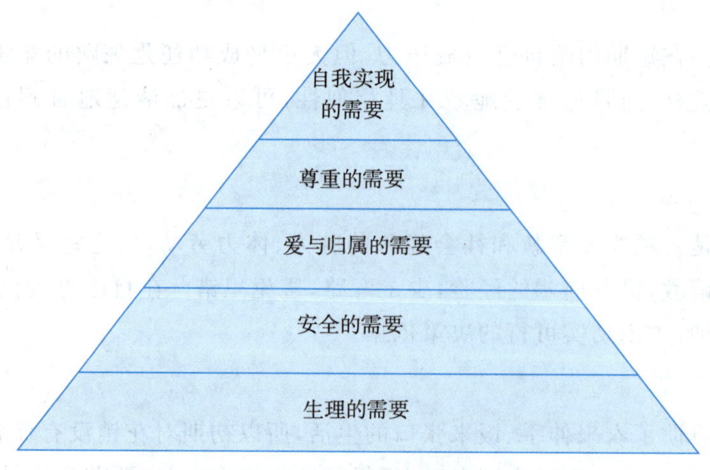

图4-2　马斯洛需求层次理论模型

这五个层次的需要可以分为两级，其中生理的需要、安全的需要和爱与归属的需要都属于低级需要，这些需要通过外部条件就可以满足；而尊重的需要和自我实现的需要是高级需要，是通过内部条件才能满足的。

对于创业者而言，某方面的需要激发了其创业动机，而创业动机的形成引发了创业行为。熊彼特对创业者的创业动机在精神层面进行了剖析，将创业动机归结为"建设私人王国，对胜利的热情，创造的喜悦"。

具体来说，创业动机主要包括以下几个方面。

（一）创业充分发挥自己的才干

一些"上班族"之所以感到厌倦，对工作的积极性不高，其重要原因之一就是觉得自己是在为别人打工，个人的创意、想法往往得不到肯定，才能无法充分发挥，愿望得不到实现，缺乏成就感，行事有诸多约束。创业则可以使有这些想法的"上班族"摆脱原有的一些烦恼，摆脱在行为上受制于人的局面，充分施展自己的才华，发挥最大潜能，使自己的人生价值得到更好的体现。

（二）创业可以帮助个人积累财富

工薪阶层的收入有高有低，但都是有限的，没有大的提升空间，而摆脱个人收入不高的烦恼的最佳途径就是开创一份完全属于自己的事业。据有关资料统计，在美国福布斯富豪榜前 400 名富豪中，75%的人是第一代的创业者，而在中国富豪榜中，以创业起家的人也不在少数。

（三）创业能够使个人有机会和实力回馈社会

创业者创办的企业一方面为社会提供了产品或服务，另一方面也为个人和社会创造了财富。企业应融入社会再生产的大循环之中，从多个环节为国家和社会做出贡献，而创业者能够从这种贡献中收获巨大的成就感。

（四）创业使个人能够从事自己喜欢的事业并从中获得乐趣

创业者在选择创业项目时，通常会从个人感兴趣的领域入手，将其与自己的知识技能、专业特长等结合起来。从另一个角度讲，创业者从事自己喜欢的事业，可以使创业成为一种乐趣。

（五）创业可以使个人从挑战和风险中得到别样的享受

创业的过程充满挑战和风险，同时也充满克服种种挑战的无穷乐趣。创业者可以通过克服创业过程中的重重困难来丰富自己的人生体验，获得精神上的享受。

总之，创业是实现人生理想和价值、获得自身全面发展的有效途径，而创业动机有效地推动了创业行为的进行。

二、创业动机的分类

创业动机主要分为生存型动机、机会型动机和混合型动机。

（一）生存型动机

生存型动机一般只是因追求财务绩效和个人财富的增加而产生的创业动机，创业者关注的是如何用最小的成本获取最大的利润。这一类创业者在企业的经营上相对保守，并倾向于规避风险，注重良好的经营环境保障，通常把“金钱”和“利润”作为首先考虑的问题。

生存型动机的创业者最初并不倾向于创业，而是倾向于就业，其初始的希望是找到满意的工作来实现自己的理想，而不是谋求独立、自主创业，他们由于就业不如意，才被迫由寻求满意的工作转向创业。生存型动机的创业者往往缺乏创业的信心，对创业的成功把握不大。

（二）机会型动机

机会型动机是以实现个人理想、体现个人价值为目的的，创业者总能抓住市场机会进行创业。新一代的创业者思想开放，自我意识更强，他们创业的动机不再仅仅是填饱肚子，而是将创业作为自己的追求和理想。在决定创业之前，他们已经做好了独立自主、自我创业的准备。

机会型创业者更倾向于利用市场机会，对创业充满信心，主动将创业作为最佳的职业选择。他们积极进取，树立良好的企业形象，努力获得社会的认可，与政府保持良好的合作关系，对政策和信息高度重视，优惠政策对于他们来说就是最有价值的机会。

（三）混合型动机

混合型动机是由生存型动机和机会型动机交织形成的动机。个体的动机是复杂的，往往是由多种基本需要共同决定的，而不是由单一的需要决定的，因此混合型动机更具普遍性。现实中的大学生，其需要是多样的，既有生存的需要，又有发展的需要，这构成了大学生创业的混合型动机。

三、创业动机的驱动因素

创业者选择创业的动机受到诸多因素的影响，如成就需要、个人性格、冒险意识、政策法规、创业能力、创业教育等。这些因素可以分为直接驱动因素和间接驱动因素两大类。

（一）直接驱动因素

产生创业动机的直接驱动因素主要是指创业者内心对创业的内在需求，它直接影响着创业动机的形成。这种对创业的内在驱动力与不同个体的性格特征及价值观念有着密切的联系。直接驱动因素包括自我实现的需要、成就需要和履行社会责任的需要。

1. 自我实现的需要

大学生有着强烈的自我控制和独立自主的渴望，已逐步树立起自己的人生追求，有很多梦想和计划，总希望寻找机会去实现。大学生对创业有着浓厚的兴趣，愿意冒险，希望通过创业的方式实现自己的理想、发挥自己的才能、体现自己的价值。在这种自我实现的期望的驱动下，大学生认为自己有能力创业，从而产生创业的动机。

2. 成就需要

创业成功会带给创业者一种深切的成就体验、一种极度强烈的幸福感和欢乐至极的感觉，会让创业者觉得创业的过程是有价值的。

创业成就的需要影响着创业者的创业动机、行为方式和管理模式，能够激励创业者在创业实践中发挥最大的潜能、积极应对创业过程中的困难。成就需要强烈的人对工作和学习都非常积极主动，能够约束自己的行为，充分把握时间，效率非常高，容易取得优异的绩效和较高的社会价值。大学生的成就需要一旦被激发，就会产生为实现目标而克服困难、执着追求的高度热情和强劲动力，从而激发他们对成功和成就的追求动机，并为此乐意积极地努力。因此，成就需要是产生创业动力的必备条件，它能够激励人们奋发向上、勇往直前。

3. 履行社会责任的需要

大学生作为一名社会公民，有履行社会责任的义务。大学生属于高级知识分子，受过多年的正规教育，肩负着社会寄予的厚望，应当为社会做出应有的贡献。有的大学生懂得承担社会的责任和义务，认识到创业不只是为了赚钱，更要为社会多做贡献。此外，履行企业的社会责任，践行个人价值观，以实现企业经济、社会综合价值最大化为目标，用爱心关怀需要帮助的弱者，在服务社会、助人为乐中履行社会责任，能够体现个人的自我价值。因此，履行社会责任是一种高层次的创业动机驱动因素。

社会责任远非一项成本，它是企业孕育的机会，是竞争和成长的源泉与动力。履行社会责任是推动企业高速、健康、持续发展的重要因素。

（二）间接驱动因素

产生创业动机的间接驱动因素主要是推动创业者实施创业的外在环境因素，包括创业政策、实例激励、就业压力和职业现状等。

1. 创业政策

政府对大学生创业的鼓励和扶持政策对大学生创业的意愿能够产生积极的影响。教育部、各地方政府、各高校自 1998 年起开始大力倡导大学生创业，陆续出台了许多支持政策。现在的大学生创业者获得政府帮助的机会大大增加，因此越来越多的大学生愿意选择创业。

2. 实例激励

创业成功的典型实例能够从外部间接地激发大学生的创业动机。创业成功的实例会给大学生提供创业的良好示范，能够激励大学生像他们一样成就自己的一番事业。

3. 就业压力

当今社会大学生就业形势逐年严峻，随着大量的大学毕业生涌向人才市场，必然有一些人暂时找不到工作或短时间内找不到合适工作。在这种就业困难的情况下，有些大学生便会改变就业观念，选择自主创业的道路。

4. 职业现状

对职业现状的不满也会促使从业人员选择自主创业。一些自我意识很强的毕业生，初到单位会因制度的约束无法按照自己的想法做事而选择自主创业，使自己获得一个发挥能力的空间，实现自我价值，得到社会的认可。

值得注意的是，创业者在自我内在需要的能动作用下，会将其与外在影响因素结合起来，对创业的可能性做出分析，形成切实可行的目标，进而产生创业的动机。现代动机形成理论认为，只有个体将自身的内在动力与外在诱因有机结合起来，动机才能得以形成和维持。大学生创业动机的形成往往是内在需要（如自我实现的需要、成就需要等）和外在诱因（如创业政策、实例激励等）有机结合的结果。

拓展阅读

在创业环境中追求梦想

喜茶的创始人聂云宸，是一个充满激情和创造力的年轻人。他出生在一个普通家庭，从小就对茶文化有着浓厚的兴趣。在大学期间，他开始关注到茶饮市场的潜力，看到了茶饮行业的发展前景。

为了实现自己的创业梦想，聂云宸决定开一家属于自己的茶饮店。他选择了喜茶这个名字，寓意着喜悦、幸福和美好。他注重品质和服务，从选材到制作工艺，都力求做到最好。

在创业初期，喜茶面临着很多挑战。聂云宸和他的团队不断地尝试和改进，逐渐形成了自己独特的风格和口味。他们注重细节和服务，让顾客在品尝美食的同时，也能感受到家的温馨和舒适。

喜茶的成功，不仅是因为它的口味和品质，更是因为它的创业精神和企业文化。聂云宸注重创新和创意，不断推出新的口味和产品，满足消费者的需求。他还注重品牌建设和营销推广，让喜茶成了一个具有影响力的品牌。

喜茶的成功，也证明了创业环境的不断变化和更新。聂云宸能够敏锐地把握市场趋势，抓住机遇，才能在竞争激烈的市场中脱颖而出。

总之，喜茶的成功离不开聂云宸的创业精神和企业文化，及他敏锐的市场洞察力。他的故事告诉我们，只有不断追求梦想、不断创新和努力，才能在创业的道路上走得更远。

（资料来源于网络，作者整理得到）

思考与训练

1. 创业人物访谈

（1）全班分成两组，通过报纸、互联网等渠道寻找大学生成功创业的案例，确定访谈对象。

（2）各小组分别拟订访谈提纲，确定访谈方式。

（3）做好访谈记录，将访谈结果整理成书面文字和 PPT，小组之间进行交流学习。

2. 大学生创新创业现状及需求调查

（1）查找资料。通过网络，如百度、知网等，搜索查找已有的相关文章和问卷。

（2）明确目的。在查找到的资料的基础上，进一步明确想要了解的关于大学生创新创业的内容，如创新创业认知、创业动机、创新创业困惑等。

（3）分析资料并编制问卷。通过分析收集的资料，编制出调查问卷，可设计 5～10 道问卷调查题目。需要注意的是，问卷调查语言要简单明了、通俗易懂，以便使被调查人易于回答。

(4) 调研实施。整理好调查问卷之后,可以通过在线收集和实地发放问卷的方法开展调研工作。在线收集可以通过多种方式完成。例如,可以通过各种网络平台实现;若要实地发放问卷,则需要将调查问卷打印出来,然后到实地发放问卷并统计,但此种方式耗费时间和精力较多。学生可根据实际情况加以选择。

(5) 分析并汇报调研结果。根据自己所收集的调查问卷,分析讨论出大学生创新创业现状和学习需求的调研结果汇报提纲,撰写汇报的演讲稿,安排专人进行汇报,汇报后听取学生的建议并进行改进。

第五章　创业者与创业团队

知识结构

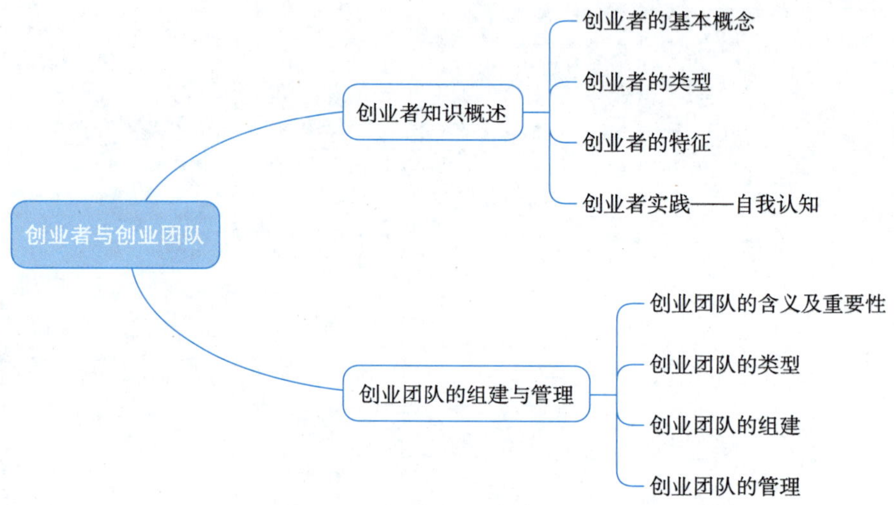

学习目标

- 了解创业者的含义，熟悉创业者的特征。
- 知道创业者应具有的素质和能力。
- 熟知组建创业团队的基本要素。
- 熟悉创业团队的组建类型，掌握创业团队的组建过程。
- 能够管理创业团队。

第一节　创业者知识概述

一、创业者的基本概念

（一）创业者的含义

创业者，顾名思义，就是发起创业活动的人，是创新创业活动的推动者，或者是活跃在企业创立和新创企业成长阶段的企业经营者。只要具备创业素质、创业动机和创业能力，人人皆可成为创业者，但创业者并不等于企业家，因为多数创业者并不可能完全具备企业家必备的个人品格。创业者只有不断完善个人素质，带领企业获得商业上的成功，才有可能逐步转变为真正的企业家。

在欧美学术界和企业界，创业者被定义为组织、管理一门生意或一家企业并承担其风险的人。创业者的对应英文单词是 entrepreneur，它有两个基本含义：一是指企业家，即在现有企业中负责经营和决策的领导人；二是指创始人，通常理解为即将创办新企业或者是刚刚创办了新企业的领导人。

政治经济学家熊彼特和管理学大师德鲁克认为，创业者必须具备创新精神。熊彼特认为，创业者必须以与现在不同的方式运用现有的生产方法，实现新的生产要素分配结合方式；德鲁克认为，只有通过运用管理观念和技术，创立全新的市场氛围和新消费者群体，才能体现创业者的创业精神。

(二) 创业者与管理者的区别

人们普遍认同，管理者的行为是推理式的，更多取决于客观的分析与研究，而创业者所从事的活动更多的是一种创造性行为，多少有些武断和冒险的选择。因此人们形成共识：专业化管理和企业家精神分别是管理者和创业者的关键特征。

美国的调查研究发现：教育对创业者的显著性没有教育对管理者显著。创业者平均受教育年龄为 13.57 年，而管理者为 15.74 年。对于创业者来讲，先天的素质是第一位的，后天的知识是第二位的；但是对于管理者来讲，后天的知识才是第一位的。由于对财富的追逐、对现状的不满、缺乏获得理想工作的机会，有的是自我实现的需要，有的是生存的需要，创业者会选择创建自己的企业，管理者由于具有更高的教育水平而容易获得令他们满意的工作。

创业是一个多维度的复杂过程，创业者是这一过程的发起者、执行者和参与者，尤其是在新创企业中，创业者既是企业创始人、所有者，又是管理者，创业者在企业中承担多种管理角色。因此，创业者和管理者有很密切的联系，很难在企业中将两者分离。德鲁克曾指出，管理和创业是一体两面：企业缺乏懂管理的创业者，不能存活很久；企业没有善于创新的管理者，同样不会存活很久；一个企业如果将管理和创新对立起来，则必然会被淘汰。

(三) 创业精神

创业者必须具备基本的创业精神。基本的创业精神主要包括有梦想、有野心、有实干、有坚持。

(1) 创业者要有梦想，并且梦想越大越好，因为梦想是创业路上的动力源泉。任何创造成功的过程都会历经不同的困难和痛苦。一个没有梦想的创业者，一旦遇到困难或挫折，首先放弃的往往是梦想。很多创业者都是白手起家的，一旦选择创业，就要把梦想变为与自己共存亡的东西，千万不可放弃，只要坚持努力，梦想就总有实现的时候。

(2) 创业者要有野心。创业意味着要经历从零开始、从无到有、从小到大的不断前进的创造过程，同时也需要面对更大的困难，这些困难往往是强大的竞争对手的压力等。创业者必须有“要做就做最好，做出行业第一”的野心。

(3) 创业者要有实干精神。创业的成功离不开行动，离不开实实在在的苦干实干。创业者必须明白，创业阶段是处在一个 100%付出，收获也许不足 1%的阶段。少抱怨公平与否，认准了就从小事、细节做起，并做细做精，少些投机取巧。万丈高楼平地起，夯实基础是创业越创越轻松的成功保障。

(4) 创业者要有坚持精神。创业者要有坚持，因为创业过程中会充满变数和挑战。只有坚持不懈，才能保持信心，克服困难，最终实现创业目标。坚持是成功的关键，也是创业者必备的品质。

二、创业者的类型

关于从业者的类型有多种分类标准。

(一) 根据创业的背景和动机分类

1. 生产型创业者

生产型创业者是指通过创办企业推出产品的创业者，以生产技术为主体，通常产品科技含量较高。

2. 管理型创业者

管理型创业者是指综合能力较强的创业者，他们对专业知识十分精通，而且对企业管理、运作、市场、财务等十分熟悉，能够通过各种有效的企业管理手段带动企业前进。

3. 市场型创业者

市场型创业者的一个重要特点是注重市场，善于把握市场变化机会。在中国从计划经济向市场经济转轨的过程中，涌现出大批的市场型创业者。海尔集团总裁张瑞敏就有一句名言："三只眼睛看世界。"意思就是计划经济时期的企业只要一只眼，即盯住政府就可以了；市场经济条件下的企业则需要有两只眼，一只眼睛盯住市场，另一只眼睛盯住员工；转型期的企业则需要具备第三只眼，即除了盯住市场和员工之外，还要盯住政府出台的政策。

4. 科技型创业者

科技型创业者多与高校和科研机构相关联，以高科技为依托创办企业。20 世纪 80 年代之后，为了鼓励科技成果转化为生产力，中国推出了一系列鼓励高校和科研机构创办企业的措施。许多知名科技企业的前身就是原来的"校办企业"和科研机构创办的，如北大方正、清华同方及联想集团等。

5. 金融型创业者

金融型创业者实际上是一种风险投资家，他们向企业提供的不仅仅是资金，更重要的是专业特长和管理经验。金融型创业者不仅参与企业的经营方针和规划的制订，还参与企业的营销战略制订、资本运营及人力资源管理。

(二) 根据创业的角色和发挥的作用分类

1. 独立创业者

独立创业者是指自己出资、自己管理的创业者。其创业动机和实践受很多因素影响，如发现很好的商业机会，对目前的工作缺乏兴趣，受他人创业成功的影响等。独立创业充满挑战和机遇:创业者可以自由发挥想象力、创造力,充分发挥主观能动性、聪明才智和创新能力;可以主宰自己的工作和生活,按照个人意愿追求自身价值,实现创业的理想和抱负。

但是,大学生独立创业的难度和风险较大,如缺乏管理经验,缺少资金、技术资源、社会资源、客户资源等,生存压力较大。

2. 团队创业者

相对于独立创业而言,团队创业指由一群才能互补、责任共担、愿为共同的创业目标而奋斗的人所组成的团队来进行创业。团队创业者中包括主导创业者与跟随创业者。在一个创业团队中,带领大家创业的人就是团队的领导者,即主导创业者,其他成员就是跟随创业者,也叫参与创业者。

美国一项针对 104 家高科技企业的研究报告指出,在年销售额达到 500 万美元以上的企业中,有 83.3%是以团队形式建立的。

由于知识互补、资源共享,团队创业的后期成长空间比个人创业更宽广。但是,团队创业也存在思想意识难以统一、发展过程中存在分歧以致难以为继的现象,因此,选择哪种创业模式主要依据创业目标的类型来选择。创业是一个包含众多人的组织形成过程,特别是在这个过程中更为复杂的技术需要结合更多人的能力才能达成目标。

案例 5-1

小米科技“联合创始团队”

在 18 岁那年,雷军希望自己可以创办一家世界一流的企业。经过多年拼搏,在众人眼中他早已“功成名就”——他不仅是一位成功的企业家,金山快译、画王、毒霸、游戏,都与他密切相关,金山 WPS 还是民族软件的脊梁;他又是天使投资人,UCWeb、YY 语音、拉卡拉、凡客诚品,这些公司的成功无不验证着雷军的眼光。可是,他更想成为一名中关村的创业者,实现年轻时候的梦想。在 40 岁的时候,雷军选择了二次创业,把自己放到了跟中关村创业企业一样的条件,按照创业者的标准开始启程。在他看来,“不恢复到创业心态,是绝对做不成的。”小米公司的初创团队堪称豪华阵容。雷军自不必多说,其他几位更是各自领域的“大咖”——他们是曾经在谷歌中国研究院负责移动互联网业务的副院长林斌,雷军在金山的下属黎万强,当时微软中国工程院的院长黄江吉,曾经在 Google 中国负责音乐地图产品的洪峰,专门研究工业设计的刘德,摩托罗拉全球质量委员会成员之一周光平博士,多看的创始人王川。

一般来说,一个公司有两三个合伙人是常态,小米公司的“联合创始团队”,看起来非常奇特。人越多,决策时的矛盾也就越多。但是雷军的创业团队却没有出现这类问题,在合伙人团队里,雷军有着重要的决策权,这种权威并不是因为之前的成功经验或者说个人财富的原因,而是大家相信他对这个市场和产品的认识和把控力。

对于团队管理,在雷军看来,“百人团队管理是个坎”。他认为,管七八个人的关键是带头干,管二三十人的关键是走着干,而管七八十人的关键是找几个能管二三十人的部门经理。另外,管理要先过二三十人的管理,不要越级提拔,而是一步一步来。

(资料来源:马俊,罗金彪,徐汉柱. 创新创业理论实务[M],广州:广东教育出版社,2021)

三、创业者的特征

创业者是创业活动的核心和创业成功的关键因素，因此对创业者所具备的素质特征和能力特征进行研究，探索什么样的人适合做创业者是很有必要的。尽管每位成功的创业者走过的道路、所从事的行业及所做的项目都不同，创建的企业的规模也有差异，但人们能够从他们身上发现许多相同的特征。

（一）心理素质特征

概括起来，作为创业者，自我意识应该是自信、自主；情感应该是理性、执着；性格应该是坚强、果断、勇敢。成功的创业者大多胸中丘壑万千，不以物喜，不以己悲，为了理想中目标的实现，不为一点成绩而沾沾自喜、忘乎所以，也不为任何困难而萎靡不振、裹足不前。具体而言，创业者的心理素质主要有以下几点。

1. 热爱所从事的行业

如果创业者对自己选择的事业缺乏足够的兴趣，仅仅是为了创业而创业，那么其中的痛苦不言而喻。兴趣和爱好是从事一项事业的基础，对于创业者来说，只有对自己的事业具有浓厚的兴趣，才会在创业的过程中保持长久的工作热情和创业激情，才会树立起不达目标永不放弃的坚强决心和克服困难一往无前的无畏勇气，而这些往往是创业成功的先决条件。

2. 与众不同的创新精神

习近平总书记强调，实施创新驱动发展战略决定中华民族的前途命运。创新是创业的灵魂，是公司兴旺发达的不竭动力。

创业是一项创新活动，很多未知的、不可预料的、不确定性因素掺杂其间，虽然有成功的经验可以借鉴，失败的教训能够吸取，但创业没有准则。没有创新能力的创业者要想取得创业的成功，并不是一件容易的事。

3. 敢于冒险的精神与搏击风浪的勇气

创业是最需要强大心理承受能力的一项活动。古语有“破釜沉舟”“背水一战”的典故，《孙子兵法》中有“投之亡地然后存，陷之死地然后生”的策略。因为很多时候机遇总是与冒险并存，成功总是与失败擦肩。无限风光在险峰，险峰之上，自有一番“会当凌绝顶，一览众山小”的壮志豪情。

4. 切合实际的理性精神

创业需要冒险精神，但冒险不等于冒进，更不等于蛮干，创业也需要理性，需要对市场冷静的观察和分析及对形势清醒全面的认识。大学生创业充满着未知和变数，所谓创业理性，最基本的要求是准确的自我了解、自我定位及合理的预期。一个期待创业的大学生必须还原自己，而不是拔高或贬损自己，必须清醒地知道自己是否有强烈的挑战精神，是否有足够的应变能力、动手能力、耐受能力，是否意志坚定、做事果断，以及是否具备必要的亲和力和领导能力。除此之外，还要有对于创业点、创业途径、创业方式的准确选择和对于创业前景的科学预测。

5. 坚定的毅力和百折不回的执着信念

创业是一项极端艰苦的活动，不要期望得到命运的垂青而一帆风顺、马到成功。我们往往看到成功创业者的无限风光，而成功的背后，他们在痛苦与磨难的深渊中苦苦挣扎时，别人几乎无法理解。

6. 善于分享的性格特质

真正的领导人，不一定自己的能力有多强，只要懂信任、懂放权、懂珍惜，就能团结比自己更强的力量，从而提升自己的身价。相反，许多能力非常强的人却因为过于完美主义，事必躬亲，最后只能做最好的公关人员、销售代表，成不了优秀的领导人。

就创业者而言，创业活动通常不是个人的英雄行为，而是创业者带领一个团队或者作为团队一员共同努力的一个过程。在这个过程中，创业者需要和团队其他成员分享目标、愿望、理念及利益，只有这样，才能在团队中建立一种支持性的机制，有利于困难的克服和目标的达成。

(二) 身体素质特征

所谓身体素质，是指身体健康、体力充沛、精力旺盛、思路敏捷。现代小企业的创业与经营是艰苦而复杂的，创业者工作繁忙、时间长、压力大，如果身体不好，必然力不从心、难以承受创业重任。

成功的创业者在创业的道路上需要付出常人难以想象的劳动和汗水，超负荷的工作背后，必须有一个健康的身体作为支撑。

微软公司刚起步的时候，冲劲十足、精力充沛的盖茨和保罗不知疲倦和劳累，他们在一间灰尘弥漫的汽车旅馆中租用了一间办公室，开始了艰苦的创业旅程。他们挤在那个杂乱无章、噪声纷扰的小空间中，没日没夜地编写程序，饿了就吃个比萨饼充饥，实在累了就出去看场电影或开车兜风解乏。

一个健康的身体无疑是取得创业成功的必要基础，换言之只有拥有健康的身体，才能承受巨大的工作压力，保持持久的创业激情，做出斐然的工作成绩，并到达创业成功的顶峰。

(三) 知识素质特征

创业者的知识素质对创业起着举足轻重的作用。在知识大爆炸、竞争日益激烈的今天，单凭热情、勇气、经验或只有单一的专业知识，要想成功创业是很困难的。创业者需要有创造性思维，要作出正确决策，还必须掌握广博的知识，具有一专多能的知识结构。具体来说，创业者应该具有以下几个方面的知识。

1. 创业领域的专门知识

1) 国家关于创业的政策、法律方面的知识

创业活动总是处在宏观的社会背景之下，政府对于创业的态度、政策及法律直接影响创业者的创业环境。当前，为鼓励大学生创业，政府出台了一系列优惠政策，颁布和完善了相关的法律法规，为大学生创造了良好的创业环境。在注册登记、金融贷款、税费减免、员工待遇等方面都为大学生创业提供了方便。此外，《中华人民共和国公司法》《中华人民共和国合伙企业法》《中华人民共和国个人独资企业法》等相关法律的出台也为大学生创业提供了法

律保障。大学生在创业准备期，一定要熟悉相关政策、法律的内容，为我所用，从而为自己的创业提供方便。

创业者在了解相关政策知识时应该注意以下几点。

(1) 理性看待创业政策。创业政策是个人创业的助推剂，但不是个人创业的“万能药”，任何人都不能仅仅依靠政策来创业，任何人也不是为了享受政策而创业，这是用好创业政策必须树立的理念。

(2) 对症下药，选择合适政策。每个人的创业方向、创业特点各不相同，每项创业政策的适用范围和对象也不相同。个人在使用创业政策时，要选择适合自己的政策，如适合自身的创业条件、创业行业、创业类型、创业过程的政策。

(3) 发挥政策实际效用。在选择适合自身的创业政策后，要切实发挥好政策的实际效应，使政策的运用能真正降低经营成本，改善经营状况，提升经营能力，对实现企业的发展壮大有实际作用，使企业走上长期发展的道路。

2) 创业领域的行业、专业知识

创业要选择自己擅长的行业，因为在这个行业中，创业者往往具有丰富的专业知识。创业者一旦进入一个行业，就必须尽可能多地掌握这个行业的专门知识。只有对本行业的供需状况、市场前景及从事本行业的专业知识和技能了然于胸，才能避免盲目性和投机性，争取最大的成功概率。

2. 商业知识

创业在某种程度上也是一种商业活动，所以创业过程中对相关商业知识的储备也必不可少，其中包括以下几个方面。

(1) 企业管理知识。例如，有关私营及合伙企业、有限公司的法律法规，怎样进行验资，怎样申请开业登记，哪些行业不允许私营，哪些行业的经营须办理有关行业管理手续，怎样办理税务登记，纳税申报有哪些规定和程序，如何领购和使用发票，银行开户程序和有关结算规定，成为一般纳税人有哪些条件，如何纳税，怎样获得税收减征免征待遇，怎样进行账务票证管理，国家对偷漏税等违法行为有哪些制裁措施，增值税税率及计征方法，工商管理部门怎样进行经济检查，行业管理部门如何进行行业管理和检查等。

(2) 营销知识。例如，市场预测与调查，消费心理、特点和特征，定价策略，产品促销策略，销售渠道和方式，营销管理等。

(3) 财税知识。例如，货币金融知识，信用及资金筹措知识，资金核算及记账知识，证券、信托及投资知识，财务会计基本知识，外汇知识等。

3. 社会知识

创业也是一种社会性活动，与整个社会有着千丝万缕的联系。创业者同时也是一个社会人，需要在社会上同各种人交往，获取资源，求得发展。对创业者而言，无论是融资、销售，还是宣传、合作，都离不开整个社会，甚至很多时候，创业者自身拥有的社会资源和人际关系，对创业活动形成关键性的影响，所以创业者还应具备公共关系、人际交往等社会知识。所谓“事世洞明皆学问，人情练达即文章”。一个深谙世事的创业者在社会中可能如鱼得水、游刃有余；而一个不食人间烟火的创业者在复杂的社会中注定要遭遇人际壁垒甚至铩羽而归。

(四) 能力素质特征

创业者的能力素质是决定创业前途的重要环节，总体来说，创业能力可以概括为以下三个方面。

1. 专业能力是创业的前提能力

专业能力是指企业中与经营方向密切相关的主要岗位或岗位群所要求的能力。劳动者在创办自己的第一家企业时，应该从自己熟悉的行业中选择项目。当然，创业者也可借助他人特别是雇员的知识技能来办好自己的企业，但在创办自己的第一家企业时，如果能从自己熟知的领域入手，就能避免许多“外行领导内行”的尴尬局面，可以大大提高创业的成功率。创业者应具备的专业能力主要体现在以下三个方面。

(1) 创办企业中主要职业岗位的必备从业能力。

(2) 接受和理解与所办企业经营方向有关的新技术的能力。

(3) 把环保、能源、质量、安全、经济、劳动等知识和法律及法规运用于本行业实际的能力。

2. 方法能力是创业的基础能力

方法能力是指创业者在创业过程中所需要的工作方法，是创业的基础能力。创业者应具备的方法能力主要体现在以下九个方面。

(1) 信息的接收和处理能力。收集信息、加工信息、运用信息的能力是创业者不可缺少的能力。创业者不但应该具备从一般媒体中收集信息的能力，随着科技进步和网络技术的普及，还应该具备从网络中获取信息的能力。

(2) 捕捉市场机遇的能力。发现机会、把握机会、利用机会、创造机会，是成功企业家的主要特征。

(3) 分析与决策能力。通过消费者需求分析、市场定位分析、自我实力分析等过程，根据自己的财力、关系网、业务范围，依据“最适合自己的市场机会是最好的市场机会”的原则，作出正确决策，这样才能实现自己的创业目标。

(4) 联想、迁移和创造的能力。从别人的企业中得到启发，通过联想、迁移和创造使自己的企业别具特色，并通过这种特色使自己的企业在同业市场中占有理想的份额。

(5) 申办企业的能力。创办一个企业，清楚需要做好哪些物质准备，需要提供什么证明材料，到哪些部门办哪些手续，怎样办等，均为创业者应具备的能力。

(6) 确定企业布局的能力。怎样选择企业的地理位置、怎样安排企业内部布局、怎样考虑企业性质等，都是创业过程中不可回避的问题。

(7) 发现和使用人才的能力。一个成功的创业者，肯定是一位会用人的企业家，他不但能对雇员进行选择、使用和优化组合，而且能运用群体目标建立群体规范和价值观，形成群体的内聚力。

(8) 理财能力。这不仅包括创业实践中的奖金筹措、分配、使用、流动、增值等环节，还涉及采购和推销等能力。

(9) 控制和调节能力。成功的创业者，要对规划、决策、实施、管理、评估、反馈所组成的企业管理的全过程，具有控制能力和运筹能力。

3. 社会能力是创业的核心能力

社会能力是指创业过程中所需要的行为能力，与情商的内涵有许多共同之处，是创业成功的主要保证，是创业的核心能力。创业者具备的社会能力主要体现在以下六个方面。

(1) 人际交往能力。创业者不但要与消费者、本企业雇员打交道，还要与供货商、金融和保险机构、本行业同人打交道，更要与各种管理部门打交道，因此创业者必须具有较强的人际交往能力。

(2) 谈判能力。一个成功的企业，必然有繁忙的商务谈判，谈判内容可能涉及供、产、销和售后服务等多个环节，创业者必须善于抓住谈判对手的心理和实质需求，运用“双胜原则”即自己和对方都能在谈判中取胜的技巧，使自己的企业获利。

(3) 企业形象策划能力。在激烈的市场竞争中，在公众中树立良好的企业形象，是创业成功的主要条件。创业者应善于借助各种新闻媒体和各种渠道，宣传自己的企业，提高企业知名度。

(4) 合作能力。创业者不但要与自己的合作者、雇员合作，也要与各种和企业发展有关的机构合作，还要与同行的竞争者合作。创业者要善于站在对方的角度，理解对方，体谅对方，要善于与他人合作共事，和睦相处。

(5) 自我约束能力。创业者要善于根据本行业的行为规范，来判断、控制、评价自己和别人的行为；要善于根据自己的创业目标，约束和控制自己与目标相悖的行为和冲动。

(6) 适应变化和承受挫折的能力。一个企业要想在竞争激烈、变化多端的市场中立足并发展，创业者就必须具有适应变化、利用变化、驾驭变化的能力。在经营过程中，有赔有赚、有成有败，创业者必须具有承受失败和挫折的能力，具有能忍受局部、暂时的损失，而获取全局、长期收益的战略胸怀。

以上是创业者成功创业所应具备的各种素质。当然，这并不是要求创业者必须完全具备这些素质才能去创业，现实生活中要求创业者全部具备这些素质显然也是不切实际的，但创业者本人要有不断提高自身素质的自觉性和实际行动。通过不断的学习和改造，促进自身素质的不断提高。哈佛大学拉克教授讲过这样一段话：“创业对大多数人而言是一件极具诱惑的事情，同时也是一件极具挑战的事。不是人人都能成功，也并非想象中那么困难。但任何一个梦想成功的人，倘若他知道创业需要策划、技术及创意的观念，那么成功已离他不远了。”

四、创业者实践——自我认知

在创业准备期，创业者只有对自己有一个全面的了解，才能“知彼知己，百战不殆”。为了清楚地了解自己的创业潜能，创业测试是一种较为常见的方法。

(一) 创业测试

1. 创业基本素质测试

(1) 你认为自己很勇敢吗？

答“是”加 1 分，否则减去 1 分。

(2) 你做学生时很出色吗？

答“是”减去 4 分，否则加 4 分。

(3) 在学校时你热衷于集体活动（如俱乐部活动、运动队活动甚至两人约会）吗？

答“是”减去 1 分，否则加 1 分。

(4) 年轻时，你宁愿经常独处吗？

答“是”加 1 分，否则减去 1 分。

(5) 孩提时，你送过报纸、卖过柠檬水或从事过其他小型的经营活动吗？

答“是”加 2 分，否则减去 2 分。

(6) 你曾是一个执着的孩子吗？

答“是”加 1 分，否则减去 1 分。

(7) 你年轻时十分谨慎吗？

答“是”减去 4 分，否则加 4 分。如果你很爱冒险，则另加 4 分。

(8) 你担心别人怎么看你吗？

答“否”加 1 分，否则减去 1 分。

(9) 你是否厌烦日复一日如出一辙的单调生活？

如果求新是你决定你的人生历程的一个重要动机，就加 2 分；否则，减去 2 分。

(10) 你会动用你所有的积蓄去涉足新的领域吗？它可能让你的投资成为泡影，你仍会投资吗？

答“是”加 2 分，否则减去 2 分。

(11) 如果你刚投资的事业失败了，你会立刻着手另一项吗？

答“是”加 4 分，否则减去 4 分。

(12) 你是乐观主义者吗？

如果你认为自己是乐天派，就加 2 分；否则，减去 2 分。

完成后计算总分。

总分在 20 分以上，表明你具备较好的创业素质；总分在 0～19 分之间，表明虽不理想，仍可努力；总分在 −10～0 分之间，表明你以不独创自己的事业为宜；总分低于 −11 分，表明你的才能可能在其他方面。

2. 创业专业素质测试

如果完全不懂，则计 1 分；如果非常清楚地了解，则计 5 分。根据你对题目的了解程度，分值可以是 1、2、3、4、5 中的任一数字。

(1) 你知道哪些力量在影响着市场景气吗？具体地说，你对经济指标有多少了解？

(2) 你做计划和预算的能力怎样？

(3) 你对财务管理及控制有何了解？

(4) 你对进货和存货控制的了解程度如何？

(5) 你对市场分析、预测是否在行？

(6) 你认为自己对市场需要哪些产品（或服务）有没有敏锐的感觉？

(7) 你对促销术、广告巡视类的了解怎样？

(8) 你对定价有多少把握？这需要对客户需求、进料价格、竞争状况有较全面的考虑。

完成后计算总分。

3. 定性分析

本部分的测试类似性格测试，从软件方面测试是否有创业潜质，没有具体的分数，但从性质上给被测者一个直观的感受，共设计以下 25 道题。

(1) 失望时，你能够处理问题，并回到积极的状态中吗？

(2) 你喜欢引人注目，推销自己和你的公司吗？

(3) 你比较擅长组织工作吗？

(4) 你知道如何控制自己的生活、做到自律吗？

(5) 你愿意承担风险吗？

(6) 你的想象力丰富吗？ 你知道如何表达自己的想法吗？

(7) 你能够把不利的事情转化为机会吗？

(8) 你有勇气、有耐心吗？

(9) 当你开始创业时，你的家人能够理解你的不自由状态吗？

(10) 你知道如何为自己的信念而战吗？

(11) 你喜欢和人打交道吗？

(12) 你有过管理经验吗？

(13) 你害怕日常工作吗？

(14) 你可靠吗？ 你对自己有信心吗？

(15) 当你真正相信某人某事时，你能够不在乎别人的判断吗？

(16) 你具有影响他人的能力吗？

(17) 别人认为你是一个充满活力、积极向上的人吗？

(18) 你喜欢绝大多数时间单独工作吗？

(19) 你喜欢在电话中和陌生人交谈吗？

(20) 每天早晨你都是怀着积极的态度醒来吗？

(21) 你的财务情况稳定吗(在创业前，你应该有足够支撑你这一年的储蓄)？

(22) 你做完案头准备工作(研究与所要创建公司相关的一切资料)了吗？

(23) 你知道如何自嘲吗？

(24) 你能轻易地控制自己的脾气吗？

(25) 你很容易就会感到厌倦吗？

如果对上述 25 个问题有较多肯定的答案，就说明你拥有较大的创业潜质。

4. 创业倾向测试

(1) 你的父母、近亲、好朋友中间有没有创业成功的人？

(2) 在你成长的过程中，你家里有没有做生意的经历或经验？

(3) 你幼时有没有自食其力，如靠打工、摆摊赚钱的经历？

(4) 你在校的成绩是不是并不太出色？

(5) 你在学校里是不是并不太合群？

(6) 你是否在学校因行为不合规范而常挨批评？

(7) 你是否会对长期做同一工作感到乏味？

(8) 你是否以为如果有机会你会比你的上司干得好？

(9) 你是否宁愿自己打球胜过看球？

(10) 你看书是否对非小说类的比小说类更感兴趣?

(11) 你有没有被解雇或被迫辞职的经历?

(12) 你是否倾向于说干就干而不是再三盘算计划后再做?

(13) 你有没有常为工作或个人问题而失眠?

(14) 你是否认为自己是个有决断、较实际的人?

(15) 你对集体活动是否积极参加?

以上 15 个问题,答"是"的给 1 分,答"否"的给 0 分。

假如你的分数是 12 分或以上,如果你现在还没有创业,那么你的创业倾向算是不明显的;假如你的分数低于 12 分而你已创立了自己的事业,则你的创业倾向算是很充沛的。

以上测试只是为了帮助创业者更加清楚地了解自己,并不能决定一个人是否应该创业,更不能决定哪种人创业一定可以成功或者哪种人创业注定失败。就创业者而言,最关键的其实是在了解自己的基础上,从自己的实际情况出发,通过不断的学习和锻炼,积累自己的创业经验,提高自己的创业能力,在实践中促进自己创业活动的成功。

(二) 提升自我认知

深刻的自我认知,是基于当下的情境,对"你所拥有的资源"的一种系统反思。自我认知的目的是"促进有价值想法的产生",是从"我能做什么",反思到"我有什么"之后的对"我还能做什么"的深刻思考。这种"新想法"与"我还能做什么"的思考,将引导人们把关注点从个人的资源转向为自己或他人创造新价值。

简言之,新想法的产生应该是围绕新价值的创造而展开的,其基本逻辑如图 5-1 所示。

(1) 我有哪些资源:我所拥有的资源,包括我是谁、我知道什么及我认识谁。

(2) 我能帮助谁:我能帮助的对象,这个对象可以是自己,也可以是他人。需要对他们的属性进行详细的描述,包括身份、职业、性别、年龄、所在区域等。

(3) 解决什么问题:我能帮助他们解决什么问题,满足他们什么需要,为他们带来什么利益等。

图 5-1　自我认知逻辑

第二节　创业团队的组建与管理

一、创业团队的含义及重要性

(一) 创业团队的含义

创业并不是个人英雄主义的个体创业,而是卓有成效的团队创业;没有团队的创业不一定会失败,但一个没有团队的企业要获得高成长性会极其困难。团队成员之间技能互补可提高驾驭环境不确定性的能力，降低新创企业的经营失败风险。团队创业有利于分散创业的失败风险；团队创业具有更强的资源整合能力，能同时从多个融资渠道获取创业资金等资源，保证创业企业的成功。

团队由认同于一个共同目标的少数具有技能互补的人组成，他们在一个能使他们彼此担负责任的程序下，愉快相处，快乐工作，共同为达成高品质的结果而努力。团队以达到一个既定结果为最终目标，共同目标是团队区别于群体的重要特征。创业团队是由两个或两个以上具有一定利益关系，彼此间通过分享认知和合作行动以共同承担创建新企业的责任，处在新创企业高层主管位置的人，共同组建形成的高效工作团队。

创业团队需要具备五个关键要素（即5P）：目标（purpose）、人（people）、定位（place）、权限（power）、计划（plan）。

1. 目标

创业团队应该有一个既定的共同目标，为团队成员导航，知道要向何处去。没有目标，这个团队就没有存在价值。目标在创业企业的管理中以创业企业的愿景、战略的形式体现，缺乏共同的目标会使团队没有凝聚力和持续发展力。

2. 人

人是创业团队最核心的力量。三个及三个以上的人就形成一个群体，当群体有了共同奋斗的目标时就形成团队。在创新企业中，人力资源是所有创业资源中最活跃、最重要的资源。

创业的共同目标是通过人员来实现的，不同的人通过分工来共同完成创业团队的目标，所以人员的选择是创业团队建设中非常重要的一个部分，创业者应该充分考虑团队成员的能力、性格、经验等方面的因素。

3. 定位

创业团队的定位包含两层意思：①创业团队的定位，这是说创业团队在企业中处于什么位置，由谁选择和决定团队的成员，创业团队最终应对谁负责，创业团队采取什么方式激励下属；②个体（创业者）的定位，这是说作为成员在创业活动中应扮演什么角色，是制订计划还是具体实施或评估，即创业团队的角色分工问题。

定位问题关系到每一个成员是否对自身的优劣势有清醒的认识。创业活动的成功推进，不仅需要整个企业能够寻找到合适的商机，同时还需要整个创业团队能够各司其职，形成一种良好的合力。

4. 权限

为了实现创业团队成员的良好合作，赋予每个成员一定的权利是必要的，每个成员要在这一权限内发挥作用。赋予团队成员适当的权利，主要是基于：团队成员对于控制力的追求往往是他们参与创业的一个重要动因；创业活动的动态复杂性，决定了其必须依赖团队成员拥有较多的权利来实现目标。

5. 计划

计划是创业团队未来的发展规划，也是目标和定位的具体体现。在计划的帮助之下，企业能够有效制订创业团队的短期目标和长期目标，能够提出目标的有效实施方案，以及加强实施过程的控制和调整措施。这里所讨论的计划可能尚未达到商业计划书那种复杂程度，但是，从团队的组建和发展过程来看，计划的指导作用自始至终都是存在的。

（二）创业团队的重要性

创业团队对创业成功的重要意义不言而喻，在创业的道路上，团队是必不可少的。团队对一个创业者来说，在其创业的道路上起着至关重要的作用，主要表现在以下四个方面。

1. 团队是创业者的创业基石

再成功的企业，人才都是企业发展过程中的必要因素。当然，这个团队未必能在最初的时候就如同铜墙铁壁，坚不可摧，但因为多人多能，各尽所需的配比与互补，使得哪怕每个人仅仅在所在领域驾驭一点点的经验，也可以让团队整体的力量很强大。所以团队之于创业者，就如同水之于鱼，确实是必不可少的因素。

2. 团队如同镜子，让创业者可以看清自我

一个好的团队，应该有的最重要的要素就是肯担当，愿意成全。从最开始大家一起成全创业者，到最后创业者成全团队，这种互动与互进，让创业者在创业的途中总能看清自己。无论是风光时、失败时都不至于过分喜悲。

3. 团队是一个企业真正的资本

资本除了实物资本、货币资金，还有最重要的一项就是人才，而由人才构成的企业创业之初的团队，正是这众多最优质的资本的总和。所以，作为一位好的创业者，应在力所能及的情况下招募人才。没有不能干事的人，只有放错位置的人才。为了团队这个大的资本池，应选择好每一个创业初期的人才。

4. 团队扶持，让创业之路不孤单

正所谓“德不孤，必有邻”。创业者应该清楚“人与人在一起叫聚会，心与心在一起叫团队”的道理。所以，创业者应尽自己所能让这批不同的人，不同追求的心，最终可以围绕着共同的目标团结在一起。

总之，团队是一个企业发展的必要因素。正如卡内基说的：“把我的厂房拿走，把我的人才留下，一年后，我将建起新的厂房。”由人才构成的团队，正是如此重要。

二、创业团队的类型

根据不同的角度、层次和结构可以将创业团队划分为不同的类型，而依据创业团队的组成者来划分，创业团队有星状创业团队、网状创业团队和虚拟星状创业团队。

（一）星状创业团队

一般在星状创业团队中会有一个核心人物充当领导的角色。这种团队在形成之前，一般是核心人物有了创业的想法，然后根据自己的设想进行创业团队的组织。因此，在团队形成之前，核心人物已经就团队的组成进行过仔细思考，根据自己的想法选择相应人员加入团队。这些加入创业团队的成员也许是核心人物以前熟悉的人，也有可能是不熟悉的人，但这些团队成员在企业中更多时候扮演的是支持者的角色。

星状创业团队有以下几个明显的特点。

(1) 组织结构紧密，向心力强，核心人物在组织中的行为对其他个体影响巨大。

(2) 决策程序相对简单，组织效率较高。

(3) 容易形成权力过分集中的局面，从而使决策失误的风险加大。

(4) 当其他团队成员和核心人物发生冲突时，因为核心人物的特殊权威，其他团队成员在冲突发生时往往处于被动地位，在冲突较严重时一般会选择离开团队，因而对组织的影响较大。

星状创业团队的典型例子有太阳微系统公司。该公司创业之初就是由维诺德·科尔斯勒确立多用途开放工作站的概念，接着他找到了两位分别在软件和硬件方面的专家，以及一位具有实际制造经验和人际交往技巧的专家。于是，他们组成了太阳微系统公司的创业团队。

（二）网状创业团队

网状创业团队的成员一般在创业之前都有密切的关系，如同学、亲友、同事、朋友等。他们一般是在交往过程中共同认可某一创业想法，并就创业达成了共识以后开始共同进行创业的。在创业团队组成时，没有明确的核心人物，大家根据各自的特点自发进行组织角色定位。因此，在企业初创时期，各位成员基本上扮演的是协作者或者伙伴角色(partner)。

网状创业团队的特点如下。

(1) 团队没有明显的核心，整体结构较为松散。

(2) 组织决策时，一般采取集体决策的方式，通过大量的沟通和讨论达成一致意见，因此组织的决策效率相对较低。

(3) 由于团队成员在团队中的地位相似，所以容易在组织中形成多头领导的局面。

(4) 当团队成员之间发生冲突时，一般采取平等协商、积极解决的态度消除冲突，团队成员不会轻易离开。但是一旦团队成员间的冲突升级而使某些团队成员撤出团队，就容易导致整个团队涣散。

网状创业团队的典型例子是微软的比尔·盖茨和童年玩伴保罗·艾伦，惠普的戴维·帕卡德和他在斯坦福大学的同学比尔·体利特等创建的团队。

（三）虚拟星状创业团队

虚拟星状创业团队是由网状创业团队演化而来的，基本上是前两种创业团队的中间形态。在团队中有一个核心人物，但是该核心人物地位的确立是团队成员协商的结果，因此核心人物从某种意义上说是整个团队的代言人，而不是主导型人物，其在团队中的行为必须充分考虑其他团队成员的意见，不如星状创业团队中的核心主导人物那样有权威。

三、创业团队的组建

创业团队的组建经常是一个反复和不断调整的过程，不同类型的项目不仅团队要求不一样，组建步骤也不一样，团队成员之间的磨合和相互适应都会经历一个过程才能完成。总体而言，创业团队的组建过程包括以下一些环节。

(一) 创业团队的组建策略分析

1. 创业者

创业者的能力和思想意识从根本上决定了是否要组建创业团队，决定了团队组建的时间表及组成团队的人员。创业者只有意识到组建团队可以弥补自身能力与创业目标之间存在的差距，才有可能考虑组建创业团队，以及对什么时候需要引进什么样的人员才能和自己形成互补作出准确判断。

2. 商机

不同类型的商机需要创业团队的类型不同。创业者应根据创业者与商机间的匹配程度，决定是否要组建团队，以及何时、如何组建团队。

3. 团队目标与价值观

共同的价值观、统一的目标是组建创业团队的前提，团队成员若不认可团队目标，就不可能全心全意为此目标的实现而与其他团队成员相互合作、共同奋斗。不同的价值观将直接导致团队成员在创业过程中脱离团队，进而削弱创业团队作用的发挥。没有一致的目标和共同的价值观，创业团队即使组建起来，也无法有效发挥协同作用，缺乏战斗力。

4. 团队成员

团队成员的能力总和决定了创业团队的整体能力和发展潜力。创业团队成员的才能互补是组建创业团队的必要条件。团队成员间的互信是形成团队的基础。互信的缺乏，将直接导致团队成员间协作障碍的出现。

5. 外部环境

创业团队的生存和发展直接受制度环境、基础设施服务、经济环境、社会环境、市场环境、资源环境等多种外部要素的影响。这些外部环境要素从宏观上间接地影响着对创业团队组建类型的需求。

(二) 组建创业团队的关键步骤

1. 选择合理的团队成员

建立优势互补的创业团队是保持创业团队稳定性的关键，也是规避和降低团队组建模式风险的有效手段。在团队创建初期，人数不宜过多，能满足基本的需求即可。在成员选择上，要综合考虑成员在能力和技术上的互补性，基本保证具备理想团队所需的九种角色，成员的能力和技术应该处于同一等级，不宜差异过大。如果团队成员在对项目的理解能力、表达能力、执行能力、社会资源能力、思维创新能力等方面存在较大的差异，就会产生严重的沟通和执行障碍。

此外，在选择成员时还要考虑创业激情的影响。在企业初创期，所有成员每天都需要超负荷工作，如果缺乏创业激情和对事业的信心，不管其专业水平多高，都可能成为团队中的消极因素，对其他成员产生致命的负面影响。

2. 确定清晰的创业目标

创业团队在实践中要不断总结和吸取教训，形成一致的创业思路，勾画出共同的目标，以此作为团队努力的目标和方向，鼓励团队成员积极掌握工作内容和履行工作职责，竭诚与他人合作，交流贡献个人能力。创业团队的目标必须清晰明确，能够集中体现出团队成员的利益，与团队成员的价值取向一致，并保证所有团队成员都能正确理解，这样才能发挥鼓励和激励团队成员的作用。此外，创业团队的目标还必须切实可行，既不应太高也不应太低，而且能够随着环境和组织的变化及时更新和调整。

3. 制订有效的激励机制

正确判断团队成员的利益需求是有效激励的前提。实际上，不同类型的人员对于利益的需求并不完全一样，有些成员将物质追求放在第一位，而有些成员则是希望能够获得荣誉、发展机会、能力提高等其他利益。因此，创业团队的领导者必须加强与团队成员的交流，针对各成员的情况采取合理的激励措施。

创业团队的利润分配体系必须体现出个人贡献价值的差异，而且要以团队成员在整个创业过程中的表现为依据，而不仅是某一阶段的业绩。其具体分配方式要具有灵活性，既包括诸如股权、工资、奖金等物质利益，也包括个人成长机会和相关技能培训等内容，并且能够根据团队成员的期望进行适时调整。

案例 5-2

“携程四君子”和他们的创业神话

1999 年，沈南鹏、梁建章、季琦、范敏四人团队（后来被誉为“携程四君子”）创立了携程旅行网。携程网一路领先，至今从来没有被超越过，被誉为传统行业与互联网结合的典范；借此闻名业界的“携程四君子”，是成功创业者的典范；携程一飞冲天的发展轨迹更成为一个范本，令许多创业者追随模仿和复制。

1. 寻找合伙人

季琦自从在美国甲骨文公司总部认识了互联网后，创业想法就一直停留在脑海里，并且日益明确和清晰。1998 年，国内各大门户网站横空出世，互联网的浪潮即将扑来，季琦想投身于网络的冲动也越来越强烈了。

后来，一次合作机会，季琦认识了甲骨文中国区咨询总监梁建章。也许因为都在上海和美国学习生活过一段时间，并且从事着差不多的工作，他们很快就成了好朋友。梁建章对季琦说：“最近美国的互联网很火，不如我们也做个网站吧。”季琦说：“什么？你也想做网站？这个想法在我的脑海里已经很久了，只是我一直找不到合适的创业伙伴罢了。对于网站技术，你应该很内行吧！”携程的一个合伙人就这样被找到了。

当时，新浪、网易、搜狐等门户网站正热，没有复制必要，从哪里切入呢？网上书店、建材超市都是可行方向，梁建章忽然说：“有一次跟女友旅行迷路，半天找不到出路，办个旅游网站吧。”

他们找到沈南鹏说出想法时，后者的耳膜正被“互联网”这三个字频繁撞击，沈南鹏毫不犹豫地加入。新公司很快组建完成，名叫游狐。梁建章和季琦各出 20 万元，各占 30％的股份；沈南鹏出 60 万元，占 40％的股份。他们很快发现，版图上还缺少重要的一块：一个熟悉旅游业的人。

于是，国企经理、曾在瑞士洛桑酒店管理学校进修过的范敏被他们约来了。第一次游说，范敏面容纹丝不动。席散，梁建章、沈南鹏觉得没戏：“再多找几个合适人选吧。”季琦说：“自己的校友都请不动，其他人更难搞定。”之后，季琦常去上海西藏中路 200 号大陆饭店找总经理范敏谈梦想、谈未来。每次去，秘书都会让季琦在办公室外面等，就算领导不忙，也得等。“国企领导都这样，很正常。开始要等 10 分钟，后来逐渐熟悉了，就变成 5 分钟。”最终，“范经理”答应一起参与创业。

1999 年 10 月 28 日，网站名称由“游狐”改为“携程”，正式上线。给了携程第一笔风投的美国国际数据集团(IDG)的风险投资人章苏阳后来解释那次“投入”的眼光：“这 4 个人有点像一组啮合，各个齿轮之间咬得非常好。团队成员的背景和素质，足够执掌他们将要操作的公司。”

2. 传奇的“携程系”

到 2001 年，携程网已经发展得相当成熟，每月已经拥有了近 10 万间的订房量，这意味着携程那时已经拥有了每月高达数百万元的佣金收入。同时，它还意味着另外一笔财富：从巨大的订房量产生的后台数据中，携程的四人团队可以清晰地看到中国酒店业的发展态势。他们发现，在那么大的星级酒店的客房入住率都最多只能维持 70%～80%的情况下，有两家没有任何星级评定的小酒店锦江之星和新亚之星——被公认为是最早在中国引入连锁经营模式的经济型酒店，却长年把这一数据维持在 90%以上。

于是，当年，携程成立了一家名为“唐人”的经济型酒店管理公司。后来，携程把“唐人”独立出来，并进一步与首旅集团旗下的建国客栈强强联手，“如家”就此诞生，而且一飞冲天。或许是感觉到中国经济型酒店的市场过于庞大，如家之后，季琦、郑南雁、吴海等人开始纷纷从携程或者如家辞职，分别创办了汉庭、七天、桔子酒店等一系列耳熟能详的经济型连锁酒店品牌。从此，中国的酒店业也就有了传奇的“携程系”一说。

3. 财富帝国“四君子”

中国组织行为专家陈权博士认为：高绩效的组织一共有两种。一种是全能型组织，在这种组织中，所有成员都是理想型人才。另一种是互补型组织，这种组织中，每一成员的能力都是独一无二的，其他的成员都不能代替。首先，“携程四君子”四个创业伙伴全部是名牌大学硕士毕业，三个上海交大，一个美国耶鲁。其次，据一位携程系人员透露，四个人各不相同，梁建章管理细腻而又善于拥抱新事物，理想是做个研究型企业家；沈南鹏熟悉投行业务，平日里也像一架高速运转的精密仪器，走到哪里就把一阵强风带到哪里；范敏，勤勤恳恳，总能把自己一亩三分地的事情做好、做实，确实是守业型的典范；而季琦，是个充满激情、胸怀坦荡的人，他重情义又不会因为情义优柔寡断。最后，四人深具合作意识，配合紧密，可谓攻无不摧、战无不胜的铁骑劲旅。

(资料来源：朱瑛石，第一团队：携程与如家[M]. 北京：中信出版社. 2008，有改动)

四、创业团队的管理

创业团队对于创业成功具有重要的意义，但并非所有的团队都能获得成功。团队的管理也非常重要。由于创业团队本身的动态性特征，团队管理就是贯穿创业团队整个生命周期的工作。团队管理是门艺术，要针对具体的情况来灵活进行，但是也有一些普遍性的原则可以利用。

(一) 创业团队的管理策略

1. 树立正确的团队理念

拥有正确团队理念的成员相信他们处在一个命运共同体中,共享收益,共担风险。因此团队组建之初应该明确树立成员间良好的凝聚力、诚实正直、为长远着想并能承诺价值创造的理念。

2. 明确团队发展的目标

目标在团队组建过程中具有特殊的价值。首先,目标是一种有效的激励因素,共同的未来目标是创业团队克服困难、取得胜利的动力。其次,目标是一种有效的协调因素,团队中各角色的个性、能力有所不同,但是只有步调一致才能赢得胜利。

3. 建立责、权、利统一的团队管理机制

创业团队内部需要妥善处理各种权力和利益关系。要确定谁适合从事何种关键任务和谁对关键任务承担什么责任。一个新创企业的报酬体系十分重要,它不仅包括股权、工资、奖金、福利等金钱报酬,而且包括个人成长机会和提高相关技能等方面的因素,要能够保证按贡献付酬且不因人员增加而降低报酬水平。

另外,要制定合理的管理规则,解决企业指挥管理权问题、价值认同问题,建立进入和退出机制。

创业团队的分裂最容易发生在企业从创业阶段向集体化阶段过渡的时期。创业阶段的特征是组织的创立者将所有的精力都投入生产和市场的技术活动中,以求得在市场中的生存,企业的组织是非规范化和非官僚制的,工作时间较长,大家为了生存而奋斗,不太计较个人的得失。集体化阶段的特征是企业已经度过了生存期,组织获得有力的领导并开始提出明确的目标和方向,部门也随着权力层级、工作分派及劳动分工而建立。

因此创业团队一定要建立起团队治理和管理规则,解决好指挥管理权问题。在治理层面,主要解决剩余索取权和剩余控制权问题。在管理层面,最基本的有三条:第一条是平等原则,制度面前人人平等,不能有例外;第二条是服从原则,下级服从上级,行动要听指挥;第三条是等级原则,不能随意越级指挥,也不能随意越级请示。这三条原则是秩序的源泉,而秩序是效率的源泉。

4. 建立业绩评估体系

业绩评估体系在创业团队创业初期的必要性不是特别突出,但往往会影响其后的进一步发展。业绩评估必须与个人能力、团队发展、团队成员扮演的角色和取得的成绩结合起来。成功的公司在绩效管理方面已经不再限定于只注重个人的绩效,而是进行了改进——进行实时交流、更加注重整体表现。这样的交流能让员工个人了解团队合作的重要性,对个人需要进行调整,以适应不断变化的环境和业务需要。

创业团队业绩评估包括五个重点内容:团队成员的创业思维、商业计划准备、敬业精神和风貌、工作技能和关系,以及岗位职责的完成情况。

创业团队绩效管理有两种错误的倾向。一种是将绩效管理重点针对创业团队的工作过程和团队成员的具体工作行为,建立严格、频繁的工作汇报制度与详细的工作行为规范,这种独断专行的管理方式会破坏团队的效率,使创业团队丧失活力。另一种是过分强调创业团队的自我管理,完全让团队成员对各项事情自行决策,这种过分让权的管理方式常常会给团队造成更大的损害。一般来说,创业团队可通过团队内部成员互相评议,也可由管理层或用户评估。

(二) 创业团队的管理技巧

1. 选择

关于选择团队成员,这里要解决两个关键问题:该聘用什么样的人? 怎样聘用? 第一个问题根据企业的具体需求来决定,遵循的原则在组建团队的内容里已经提到。考查人员的智力、经验和人际交往能力,不仅要考查其表现出来的能力,还要考查其潜在能力。具体考查策略可以通过正式招聘程序来进行专业评估,同时也可通过非正式渠道进行了解。第二个问题可以通过多种渠道来解决,如招聘、通过猎头公司物色人才等。招聘程序尽量做到严格、正规,有一套完整的招聘流程。最终的目的是找到与业务需求相匹配的合适人选。

2. 沟通

沟通是有效管理团队最重要的内容之一。没有沟通,团队就无法运转。沟通的作用包括:第一,沟通使信息保持畅通,实现信息共享,避免因信息缺失而出现错误的决策与行为。第二,沟通可以化解矛盾,增强团队成员彼此之间的信任。在长期合作共事的过程中,成员之间难免会有矛盾,缺少沟通可能导致相互猜疑、相互埋怨,如不进行有效的沟通,矛盾会随着时间的推移越来越大,甚至可能导致团队的分裂。第三,沟通可以有效解决认知性冲突,提高团队决策的质量,促进决策方案的执行。在企业经营管理过程中,团队成员对有关问题会形成不一致的意见、观点和看法,这种论事不论人的分歧称为认知性冲突。优秀的团队并不应回避不同的意见,而是要进行充分的沟通和交流,鼓励创造性的思维,提高团队决策质量。这也有助于推动团队成员对决策方案的理解和执行,提高组织绩效。

3. 联络感情

定期或不定期联络团队成员的感情可以保持团队士气和热情,控制情感性冲突,从而提高团队绩效。没有人喜欢在冷漠、生硬、敌对的团队中工作。管理者在管理团队时,应注意以下三点:第一,要尊重每个人,相互了解并体谅他人的难处。第二,要抽时间共处,这可以通过组织团队活动来实现。通过组织活动来联络团队成员的感情一定要注意适度,太多的联络活动可能会让人疲于应付,也让团队不堪重负。组织联络活动还要讲究策略,尽可能地让更多的人积极参与,获得大家的满意和认可,这样才能起到提高团队绩效的作用。第三,要有丰厚的回报,包括物质的和精神的。

4. 个人发展

构建一支优秀的、稳定的团队的关键之一是给个人提供广阔的发展空间。因此,在团队管理方面,最重要的一项职责就是要尽可能保证团队每一名成员都得到发展,这样才能使成员对工作满意,激发工作热情,创造更多的价值。个人的发展,不仅要依靠经验的积累,还要借助目标设定、绩效评估及反馈程序等来实现。通过这三个程序,可以激发员工潜力,使员工清醒认识自己的优点和不足,从而改善提高自己,获得更大的发展空间。

(三) 创业领导者的角色和行为策略

创业团队领导者是创业团队的灵魂。在企业管理和市场营销中,领导者的核心竞争力至关重要。每个团队都必须有一个领导创业者或者灵魂人物。领导创业者是创业团队力量的协调者和整合者,其能力和行为对于创业团队高效运转乃至创业项目的实施有着至关重要的作用。领导创业者的协调和整合作用发挥具体体现在以下几个方面。

1. 项目策划

领导创业者是团队项目策划的召集人和组织者。项目策划包括策略思考与计划编制等。根据外部环境和掌握的创业机会,进行富有创意的策划,对创建企业是极其重要的。领导者组织项目策划必须注意几个方面的问题:第一,必须弄清策划项目的价值所在、所涉及的范围和有关的限制因素,创建企业市场服务的定位;第二,确定由谁负责该项目的策划;第三,必须考虑策划的时机。当选定创业目标,在资金、人脉、市场等各方面条件准备妥当或已积累了相当的实力后,领导创业者就要带领团队准备一份完整的创业经营计划。

2. 组织实施

领导创业者在制订了行动计划后,要组织团队成员并最大限度整合资源去实施。计划的执行程度和领导创业者的组织实施能力呈正相关的关系。领导创业者组织团队实施计划的过程中,必须注意下面几个问题:一是团队行动必须随着企业创业环境的变化而变化,必须与创业企业的发展目标相适应。二是设计组织改革的方案时要集思广益,要根据创业企业改革和发展的需要,由团队拟出组织改革的基本框架,其中每个部分和细节都需要团队人员共同思考、共同设计。三是要创造一个有利于改革企业组织的氛围。领导创业者要充分发挥自己的组织领导能力,树立组织改革创新的理念,以减少在改革中遇到的成员阻挠,使组织能够沿着健康的方向运行。

3. 提高领导力

领导力是领导创业者对创业企业实施管理必不可少的重要才能。领导创业者是一个领导者、指挥员,要精明果断,根据具体情况设计出最佳的组织结构形式。领导创业者必须善于用人,量才使用,用人所长,避其所短,最大限度地发挥团队成员的主观能动性,做到统筹兼顾,合理安排,指挥调度得当;同时,要善于抓住决策时机,及时下达正确的指令,使下属步调一致。

4. 加强控制

控制是指根据既定目标不断进行跟踪和修正,使之朝着既定的目标方向前进,以实现预想的目标或业绩。控制的主要目的是使正确的行动得到长期保持,错误的行动得到及时改正。为此,领导创业者须重视两个具体的措施,即考核与激励。对执行计划的团体和个人加以考核和督促,激励员工提高工作兴趣和工作效率。

拓展阅读

创业者的神话与现实

关于创业者和创业成功的传说、经典故事经久不衰,即使是在高度信息化和社会飞速进步的时代也同样如此。某些神话总是一再地得到人们的关注和青睐。但这里有一个问题:普遍规律虽然对某些特定类型的创业者和情况适用,但创始人的多样性向普遍规律提出了挑战。

神话 1：创业者是天生的，通常无法塑造

现实情况是——即使创业者天生就具备了特定的才智、创造力和充沛的精力，这些品质本身也只不过是未被塑造成型的泥巴或未经涂抹的画布。创业者是通过多年积累相关的技术、技能、经历和关系网后才被塑造成功的，这其中包含着许多自我发展历程。只有具有多年以上的商业经验，才能识别出各种商业行为，并获得创造性的预见能力和捕捉商机的能力。

神话 2：任何人都能创建企业

现实情况是——创业者如果能及时识别思路和商机之间的区别，思路开阔，他们创业成功的机会就较大。即使运气在成功中很重要，充分的准备也是必要条件。创办还只是最简单的一部分，更困难的是要生存下来，持久经营，并把企业发展成最终可以让创办者喜获丰收的企业。在能够存活 10 年以上的新企业中，10～20 家中大约只有 1 家最后可以给创办人带来资本收益。

神话 3：创业者是赌博者

现实情况是——成功的创业者会预知风险，小心翼翼。在有选择的情况下，他们通过让别人一起分担风险、避免或最小化风险来左右成功优势的倾斜方向。他们常常把风险分割成一个个可接受、可消化的小块；那时，他们才肯付出时间和资源，看哪部分的风险与收益划算。他们不会故意承担更多的风险，不会承担不必要的风险，当风险不可避免时，也不会胆怯地退缩。

神话 4：创业者喜欢单枪匹马地干

现实情况是——完全拥有整个公司的所有权和控制权的想法只会限制企业的成长。单个创业者通常只能达到维持生计，想单枪匹马地发展一家高潜力的企业是极其困难的。高潜力的创业者会组建起自己的团队，然后是自己的公司。

神话 5：创立公司是冒风险的事情，而且到头来通常以失败告终

现实情况是——有才能、有经验的创业者，因为他们追逐的是有吸引力的商机，而且能够吸引到使企业顺利运作的合适人才、必要资金及其他资源，所以带领的往往是成功的企业。而且，即使企业失败了，并不能说创业者也失败了。失败常常是对创业者学习经验的积累和成熟技能的培养的过程。

神话 6：创业者必须年轻且精力充沛

现实情况是——这些特征虽然会对成功有所帮助，但年龄绝不是障碍。

有关统计数据表明，创立高潜力企业的创业者的平均年龄在 35 岁左右，六十几岁才开始创办企业的创业者也为数甚多。关键是要掌握相关的技术、经验和社会关系网，这非常有助于创业者识别和捕捉商机。

神话 7：万能的金钱是创业者唯一的驱动因素

现实情况是——追求高潜力企业的创业者更多地被创建企业、实现长期的资本收益所驱动，而不是为了高额薪水、奖金这类立即可以获得的报酬。个人的成就感、对自己命运的把握、实现自身的期望和梦想也是强有力的动力。

神话 8：对有能力的创业者而言，只需 1～2 年就会成功

现实情况是——风险投资家有一句古老的格言：柠檬只要两年半就成熟了，但珍珠需要 7～8 年才能孕育成功。几乎没有一家新企业可以在少于 3 年的时间里打牢基础。

神话 9：除非你的 SAT（美国高中毕业会考）和 GMAT（美国管理类研究生语言能力测试）的分数达到 600 分以上，否则你就永远不可能成为成功的创业者

现实情况是——创业者的智商只是创造力、动机、正直、领导才能、团队建立、分析能力、对付模糊性和劣势等品质组合中一个特定的成分而已。

（资料来源：新浪网，有改动，https://news.sina.com.cn/o/2003-09-08/0640712575s.shtml，2003-09-08）

思考与训练

阅读以下案例，试分析小米、滴滴三支创业团队的特点，谈谈带给你的启示。

小米、滴滴，独角兽公司是如何组建创业团队的

创业的过程，通俗地讲就是一家公司高速"循环、裂变、进化"的过程。在创业的过程中，CEO 有三件事情是最重要的——找人、找事、找钱，这三点构成了一个创业公司正向的向上循环体系。

一开始的时候几个人走到一起想做一件事，在人和事都比较可靠的情况下，筹到一些可以维持初始企业运转的资金（可能是自掏、来自融资、来自亲戚朋友的支持），然后开启创业之旅。

当这件事情慢慢看到成绩的时候，资金会更多一些（风投），然后可以招更多、更优秀的人；接着带着这些更厉害的人把事做得更"牛"一点，然后去找更大的投资商，拿到钱再去找更厉害的人。总之，这是事情越来越好、资金越来越多、人员规模越来越大的循环向上过程。

这个循环的过程其实是一个公司良性发展的过程，CEO 在其中扮演找人、找事、找钱的负责人角色，他要努力让这三者里的每一个关键环节都得到其他环节的正向反馈结果；如果这个循环过程是负向的，即把事弄砸了，白白消耗了仅有的现金，那么公司就很有可能由于现金短缺，养不起优秀的员工，好的员工流失了，接着事情会越做越糟，公司就会慢慢地垮掉。

创业公司的 CEO 最重要的工作就是始终保证人、事、钱的这个三角循环是正向的，当发现有负向或者循环不动的时候，就要敲响警钟问问自己是不是哪里出了问题，要及时补救。所以对于创业者来说，找到优秀的人会很难，但这件事真的很重要。创业者只能迎难而上。雷军、程维、姚劲波等创业前辈莫不如此。

小米雷军：你找不到人，只是因为你花的时间不够多

雷军曾经说过，当年在选择创办小米时，自己从来没有硬件创业的经验，因此要搞定硬件工程师其实非常困难。雷军当初的做法就是"用 Excel 表列了很长的名单，一个个找合伙人"。

当初为找到一个硬件工程师，雷军打了 90 多个电话，而为了说服一个硬件工程师加盟小米，雷军与他连续谈了 10 小时。"他始终不相信小米能盈利，我就问他，'你觉得你钱多还是我钱多？'他说：'当然是您钱多。'我就对他说：'那就说明我比你会挣钱，不如我们俩分工，你就负责产品，我来负责挣钱。'而最后他选择了加入小米，正是因为我说的这句话。"

滴滴程维：企业挖人，要勇于想象

滴滴程维可以说是挖来了一支堪称豪华的团队。

柳青：滴滴 COO(chief operating officer，首席运营官)到总裁，原高盛亚太区董事总经理，父亲是柳传志，自己是年收入千万元的国际投行高管，在资本市场很有影响力。

张博：滴滴 CTO，原武汉大学的才子、中国科学院的佳人，2005 年毕业于武汉大学软件学院，同年考入中国科学院软件所，主修人机交互，2008 年毕业后，入职百度在百度负责过九条移动业务的研发，且均为上亿用户量级。

朱景士：滴滴战略副总裁，曾任高盛亚太区执行董事。程维常说："每三个月，滴滴就是一家全新的公司。"

滴滴的天使投资人王刚也曾经说过："程维是个不给自己设限的 CEO，我也一直告诉他，要持续找更牛的人加入滴滴，但敢挖柳青还是超过我的想象。"

"争取柳青的加入，是一次有想象力的挑战。"

"话语体系全然不同，情感上自然无法产生连接。"

程维为了说服柳青加入团队，为了跳出工作场景，他安排了一次滴滴高管的西藏行。程维说："去到陌生环境，像一个团队一样面对困难，有那种把性命交托彼此的感觉。"

滴滴七人团队从西宁出发，前往拉萨。程维刚到西宁就有了高原反应，昏睡过去。他们乘的两辆车在半路走散，路线、吃穿住行都没有了规划。悬崖与沼泽让滴滴管理团队产生了生死与共的情感。

一天夜里，程维跟柳青谈及自己创业的历程，表示明白柳青对高盛故旧的不舍，拿出手机放了一首《夜空中最亮的星》。柳青决定辞职，连夜给亲友们发了长信，告诉他们自己的决定，回到北京，柳青成了滴滴 COO，二号人物。

(资料来源：每日科技网，有改动，https://www.newskj.org/e/search/result/?searchid=827，2023-09-08)

第六章 创业机会与创业风险

知识结构

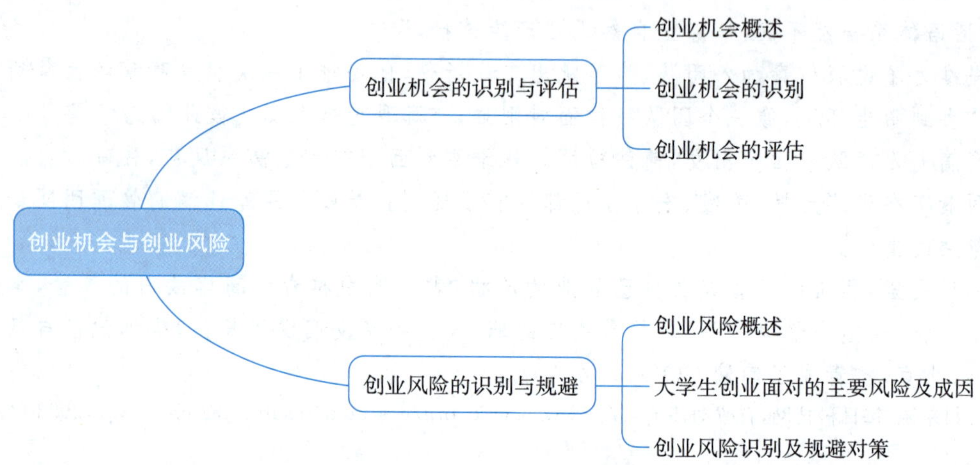

学习目标

- 认识创业机会,掌握创业机会的定义与特征。
- 了解创业机会的来源与分类,掌握创业机会的识别方法。
- 了解创业风险的含义和来源,掌握创业风险的分类。
- 掌握创业风险的识别方法,能够有效防范创业风险。

第一节 创业机会的识别与评估

一、创业机会概述

(一) 创业机会的定义与特征

1. 创业机会的定义

创业机会的常见定义:创业机会是可以为购买者或使用者创造或者增加价值的产品和服务。创业机会是一种新的“目的—手段”关系,它能为经济活动引入新服务、新原材料、新市场或新组织方式。

广为学术界接受的定义:创业机会是未明确的市场需求或未充分使用的资源或能力,它不同于有利可图的商业机会，其特点是通过发现甚至创造新的“目的—手段”关系来实现创业，对于“产品、服务、原材料或组织方式”有极大的革新和提高效率的作用。

大多数创业者都是因把握了商业机会而成功创业的。例如，牛根生看到了乳业市场的商机，创建了蒙牛集团；罗红看到了蛋糕市场的商机，创办了好利来。在现实生活中，这样的例子不胜枚举。

2. 创业机会的特征

(1) 普遍性：凡是有市场、有经营的地方，客观上就存在着创业机会。创业机会普遍存在于各种经营活动过程中。

(2) 偶然性：对一家企业来讲，创业机会的发现和捕捉带有很大的不确定性，任何创业机会的产生都有“意外”因素。

(3) 消逝性：创业机会存在于一定的时空范围之内，随着产生创业机会的客观条件的变化，创业机会就会相应地消逝和流失。

(二) 创业机会的分类

1. 按创业机会的来源划分

创业机会按来源可以分为问题型机会、趋势型机会和组合型机会三种类型。

(1) 问题型机会是由现实中存在的未被解决的问题所引发的一类机会。问题型机会在人们的日常生活中和企业实践中大量存在，如顾客的抱怨、大量的退货、无法买到称心如意的商品、服务质量差等，在对这些问题的解决中会存在价值或大或小的创业机会。

(2) 趋势型机会是在变化中看到未来的发展方向，预测到将来市场潜力的一类机会。趋势型机会一般出现在经济变革、政治变革、人口变化、社会制度变革、文化习俗变革等多个方面，一旦被人们认可，它产生的影响将是持久的，带来的利益也是巨大的。

(3) 组合型机会是将现有的两项或两项以上的技术、产品、服务等因素组合起来，实现新的用途和价值而获得的创业机会。

2. 按“目的—手段”关系的明确程度划分

创业机会按“目的—手段”关系的明确程度可分为识别型机会、发现型机会和创造型机会。

(1) 识别型机会是指市场中的“目的—手段”关系十分明显时，创业者可通过“目的—手段”关系的联结来辨识机会。

(2) 发现型机会是指目的或手段中的任意一方的状况未知，等待创业者进行机会发掘。

(3) 创造型机会是指目的和手段皆不明朗，创业者只有比他人更具先见之明，才能创造出有价值的市场机会。

(三) 创业机会的来源

有学者认为，创业机会主要产生于四种变革，分别是技术变革、政治制度变革、社会与人口结构变革及产业结构和市场需求变革。这四种变革恰好是创业机会的最主要来源。

1. 技术变革

技术变革可以使人们去做以前不可能做到的事情，或者更有效地去做以前只能用不太有效的方法去做的事情。随着科学技术的发展，越来越多过去不敢想象的东西都在慢慢实现。

技术变革是创业机会的重要来源，能使人们以新的更有效的方式做事，它主要来源于新的科技突破和社会的科技进步。技术上的任何变化或多种技术的组合都可能给创业者带来某种商业机会，其表现为以下三种形式。

(1) 新技术代替旧技术。

(2) 实现新功能、创造新产品的新技术的出现。

(3) 新技术带来的新问题。

2. 政治制度变革

政治制度变革带来的创业机会是指由于国家法律法规有所变化而带来的新的行业、新的市场、新的创业机会的发展；或是由于国家发展规划重点的转移，原来没有受到重视的区域市场开始受到人们的重视，创业者也跟随政府规划开发出一片新市场，从中获取新的创业机会。政治制度变革使人们能够开发出商业创意，从而用新的方法使用资源，这些方法或者更有效率，或者将财富重新分配。其主要表现为以下三个方面。

(1) 法律法规解除原来禁止的行为所带来的创业机会。

(2) 因政府在地区政策上的差异而带来的创业机会。

(3) 新政策的实施所带来的创业机会。

3. 社会与人口结构变革

社会与人口结构是创业机会一个很重要的来源，主要原因如下。

(1) 社会与人口结构的变革改变了人们对产品和服务的需求。

(2) 社会与人口结构变革使人们针对顾客需求所提出的解决方案比目前能够获得的方案更有效率。

4. 产业结构和市场需求变革

(1) 市场出现了与经济发展阶段相关的新需求，如农村经济发展带来了家电、农用机械的畅销；居民可支配收入增长使少儿特长教育、留学服务机构和旅游成为热门消费。

(2) 当期市场供给缺陷产生的新的商业机会，如供不应求的小市场机会。

(3) 先进国家、地区产业转移带来的市场机会，如先进国家、地区环保、劳动力成本高、竞争压力大，把先进国家、地区的产业引入落后的国家和地区。

(4) 从中外差距中寻找隐含的商机，如人寿保险、汽车人均拥有(驾校、汽车美容)、税务代理、管理咨询和个人理财顾问等。

二、创业机会的识别

(一) 影响创业机会识别的因素

在现实中，许多人都有创业的想法，富有创业幻想，但能否在众多的创业想法中发现真正的创业机会，并有能力抓住它，最终成为一个成功的创业者，这受到许多因素的影响。

1. 先前经验

先前经验也可以说是历史经验，在特定产业中的先前经验有助于创业者识别机会。在某个产业工作，个体可能识别出未被满足的利基市场，这个现象叫作“走廊原理”。它是指创业者一旦创建企业，就开始了一段旅程，在这段旅程中，通向创业机会的“走廊”将变得清晰可见。某个人一旦投身于某产业的创业中，将比那些从产业外观察的人更容易看到产业内的新机会。

2. 认知因素

机会识别可能是一项先天技能或一种认知过程。有些人认为，创业者有“第六感”，使他们能看到别人错过的机会。多数创业者以这种观点看待自己，认为自己比别人“更警觉”。警觉很大程度上是一种习得性的技能，拥有某个领域更多知识的人，会比其他人对该领域内的机会更警觉。例如，一位计算机工程师就比一位律师对计算机产业内的机会和需求更警觉。

3. 社会关系网络

个人社会关系网络的深度和广度影响着机会识别。建立了大量社会与专家联系网络的人比拥有少量联系网络的人容易得到更多机会和创意。一项针对 65 家初创企业的调查发现，大半数的创业者通过社会联系得到了他们的商业创意。一项类似的研究考察了独立创业者（独自识别出创业机会的创业者）与网络型创业者（通过社会联系识别机会的创业者）之间的差别，研究人员发现，网络型创业者比独立创业者能识别出更多的机会。

4. 创造性

创造性有助于产生新奇或有用的创意。从某种程度上讲，机会识别是一个创造过程，是不断反复的创造性思维过程。在听到更多奇闻轶事的基础上，会很容易看到创造性包含在许多产品、服务和业务的形成过程中。

（二）创业机会识别的方法

常用的创业机会的识别方法有以下四种，即市场调研、系统分析、问题导向与创新变革。

1. 市场调研

这里的市场调研主要强调一手资料的获取与二手资料的获取两个方面。一是通过与顾客、供应商、代理商等的面对面沟通，获取鲜活的一手资料与信息，了解现在发生了什么及未来将要发生什么；二是通过各类媒体、出版物、数据库，获取想要的资料与信息，了解通过面对面沟通形式可能无法触及的一些信息。

获得一手资料与二手资料后，要对这些资料进行分类并编码，便于自己随时查询、使用。尤其是针对自己的某个特定想法时，可以通过现有的市场调研数据精准地发现可能的创业机会。

2. 系统分析

在市场经济发展日渐成熟的背景下，过去“野蛮生长”方式亦能生存、处处是顾客与商机的时代已经一去不复返了，现实中的企业往往是在“夹缝中求生存，变化中寻商机”。因此，绝大多数的创业机会都需要通过系统的分析才能够得以科学有效地发现。我们应借助市场调研的方式，从企业的宏观环境（如政治、社会、法律、技术、人口等）与微观环境（如细分市场、顾客、竞争对手、供应商等）的变化中寻找新的顾客需求、新的商机，这已经成为当今时代创业机会识别最常用、最有效的方法之一。

3. 问题导向

问题导向是指创业机会识别源于一个组织或者个人面临的某个问题或者明确的需求，这是创业机会识别最快速、最精准、最有效的方法。因为创业的根本目的是为顾客创造新的价值，解决顾客面临的问题。在这个过程中，常用的方法就是不断地与顾客沟通，不断地听取顾客的建议，基于顾客的需求创造新的产品或者服务。当然，在此基础上再进行市场调研、系统分析，可以说是有的放矢，且更为科学、严谨。不过，在通过问题导向发现创业机会的过程中，要注意把控问题的难易度，不可不切实际地探寻问题解决方案，否则只会徒劳无获。

4. 创新变革

通过创新变革获得创业机会的方式在高新技术、互联网行业中最为常见。在这种创业机会识别过程中，通常是针对目前明确的或者未来潜在的市场需求，探索相应的新技术、新方法、新知识或新模式，或者是利用已有的某项技术发明、商业创意来实现新的商业价值，而且一旦获得成功，创业者凭借其具有变革性、超额价值的新产品或者新服务很容易就能够在市场中处于压倒性的主导地位。

但是，正如毛泽东所说“任何新生事物的成长都是要经过艰难曲折的”，创新变革的方式比其他任何方式的难度都要大，风险系数也比较高。因为新技术或者新知识能否真正满足顾客的需求，尚需市场的考验，其稳定性、先进性需要十足的把握，才能成为真正的创业机会，而且新技术的发明通常需要大量持续的资金、人力与物资投入，这个过程往往是极其漫长与艰难的。

（三）创业机会识别的一般过程

创业过程开始于创业者对创业机会的把握。创业者从成千上万繁杂的创意中选择他心目中的创业机会，随之不断持续开发这一机会，使之成为真正的企业直至最终收获成功。在这一过程中，创业者反复权衡机会的潜在预期价值及自身的创业能力，创业者对创业机会的战略定位也越来越明确，这一过程称为机会的识别过程。这一机会识别过程实际上是一种广义的识别过程，因为它囊括了大部分研究中提到的机会搜索、机会识别、机会评价等创业活动。

阶段一：机会搜索。这一阶段创业者对整个经济系统中可能的创业信息展开搜索。信息可以分为原始信息和加工信息两大类。原始信息是指在经济活动中直接产生或获取的数据、概念、知识、经验及其总结，是未经加工的信息。加工信息则是对原始信息经过加工、分析、改编和重组而形成的具有新形式、新内容的信息。这两类信息都对创业活动发挥着重要作用。

如果创业者意识到某一创意可能是潜在的商业机会，具有潜在的发展价值，就进入机会识别的下一阶段。

阶段二：机会识别。相对整体意义上的机会识别过程，这里的机会识别应当是狭义上的识别，即从创意中筛选合适的机会。这一过程包括两个步骤：第一步是通过对整体的市场环境，以及一般的行业分析来判断该机会是否在广泛意义上属于有利的商业机会，林赛和克雷格称之为机会的标准化识别阶段；第二步是考察对特定的创业者和投资者来说，这一机会是否有价值，也就是个性化的机会识别阶段。

尽管发现了创业机会，但并不意味着就要创业，更不意味着成功就在眼前。创业活动是创业者与创业机会的结合，并非所有的创业机会都有足够大的价值潜力来填补为把握机会所付出的成本，并非所有机会都适合每个人。尽管在整个创业过程中，评价创业机会的过程非常短暂，但它非常重要，是创业者发现创业机会之后作出是否创业决策的重要依据。对大学生而言，创业机会的评估尤其重要。

阶段三：机会评价。实际上这里的机会评价已经带有调查的含义，相对比较正式，考察的内容主要是各项财务指标、创业团队的构成等。通过机会的评价，创业者决定是否正式组建企业吸引投资。

对创业者来说，关键在于如何能够从众多机会中寻找出有价值的创业机会，并采取快速行动来把握机会。

三、创业机会的评估

事实上，在一些研究中，机会评估和机会识别是共同存在的。创业者在对创业机会进行识别时，也会有意无意地进行评估活动。在他们的分析框架中，机会识别和机会评估并非完全割裂的两个概念。

创业者在机会开发中的每一步都需要进行评估，即机会评估贯穿整个机会识别的过程。在机会识别的初始阶段，创业者可以非正式地调查市场的需求及所需的资源，直到断定这个机会值得考虑或是进一步深入开发。在机会开发的后期，这种评估变得较为规范，并且主要集中于考察这些资源的特定组合是否能够创造出足够的商业价值。

（一）创业机会评估框架

有"创业教育之父"之称的杰弗里·蒂蒙斯提出了备受推崇的创业机会评估框架，其评估框架涉及行业和市场、经济因素、收获条件、竞争优势、个人标准、理想与现实的战略差异六个方向的 45 项指标，如表 6-1 所示。

表 6-1　创业机会评估框架

方　向	指　标
行业和市场	（1）市场容易识别，可以带来持续收入。 （2）顾客可以接受产品或服务，愿意为此付费。 （3）产品的附加价值高。 （4）技术实现的可行性要高。 （5）将要开发的产品生命力长久。 （6）项目所在的行业是新兴行业，竞争不完善。 （7）市场规模大，销售潜力在 1000 万元到 10 亿元之间。 （8）市场成长率为 30%～50%甚至更高。 （9）现有厂商的生产能力几乎饱和。 （10）在五年内能占据市场的领导地位，届时市场占有率在 20%以上

续表

方　向	指　标
经济因素	(1) 达到盈亏平衡点所需要的时间为1.5～2年或更短。 (2) 盈亏平衡点不会逐渐提高。 (3) 投资回报率在25%以上。 (4) 项目对资金的要求不是很高,能够获得融资。 (5) 销售额的年增长率高于15%。 (6) 有良好的现金流量,能占到销售额的20%～30%或更多。 (7) 能获得持久的毛利,毛利率在40%以上。 (8) 能获得持久的税后利润,税后利润率超过10%。 (9) 资产集中程度低。 (10) 运营资金不多,需求量是逐渐增加的。 (11) 研究开发工作对资金的要求不高
收获条件	(1) 项目带来的附加价值具有较高的战略意义。 (2) 存在现有的或可预料的退出方式。 (3) 资本市场环境有利,可以实现资本的流动
竞争优势	(1) 固定成本和可变成本低。 (2) 对成本、价格和销售的控制较高。 (3) 已经获得或可以获得对专利所有权的保护。 (4) 竞争对手尚未觉醒,竞争对手较弱。 (5) 拥有专利或具有某种独占性。 (6) 拥有发展良好的网络关系,容易获得合同。 (7) 拥有杰出的关键人员和管理团队
个人标准	(1) 个人目标与创业活动相符合。 (2) 创业家渴望进行创业这种生活方式,而不只是为了赚钱。 (3) 创业家可以承担适当的风险。 (4) 创业家在压力下状态依然良好
理想与现实的战略差异	(1) 理想与现实情况相吻合。 (2) 管理团队已经是最好的。 (3) 在客户服务管理方面有很好的服务理念。 (4) 所创办的事业顺应时代潮流。 (5) 所采用的技术具有突破性,不存在许多替代品或竞争对手。 (6) 具备灵活的应变能力,能快速进行取舍。 (7) 始终在寻找新的机会。 (8) 定价与市场领先者几乎持平。 (9) 能够获得销售渠道,或已经拥有现成的网络。 (10) 能够允许失败

1. 行业和市场方面的评估准则

(1) 市场基础。一个好的创业机会,必然具有特定的市场基础,专注于满足顾客需求,同时能为顾客带来更大的利益。因此,评估创业机会的时候,可由市场定位是否明确、顾客需求分析是否清晰、顾客接触途径是否流畅、产品线是否可以持续衍生等,来判断创业机会可能创造的市场价值。若带给顾客的价值越高,则创业成功的机会也会越多。

(2) 市场结构。针对创业机会的市场结构进行分析,包括进入障碍、上游厂商、顾客、渠道商的谈判力量、替代性竞争产品的威胁及市场内部竞争的激烈程度。由市场结构分析可以得知新企业未来在市场中的地位,以及可能遭遇竞争对手反击的程度。

(3) 市场规模。市场规模大小与成长速度,也是影响创业成败的重要因素。一般而言,市场规模大者,进入障碍相对较低,市场竞争激烈程度也会略微下降。如果要进入的是一个十分成熟的市场,那么纵然市场规模很大,由于已经不再成长,利润空间必然很小,因此这项创业恐怕就不值得投入。反之,一个正在成长中的市场,通常也会是一个充满商机的市场,所谓水涨船高,只要进入的时机正确,必然会有获利的空间。

(4) 市场渗透力。对于一个具有庞大市场潜力的创业机会,市场渗透力(市场机会实现的过程)评估将会是一项非常重要的影响因素。聪明的创业家知道选择在最适宜的时机进入市场,也就是当市场需求正要大幅成长之际,需要将产能备好,等着接单。

(5) 市场占有率。由创业机会预期可达成的市场占有率目标,可以显示这家新企业未来的市场竞争力。一般而言,要成为市场的领导厂商,最少需要拥有20%的市场占有率。但如果低于5%的市场占有率,则这项创业的市场竞争力显然不高,自然也会影响未来企业上市的价值。尤其是具有“赢家通吃”特质的高科技产业,新企业必须拥有能够成为市场前几名的能力,这样才比较具有被投资的价值。

(6) 产品的成本结构。产品的成本结构,也可以反映该项创业的前景是否光明。例如,由物料与人工成本所占比重高低、变动成本与固定成本的比重,以及经济规模产量大小,可以判断这项创业能够创造附加价值的幅度及未来可能的获利空间。

2. 经济效益方面的评估准则

(1) 合理的税后净利。一般而言,具有吸引力的创业机会,至少能够创造15%的税后净利。如果创业预期的税后净利在5%以下,那么这就不是一个好的投资机会。

(2) 达到损益平衡所需的时间。合理的损益平衡应该能在两年以内达成,但如果三年还达不到,则恐怕就不是一个值得投入的创业机会。不过有的创业机会确实需要经过比较长的耕耘时间,并经由这些前期投入,创造进入障碍,并因此保证后期的持续获利。在这种情况下,可以将前期投入视为一种投资,而较长的损益平衡时间就可以容忍。

(3) 投资报酬率。考虑到创业开发可能面临的各项风险,合理的投资报酬率应该在25%以上。一般而言,15%以下的投资报酬率,将不是一个值得考虑的创业机会。

(4) 资本需求。资金需求量较低的创业机会,一般会比较受投资者的欢迎。事实上,许多个案暗示,资本额过高其实并不利于创业成功,有时还会带来稀释投资报酬率的负面效果。通常越是知识密集的创业机会,对于资金的需求量越低,投资报酬反而会越高。因此,在创业开始的时候,不要募集太多的资金,最好通过盈余积累的方式来创造资金。比较低的资本额,将有利于拉高每股盈余,并且可以进一步提高未来上市的价格。

(5) 毛利率。毛利率高的创业机会,相对风险较低,也比较容易达成损益平衡。反之,毛利率低的创业机会,风险则较高,遇到决策失误或市场产生较大变化的时候,企业很容易遭受损失。一般而言,理想的毛利率是40%。当毛利率低于20%的时候,这个创业机会就不值得再考虑。

(6) 策略性价值。能否创造新企业在市场上的策略性价值,也是一项重要的评价指标。

一般而言，策略性价值与产业网络规模、利益机制、竞争程度密切相关，而创业机会对于产业价值链所能创造的价值效果，也与所采用的经营策略与经营模式密切相关。

(7) 资本市场活力。当新企业处于一个具有高度活力的资本市场时，其获利回收机会相对也会比较高。不过资本市场的变化幅度极大，因此在市场高点时投入，资金成本较低，筹资相对容易。但在资本市场低点时，投资新企业开发的诱因则较低，好的创业机会也相对较少。不过对投资者而言，市场低点的取得成本较低，有的时候投资报酬反而会更高。一般而言，新企业在活络的资本市场比较容易创造增值效果，因此资本市场活力也是一项可以被用来评估创业机会的外部环境指标。

(8) 退出机制与策略。所有投资的目的都在于回收，因此退出机制与策略就成为一项评估创业机会的重要指标。企业的价值一般也要由具有客观鉴价能力的交易市场来决定，而这种交易机制的完善程度也会影响创业退出机制的弹性。由于退出的困难度普遍要高于进入，所以一个具有吸引力的创业机会，应该要为所有投资者考虑退出机制及退出的策略规划。

3. 创业团队方面的评估准则

(1) 最佳团队组合。由声誉卓著的创业家领军，结合一群各具专业背景的成员所组成的创业团队，再加上紧密的组织凝聚力与共同的价值观分享，这种所谓最佳团队组合可以被视为创业成功的最佳保证。因此，评估创业机会，绝对不可忽视创业团队组合的成分，以及团队整体能够对外发挥的程度。

(2) 产业经验与专业背景。创业者与团队成员对于所要投入产业的相关经验与了解程度多寡，也会影响创业的成败。一般可以经由产业内专家对创业团队成员的背景经验与专业能力的评价，来获得这项信息。再好的创业机会，如果创业团队不具备相关产业经验或专业背景，则对于投资者恐怕就不会具有任何吸引力。

(3) 诚信正直的人格。创业者的人格特质也是一项影响创业成败的关键因素，尤其是创业者的人品与道德观。在业界具有良好声誉，重视诚信、正直、无私、公平等基本做人处世原则的创业者，对于评估创业机会通常具有显著的加分效果。许多绝佳的创业机会，最后都是因内部争权夺利而功败垂成的，这也凸显了领导者人格特质对于创业成功的重要性。

(4) 专业坦诚。一个好的创业者与他的团队成员，在各项经营管理与技术专业工作上，通常能够以理性客观的态度，坦诚面对各项问题，不刻意欺骗客户与投资者，不逃避事实，不否认自己的不足，并且创业团队成员只有知道应该如何去做，才能克服自己的缺点。在许多创业失败的个案中，都可以看到创业团队生怕别人看穿自己的缺失，因此强烈防御他人质疑，一味掩饰问题，以及推诿责任，不但没有面对缺失的勇气，也没有解决问题的能力。精明的投资者经常可由访谈的过程来判断创业团队的专业坦诚度，并作为是否支持该项创业的重要决策参考。

4. 个人方面的评估准则

(1) 与个人目标契合程度。创业过程中遭遇的困难与风险极大，因此有必要了解创业者的创业动机，以利于判断他愿意为创业活动付出的代价程度。一般认为，创业机会与个人目标的契合程度越高，则创业者投入意愿与风险承受意愿自然也会越大，创业目标最后得以实现的概率也相对较高。因此，一个具有吸引力的创业机会，一定是一个能充分与创业者个人目标相契合的创业计划。

(2) 机会成本。一个人一生的黄金时间大约有30年，其间可分为学习、发展与收获等不同阶段，而为了这个创业机会，你将需要放弃什么？可以由其中获得什么？得失的评价如何？在决定进行创业之前，所有参与创业的成员都需要仔细思考创业所要付出的机会成本。只有经由机会成本的客观判断，才可以得知创业机会是否真的对于个人生涯发展具有吸引力。

(3) 对于失败的底线。古人说，留得青山在，不怕没柴烧。创业必然需要面对可能失败的风险，但创业者也不宜将个人声誉与全部资源都压在一次创业活动上。理性的创业者必须自己设定承受失败的底线，以便保留下次可以东山再起的机会。因此，在评估创业机会的时候，也需要了解有关创业团队对于失败底线的看法。通常铤而走险与成王败寇的创业构想，也不会被投资者视为一个好的创业机会。

(4) 个人偏好。评估创业机会的时候，也需要考虑创业的内容与进行方式是否能够符合创业者个人的偏好，包括工作地点、生活习惯、个人嗜好等。

(5) 风险承受度。由于每个人的风险承受度都不一样，因此这也将成为影响创业机会评估的重要因素。一般而言，风险承受度太高或太低均不利于新企业的发展。风险承受度太高的创业家，也会因孤注一掷的举动而常将企业陷入险境。但风险承受度太低的创业家，由于决策过于保守，相对拥有的创新机会也会比较少。一个能以理性分析面对风险的人，才是比较理想的创业家，由他来执行的创业机会相对比较有吸引力。

(6) 负荷承受度。创业团队的负荷承受度，也是评估创业机会的一项重要指标。负荷承受度与创业团队成员愿意为创业投入工作量的多寡，以及愿意忍受的辛苦程度密切相关。一般来说，由负荷承受度较低的创业团队所提出的创业构想，成功的概率也会较低。

5. 竞争优势方面的评估准则

(1) 成本竞争力。一个好的创业开发案，通常具有可以经由持续降低成本来创造竞争优势的能力。除了以发挥经济规模来降低成本之外，良好的品质管理、高效率的生产管理、优越的采购能力、快速的产品设计、比较高的自制率等，也都是有助于降低成本的有效手段。因此，一个具有吸引力的创业机会，应该能够对物料成本、制造成本、营销成本等拥有掌控与持续降低成本的能力。总之，创业机会所呈现的成本竞争力，将是评价这项创业最后能否获得成功的重要指标。

(2) 市场控制力。企业对于市场的产品价格、客户、渠道、零件价格的控制力，攸关企业的竞争能力。因此，一个缺乏市场控制力的新创业机会，其投资吸引力也会比较低。如果一个新企业对于关键零件来源与价格缺乏控制力，对于经销渠道与经销商也缺乏控制力，同时订单几乎完全依赖少数一两个客户，那么这项创业面临的经营风险一定很高，要想持续获利也会非常困难。不过，如果创业机会具有持续推进产品创新的能力，就比较有机会摆脱这种为他人所控制的市场困局。

(3) 进入障碍。高进入障碍的市场，对于创业开发不具有吸引力。同样地，新企业如果无法制造进入障碍，这项创业也不是一个好的投资机会。制造进入障碍的方式，包括专利、核心能力、规模经济、商誉、高品质低成本、掌握稀有资源、掌握通路、快速创新缩短生命周期等。在一个处处存在障碍的市场中，发掘好的创业机会通常比较困难。不过缺乏进入障碍的新市场，却往往容易吸引大量的竞争者，而使毛利快速下降。因此所谓具有吸引力的创业机会，进入的应该是一个障碍还不太高的新市场，但进去以后就需要具备制造进入障碍的能力,以用来保护自身的市场利益。

6. 策略特色方面的评估准则

一个具有吸引力的创业机会,通常需要具有某些特色,而这些特色往往能成为新企业未来成功的策略性影响因子。以下列举可能影响新企业成功的十点关系来发掘创业是否具有这些特色,这也是创业机会评估不可或缺的工作。

(1) 创业模式组合。创业模式组合主要评量新企业在创业者、创业团队、创业机会、创业资源四者间是否能够形成良好的搭配组合,也就是说这项创业活动是否在因缘际会与天时地利人和的情况下形成,并且将人、资源与机会之间做最佳的结合。

(2) 团队优势。团队优势主要评量创业团队的专业能力、产业经验、道德意识、管理能力、决策能力等的组合,也就是发掘创业团队组成与运作是否能够为新企业带来特定的优势。

(3) 服务品质。由于顾客服务品质攸关企业的市场竞争力,所以新企业的经营模式是否能在服务品质方面具有差异化特色,并且能够创造明显的竞争优势,也是创业机会评估时的重要考量指标。

(4) 定价策略。一个好的定价策略是采取略低于市场领导厂商产品的价格,而不是以过低的价格进行市场竞争。以低价位低毛利抢占市场,通常不是一种可取的竞争策略。因此,在进行创业机会评估时,也需要考量定价策略是否具有能够创造优势的特色。

(5) 策略弹性。成熟大型企业的最大弱点就是决策缓慢,尤其在需要调整策略方向的时候,往往要经过长期的内部折冲。反之,新企业组织的包袱较少,决策速度相对较快,因此策略弹性将成为新企业发展的竞争优势。对于一项新创业机会的评估,也要看其在面临经营环境变化之际,在经营决策方面能作出怎样快速弹性的应对。

(6) 技术优势。新企业拥有的技术领先程度、技术专利、技术授权、技术联盟关系等,都可能成为一种可以创造优势的策略特色。

(7) 进入时机。能掌握市场机会窗口打开的时机,采取适当的进入策略,这项创业成功的概率自然也会大幅提升。因此,新企业对于市场进入时机的判断水准,也将成为一项重要的策略特色。

(8) 机会导向。一般而言,自动上门的机会,品质通常不高,而自己主动发掘的机会,比较可能会带来好的收益。因此,凡是能够密切注意市场变化,主动发掘并实时掌握创业机会的创业团队,其创业成功的概率相对也会比较高。

(9) 销售渠道。渠道经常是一个被忽略的议题,但渠道可能是对新企业发展产生致命影响的因素之一。技术背景创业者通常会有一种错误的认知,他们以为只要产品精良,顾客自然就会上门。实际上,许多优秀的产品却没有接触消费者的机会,原因就是缺乏适当的销售渠道。所以新企业是否在销售渠道规划方面具有一定程度的创新优势与策略特色,也应该是评估创业机会不可忽视的重点。

(10) 误差承受力。所有的创业规划都属于预估,因此未来的实况必定与假设情境有极大的出入。所谓误差承受力,是指在实现创业目标的前提下,执行创业计划的弹性,以及创业团队与创业资源能够承受变动的程度。一项创业如果对于未来情境预测误差有比较高的承受力,则也应该被视为一项具有策略特色的创业机会。

（二）评估创业机会价值的方法

大卫·贝奇教授在《创业学》一书中提到了四种评价创业机会的方法：标准打分矩阵、Westing House 法、Hanan Potentionmeter 法、Baty 的选择因素法。

1. 标准打分矩阵

标准打分矩阵是准备创业者通过选择对创业机会成功有重要影响的因素，并由专家小组对每个因素进行极好、好、一般三个等级的打分，最后给出每个因素在各个创业机会下的加权平均分，从而可以对不同的创业机会进行比较。

2. Westing House 法

Westing House 法实际上是用公式计算评价和比较各个机会的优先级，公式如下：

技术成功概率×商业成功概率×（价格－成本）×投资生命周期＝机会优先级总成本

3. Hanan Potentionmeter 法

Hanan Potentionmeter 法通过让创业者填写针对不同因素的不同情况，预先设定好权值选项式问卷的方式来快捷地得到特定创业机会的成功潜力指标。每个因素的不同选项的得分可以为－2～2 分。将所有因素得分加总得到最后的分值，总分越高说明特定创业机会成功的潜力越大。只有那些最后得分高于 15 分的创业机会才值得创业者进行下一步的策划，低于 15 分的都应被淘汰。详见表 6-2。

表 6-2　Hanan Potentionmeter 法评价表

序号	因　素	分值（－2～2）
1	对税前投资水平的贡献	
2	预期的年销售额	
3	生命周期中预期的成长阶段	
4	从创业到销售额高速增长的预计时间	
5	投资回报期	
6	占有领先地位的潜力	
7	商业周期的影响	
8	为产品制订高价的潜力	
9	进入市场的容易程度	
10	市场试验的时间范围	
11	对销售人员的要求	

4. Baty 的选择因素法

Baty 的选择因素法是创业者通过对 11 个选择因素的设定来对创业机会进行判断，如果某个创业机会只符合其中六个或更少的因素，该创业机会就很可能不可取；相反，机会就很大。详见表 6-3。

表 6-3　Baty 的选择因素法

序号	因　素	是否符合
1	这个创业机会在现阶段是否只有你一个人发现	
2	创始的产品生产成本是否可以接受	
3	初始的市场开发成本是否可以接受	
4	产品是否具有高利润回报的潜力	
5	是否可以预期产品投放市场和达到盈亏平衡点的时间	
6	潜在的市场是否巨大	
7	产品是否属于一个高速成长的产品家族中的第一个成员	
8	是否拥有一些现成的初始客户	
9	是否可以预期产品的开发成本和开发周期	
10	是否处于一个成长中的行业	
11	金融界是否能够理解你的产品和顾客对它的需求	

（三）对创业机会的自我评价

对创业机会的自我评价，可以从以下三个方面进行。

(1) 在个人经验层面，要考虑以前的工作和生活经验是否能够支撑后续开发创业机会所必需的知识和技能。

(2) 在社会网络层面，要考虑自己身边认识、熟悉的人能否支撑后续开发机会所必需的资源和其他因素。

(3) 在经济状况层面，要重点考虑能否承受从事创业活动所带来的机会成本。

第二节　创业风险的识别与规避

在创业过程中，由于创业环境的不确定性、创业机会与创业企业的复杂性，创业者、创业团队、创业者的投资能力与实力的有限性，创业活动偏离预期目标的可能性是非常大的。因此，创业者及新企业时时刻刻处在风险的包围之中，如何正确认识和识别创业风险将是创业企业需要持续关注的问题。

一、创业风险概述

（一）风险与创业风险

一般从两个角度理解风险：一是强调风险表现为结果的不确定性；二是强调损失的不确定性。前者属于广义上的风险，说明未来利润多寡的不确定性；后者属于狭义上的风险，只能表现为损失，没有获利的可能性。

风险的核心含义是，未来结果的不确定性或损失。对此，通常将创业风险定义为企业在创业过程中存在的各种风险，包含创业环境的不确定性，创业机会与创业企业的复杂性，创业者、创业团队与创业投资者的能力的有限性导致的创业活动结果的不确定性等。

另外，创业风险客观存在，但是如果采取适当的防范策略使破坏或损失的概率不会出现，或者在理性判断的基础上，采取及时而有效的防范措施，那么风险也可能带来机会。由此进一步延伸风险的意义，不仅是规避了风险，可能还会带来比例不等的收益。这就是为什么有时候风险越大，回报越高。因此如何判断风险、选择风险、规避风险，继而运用风险，在风险中寻求机会，创造收益，意义将更加深远而重大。

（二）创业风险的共同特征

创业风险种类繁多，贯穿并交织于整个创业过程，但是这些风险具有一些共同的特征。

1. 客观性

创业本身就是一个识别风险和应对风险的过程，风险的出现是不以人的意志为转移的，所以创业风险的存在是客观的。

2. 不确定性

创业所依赖和影响的因素具有不确定性，这些因素是不断变化、不断发展甚至是难以预料的，因此造成了创业风险的不确定性。

3. 双重性

创业有成功和失败两种可能，创业风险则具有盈利或亏损的双重性。

4. 可变性

随着影响创业因素的变化，创业风险的大小、性质和程度也会发生变化。

5. 可识别性

根据创业风险的特征和性质，创业风险是可以被识别和划分的。

6. 相关性

创业风险与创业者的行为紧密相连。针对同一风险，采取不同的对策，将会出现不同的结果。

（三）创业风险的分类

1. 按创业风险产生的原因划分

按创业风险产生的原因，创业风险可分为主观创业风险和客观创业风险。

（1）主观创业风险。主观创业风险是指在创业阶段，由于创业者的身体与心理素质等主观方面的因素导致创业失败的可能性。

（2）客观创业风险。客观创业风险是指在创业阶段，由于客观因素导致创业失败的可能性，如市场的变动、政策的变化、竞争对手的出现、创业资金的缺乏等。

2. 按创业风险产生的内容划分

按创业风险产生的内容，创业风险可分为技术风险、市场风险、政治风险、管理风险、生产风险和经济风险。

(1) 技术风险。技术风险是指由于技术方面的因素及其变化的不确定性而导致创业失败的可能性。

(2) 市场风险。市场风险是指由于市场情况的不确定性导致创业者或创业企业损失的可能性。

(3) 政治风险。政治风险是指由于战争、国际关系变化或有关国家政权更迭、政策改变而导致创业者或企业蒙受损失的可能性。

(4) 管理风险。管理风险是指因创业企业管理不善产生的风险。

(5) 生产风险。生产风险是指创业企业提供的产品或服务从小批试制到大批生产的风险。

(6) 经济风险。经济风险是指由于宏观经济环境发生大幅度波动或调整而使创业者或创业投资者蒙受损失的风险。

3. 按创业风险对创业投资的影响程度划分

按创业风险对创业投资的影响程度,创业风险可分为安全性风险、收益性风险和流动性风险。创业投资的投资方包括专业投资者与投入自身财产的创业者。

(1) 安全性风险。安全性风险是指从创业投资的安全性角度来看,不仅预期实际收益有损失的可能,而且专业投资者与创业者自身投入的其他财产也可能蒙受损失,即投资方财产的安全存在危险。

(2) 收益性风险。收益性风险是指创业投资的投资方的资本和其他财产不会蒙受损失,但预期实际收益有损失的可能性。

(3) 流动性风险。流动性风险是指投资方的资本、其他财产及预期实际收益不会蒙受损失,但资金有可能不能按期转移或支付,造成资金运营的停滞,从而使投资方蒙受损失的可能性。

二、大学生创业面对的主要风险及成因

(一) 大学生创业面对的主要风险

大学生创业存在很多风险,其中最主要的有以下几种。

(1) 选择项目盲目。很多大学生创业时只是凭自己的兴趣和想象来决定投资方向,甚至仅凭一时心血来潮做决定,没有做好市场调研,在没有了解市场的基础上创业。

(2) 创业技能缺乏。很多大学生创业者眼高手低,当创业计划转变为实际操作时,才发现自己根本不具备解决问题的能力。

(3) 单一的融资渠道。在融资渠道上基本是银行贷款、自筹资金、民间借贷等传统方式。

(4) 贫乏的社会资源。很多大学生平时很少参加社会实践活动,人际交往的范围小。

(5) 过于随意的管理。一些大学生创业者虽然技术出类拔萃,但理财、营销、沟通、管理方面的能力普遍不足。

(6) 缺乏毅力,难以坚持。创业好比开山,一开始很难一帆风顺,如果创业者抗压能力差,坚持不了多久就会因扛不住压力而退出,或因矛盾无法解决而团队散伙。

（7）法律意识淡薄。很多大学生在创业前很少认真了解与创业相关的法律内容，或者虽有所了解，在实践中的众多环节上却忽视法律，在风险和利益同时存在的情况下，以赌博意识、投机心理和冒险行为代替理性的法律思维，以致造成一些惨痛的教训。

（二）大学生创业风险的成因分析

从外部环境来看，职业精神和道德秩序的缺失是形成创业风险的前提。一个成熟的、健康的竞争生态圈，不是简单地在政府所提供的法律法规的框架内追求利益，而更应该体现为法律与道义传统、社会行为规范的整体协调。目前，对中国的创业者来讲，要想事业成功并成为这个社会和时代的主流，最重要的工作是塑造中国企业家的职业精神和重建中国企业的道德秩序。从内部环境来看，创业者决策的独断和无制约、企业盲目地扩张和多元化、创业者一夜暴富的投机性，以及内部管理不善，创办人缺少必要的经营企业的经验，财务上没有遵循审慎原则等一系列的问题，使得创业者时时有风险、处处有风险。

从大学生创业者自身来看，大学生创业中容易出现以下情况。

（1）眼高手低。当今时代，IT 业、高科技业成为大学生眼中的创业金矿，以至于不少学生不屑于从事服务业或技术含量较低的行业。其实，高科技创业项目往往需要较高的启动资金，创业风险和压力都非常大，大学生如果对自身经验和能力认识不足，对创业的期望值又过高，一开始就起点较高，则很容易失败。

（2）纸上谈兵。缺乏经验是目前大学生创业中普遍存在的问题，不少大学生创业者不习惯对其产品或项目做市场调查，而是进行理想化的推断。例如，“如果有 3 亿人需要我们的产品，每件售价 100 元，我们就有 300 亿元的销售市场”，这种推断方法是站不住脚的，而且常常起着误导作用。

（3）单打独斗。在强调团队合作的今天，创业者想靠单打独斗获得成功的概率大大降低。团队精神已成为不可或缺的创业素质，风险投资商在投资时更看重有合作能力的创业团队。如今大学生一般都有个性，自信心较强，在创业中常常自以为是、刚愎自用，这些都影响了创业的成功率。

三、创业风险识别及规避对策

（一）创业人力资源风险

创业人力资源风险是指在企业初创期和成长期，由于人力资源导致的经营结果与经营目标相偏离的潜在可能性，主要包括创业团队风险和关键员工离职风险。

创业期间，建立优势互补的创业团队是人力资源管理的关键。团队是人力资源的核心，“主内”与“主外”的不同人才、耐心的“总管”和具有战略眼光的“领袖”、技术与市场两个方面的人才都不可偏废。但是，创业团队也存在着风险。所谓创业团队风险主要是指团队成员素质、团队的组织协作能力、团队环境适应能力和创新能力等方面可能存在的问题或风险。

1. 创业团队风险的来源

（1）没有共同的愿景和目标。当团队中每个人考虑的是如何通过“团队”达到自己的目标（而不是如何实现个人与团队目标的“双赢”）时，只为完成工作而工作，而不是为了更好地完成团队任务而共同努力，这样的团队不仅很难成功，而且会在创业过程中形成潜在的风险。

(2) 不能塑造和谐的创业团队关系。在工作中,人们可能结成各种关系,有些是利于团队发展的,如"具有和谐平等、相互信任的人际关系"是真正团队的一大特征。但在团队人员使用上,出现任人唯亲、各占山头等现象,其结果就是工作中常常出现人为的阻力,帮派之争常常左右重大的决策等。这种团队关系显然是不会给企业带来高效益的,相反会成为创业团队风险的又一来源。

(3) 没有或不能很好地遵守团队规范和应该严守的纪律。不少创业企业在团队建设过程中,过于追求团队的亲和力和人情味,认为严明的团队纪律有碍团结。这就直接导致了管理制度的不完善,或者虽有制度但执行不力,形同虚设。久而久之,会使企业的各种规章制度失效。

(4) 团队角色配置不合理。有一些人将团队精神理解为集体主义,并简单地与个人英雄主义对立起来。这样常导致团队成员的个性创造和个性发挥被扭曲和淹没。没有个性,就意味着没有创造,这样的团队只有简单复制功能,而不具备持续创新能力。其实,团队不仅仅是人的集合,更是能量的结合。团队精神的实质是要充分利用和发挥团队所有成员的个体优势去做好每一项工作。

2. 创业团队风险的规避

(1) 在企业成立之前应开展创业团队相互合作协调的测试。团队成员在价值观、目标、拥有多少股份等方面会有很大的不同,团队成员在这些方面产生分歧而不能很好地解决,将直接决定新创企业的生存和发展。

(2) 创业团队成员的股份比例、工资等待遇不要出现人人平等的现象。如果出现这种现象,将不利于企业的决策和管理。过于松散的民主气氛会使得管理软弱无力。

(3) 主要创业者要对团队成员某些具有潜在破坏力的动机保持足够的警觉。现实世界不能保证所有的人都是高素质、高品德的完人,肯定有不少掠夺、欺骗和虚伪的现象。所以创业团队的大多数成员,特别是主要创业者应该十分理性,以行动来观察团队成员,而不是以感情投资希望得到回报的心理来处理与团队成员的关系。

(4) 创业团队应该具有动态的发展观念。这里所说的动态发展观念包含两层含义:一是企业的创建与发展是一个动态的过程;二是创业团队的组成也会随着时间的变化而变化。

3. 关键员工离职风险

企业关键员工是指具备专门技术、掌握核心业务、控制关键资源、具有特殊经营才能、对企业的经营与发展会产生深远影响的员工。关键员工人数一般占企业总人数的20%~30%,但他们承担了企业80%~90%的技术和管理职能,创造了企业80%以上的财富和利润。关键员工是企业的核心和代表,是企业的骨干,对于企业提升核心竞争力起着关键性的作用。

1) 关键员工离职将会对企业产生的不利影响

第一,关键员工一般熟悉企业的主营业务,了解客户资源,掌握核心技术和商业机密,这些员工离职将使企业的有形资产和无形资产遭受损失,削弱企业的核心竞争力。第二,企业需要追加招聘成本、培训费用及寻求新员工所需的成本。第三,关键员工离职导致企业关键岗位的空缺,而新员工也需要一段时间适应工作环境,这会影响企业的正常运转和发展的连续性。

2) 关键员工离职的原因

一是内部原因。由于契约的不完善性,员工的个人目标与组织的整体目标不一致而产生矛盾,员工在企业中受到不公平的待遇或企业无法提供足够的发展空间,都将引起他们的不满意而导致离职。二是外部原因。关键员工往往是知识与能力的拥有者,他们有为其资本寻求高利润的流动愿望。一旦有更好的发展机遇,关键员工便通过比较机会成本的大小最终选择离开。

3) 防范关键员工流失的对策

一是增强风险意识。创业者可以根据关键员工流失风险表中的因素定期或不定期地认真了解关键员工的情况,对其中可能存在的风险进行有效识别并采取相关措施。二是用培训和开发来激励关键员工。相关调查显示,在企业所提供的七项福利(医疗保险、退休保障、住房及补贴、带薪休假、业务用车、进修和培训机会、子女教育津贴)中,43%的人首先选择了进修和培训机会。进修和培训机会已经成为许多员工重视的条件,对高素质的关键员工而言,与良好的进修和培训机会相比,薪水反而不是最重要的,因为他们工作不仅仅是为了赚钱,而是更希望通过工作得到发展和提高。三是契约约束。企业可以与关键员工在合同中阐明责任、权利和义务,一旦出现问题,就可以诉诸法律。例如双方事先签订"竞业禁止"协议,要求员工在离开企业后的一段时间内不得从事与本企业有竞争关系的工作,并要为本企业保守商业秘密、技术秘密等,同时规定相应的补偿措施。

(二) 创业市场风险

创业市场风险主要是指在创业市场的实现环节,市场的不确定性导致创业失败的可能性。所以,创业者在选择创业项目和进行市场营销时,必须学会从风险的角度来审视与评估自己的创业项目和营销方法。

1. 创业项目选择的风险

1) 市场需求量的不确定性

通常人们对传统技术产品司空见惯,因此传统技术产品的市场需求量相对而言是较为明显的。但创业往往是依托某一创新技术,其市场多是潜在的、待成长的。产品推出后,顾客往往不能及时了解其性能,从而对新产品持观望态度,甚至作出错误判断。例如,微波炉上市之初,消费者担心微波的辐射危害,厂家、商家、新闻媒体都不得不反复宣传微波炉无害的理念,另外采用用户体验法,才打消部分消费者的恐惧和困惑。如果一项高技术产品的推出投入巨大,而产品的市场容量较小或短期内不能为市场所接受,那么产品的市场价值就无法体现,投资就无法收回,会造成创业失败。

2) 市场接受时间的不确定性

无论是市场上已有的同类产品,还是一个全新的产品,被市场接受都需要一定的过程和时间。若创业企业缺乏雄厚的财力,未投入广告宣传中,产品被市场接受的时间就会更长,因而不可避免地出现产品销售不畅,甚至造成产品积压,从而给创业企业资金周转带来困难,甚至导致创业失败。例如,贝尔实验室在 20 世纪 50 年代初就推出了图像电话,但过了 20 年之后,美国市场才接受了商品化的图像电话。

3) 市场扩散速度的不确定性

产品生产出来后,以什么样的速度扩散,也很难测算。例如,移动通信刚刚被引入中国时,不少人认为那是奢侈的通信工具,然而只有 10 年左右的时间,大街上便随处可以看到有人拿出手机接打电话。

2. 市场营销风险

市场营销风险是指新创企业制订并实施的营销策略与其营销环境，包括微观环境和宏观环境的发展变化不协调，导致营销策略难以顺利实施、目标市场缩小或消失、产品难以顺利售出、盈利目标无法实现的可能性。

1）营销模式不断转变所带来的风险

一些新创企业在短期内快速成长，没有经历痛苦的市场导入过程，一旦新创企业要开拓新市场区域或新产品上市，就会对原有的市场营销模式如法炮制。一两个产品市场开拓初期的成功，并不意味着产品市场成熟阶段可以继续沿用原先的价格策略、渠道策略和促销策略。随着市场的成熟，新创企业的营销模式需要逐步地转入精耕细作，而不是一味依赖以前成功的定式。

2）盲目依赖广告带来的风险

不可否认广告在新创企业初期发挥的巨大作用，但最终决定一家企业能否成功，不仅需要广告去获得知名度和美誉度，还在于企业是否拥有与广告宣传中相匹配的好产品和符合企业自身特点的市场营销模式。新创企业强势的“广告轰炸”造成过大的市场预期，当企业不能提供与名气相称的产品和服务时，盲目继续推广告策略，就不能产生持久的市场忠诚度；当企业出现一点信誉风险时，消费者就会有极度上当受骗的感觉，市场就会“地动山摇”。新创企业在初创期利用广告获得知名度和美誉度后，应转而进行“内功”的修炼，使企业内部管理与广告策略相匹配。

3）营销过程中缺乏危机管理带来的风险

创业的失败，不仅仅是因为前面所述的因素，更重要的一个因素是缺乏危机管理。市场是一个包含无数未知因素的巨大魔方，品牌随着所提供的产品或服务的时间和空间跨度的几何数级增长，时空中的参变量也会越来越多，潜在的风险袭击同样也就越来越大。新创企业在成长过程中要树立危机管理意识，完善公关工作，处理突发事件。

3. 创业市场风险防范

1）建立市场监测及策略调整机制

也就是在企业运营过程中，定期重复市场分析过程，保持对关键市场信号的敏感度，结合产品试销推广阶段，调整先期制订的市场营销策略机制，如图 6-1 所示。

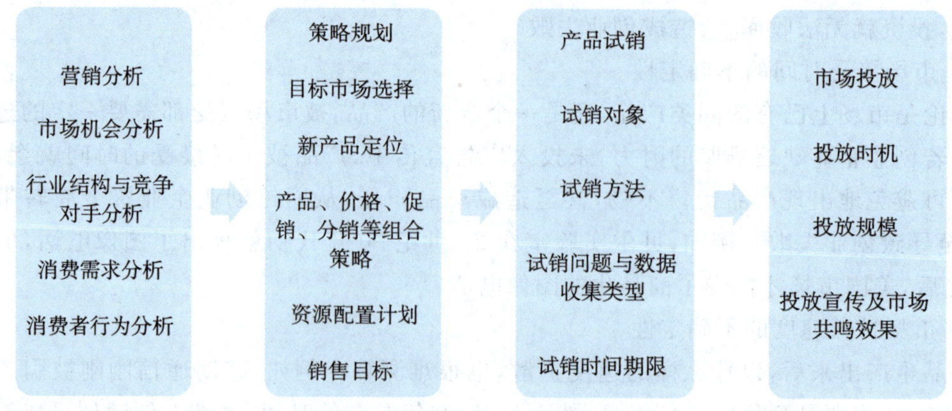

图 6-1　市场营销策略调整机制

2）与强者联合，规避市场风险

新创企业在短期内市场对其提供的产品或服务需求不够明显，但是经过一定时间的投入和培育，消费者的需求就会被唤起。在这种情况下，借助行业中强势企业的力量，“借船出海”，最为有效、简捷。

（三）创业管理风险

创业管理风险是指在创业过程中因管理不善而创业失败所带来的风险。创业管理风险主要来源于以下几个方面。

1. 创业者的素质

创业者不一定具备精深的技术知识，但在创业阶段，创业者的素质与能力将对创业活动的顺利进行起到举足轻重的作用。创业者应该具有强烈的创业精神与创新意识和愿望；应该具有献身精神和忍耐力，能吃苦耐劳，勇于承担义务；应该具有强烈的凝聚力，能领导整个创业团队共同创业，成为整个创业团队的领袖，并在关键时刻做出正确决定。在创业实施的过程中，更需要以能凝聚团队所有成员的“灵魂人物”或“核心人物”来领导整个团队。否则，团队就很可能成为一盘散沙，失去战斗力。所以，创业者不仅要具备较强的专业技术素质，还要具备相应的管理素质。如果创业者素质欠缺，就会局限在产品的创新范围，而忽视市场、管理等方面的创新，导致创业风险加大。

2. 决策风险

决策风险是指在创业过程中因决策失误而带来的风险。决策一旦失误，往往会造成不可估量的损失，从而导致创业的失败。在创业实施的过程中，固然需要民主决策与管理，但在这一阶段往往更多的是实行集权式决策与管理，而创业者往往就是最终的决策者。因此，对创业者而言，不可根据自己的喜怒哀乐或不切实际的个人偏好而作出决策，或不进行科学分析，仅凭个人经验或凭运气的决策方式都可能导致创业的失败。

3. 组织风险

组织风险是指由于创业企业的组织结构不合理所带来的风险。创业企业的迅速发展如果不伴随着组织结构的相应调整，往往会成为创业企业潜在的危机根源。创业者建立一个具有共同目标的组织，使不同才能和性格的人能够在同一目标下工作，是一项需要耐心和技巧的工作。构建组织的方法与经验容易被传授学习，但需要精心权衡。预防构建组织过程中出现风险的方法与经验，可以总结为九项，分别如下。

（1）市场优势检验：组织结构是否能保证公司在每一个细分市场上的竞争能力都得到管理层足够的重视？

（2）管理优势检验：组织结构是否有助于管理部门给整个组织增加价值？

（3）人员情况检验：组织结构是否反映了公司员工的优势、劣势以及行为动机？

（4）可行性检验：是否全面考虑了阻碍实施组织设计方案的所有因素？

（5）特殊文化检验：组织设计方案对需要特殊文化的部门是否有保护措施？

（6）协作难度检验：组织设计方案能够为部门之间的协作矛盾提供解决方案吗？

（7）层级余度检验：在组织设计方案里，管理层级和管理部门是否过多？

（8）责任检验：组织设计方案是否支持公司进行有效控制？

(9) 灵活性检验:组织设计方案能否为新战略的实施铺平道路?为适应变革,组织设计方案能否提供必要的灵活性?

(四) 创业财务风险

创业财务风险是指因资金不能适时供应而创业失败的可能性。创业尤其是依托高新技术产品进行的创业,一方面所需的创业资金规模较大,融资渠道较少,如果创业者不能及时解决,非常容易造成创业夭折。另一方面创业需要持续的投资能力。随着创业活动的进一步实施,往往需要进一步的投资,若缺乏这种持续投资能力,资金支持不能按时按需到位,就可能导致创业失败。所以,创业者应随时关注创业期间的筹资风险和现金流风险。

1. 筹资风险

筹资风险是指与企业筹资相关的风险,一般是指由于资金供需情况、宏观经济环境等因素的变化,企业筹集借入资金给财务带来的不确定性。

1) 创业企业筹资风险的主要来源

(1) 创业企业投资利润率和借入资金利息率的不确定性。当企业投资利润率高于借入资金利息率时,企业使用一部分借入资金,可因财务杠杆的作用提高自有资金利润率;当企业投资利润率低于借入资金利息率时,企业使用借入资金将使自有资金利润率降低,甚至发生亏损,严重的则会导致资不抵债而破产。

(2) 创业企业经营活动的成败。创业企业筹资经营,其还本付息的资金最终来源于创业企业的收益。创业企业经营管理不善,长期亏损,就不能按期支付债务本息,这样就会带来偿还债务的压力,也可能使信誉受损,不能有效地再去筹集资金,导致其陷入财务风险。

(3) 负债结构。借入资金和自有资金比例的确定是否适当,与企业财务上的利益和风险也有着密切的联系。在财务杠杆的作用下,当投资利润率高于借入资金利息率时,企业扩大负债规模,适当提高借入资金与自有资金之间的比率,就会增加企业的权益资本收益率。反之,在投资利润率低于借入资金利息率时,企业负债越多,借入资金与自有资金比例越高,企业权益资本收益率也就越低,严重时企业会发生亏损甚至破产。同时,负债规模一定时,债务期限的安排不合理,也会给企业带来筹资风险。若长、短期债务比例不合理,还款期限过于集中,就会使企业在债务到期日还债压力过大,资金周转不灵,影响企业的正常生产经营活动。

2) 筹资风险的防范

(1) 建立有效的风险防范机制。创业企业必须立足市场,建立一套完善的风险预防机制和财务信息网络,及时地对财务风险进行预测和防范,制订适合创业企业实际情况的风险规避方案,通过合理的筹资结构来分散风险。例如,通过控制经营风险来减少筹资风险,充分利用财务杠杆原理来控制投资风险,使企业按市场需要组织生产经营,及时调整产品结构,不断提高企业的盈利水平,避免决策失误造成的财务危机,把风险减少到最低限度。

(2) 确立适度的负债数额,保持合理的负债比率。负债经营能获得财务杠杆利益,同时企业还要承担由负债带来的筹资风险损失。为了在获取财务杠杆利益的同时避免筹资风险,企业一定要做到适度负债经营。企业负债经营是否适度,是指企业的资金结构是否合理,即企业负债比率是否与企业的具体情况相适应,以实现风险与报酬的最优组合。在实际工作中,如何选择最优的资金结构,是复杂和困难的。对一些生产经营好、产品适销对路、资金周转快的企业，负债比率可以适当高些；对于管理不理性、产销不畅、资金周转缓慢的企业，其负债比率应适当低些，否则就会使企业在原来商业风险的基础上增加筹资风险。

(3) 根据创业企业实际情况，制订财务收支计划。根据创业企业一定的资产数额，按照需要与可能性安排适量的负债。同时，还应根据负债的情况制订出还款计划。如果举债不当，经营不善，到了债务偿还日无法偿还，就会影响企业信誉。

因此，企业利用负债经营加速发展，就必须在加强管理、加速资金周转方面下功夫，努力降低资金占用额，尽力缩短生产周期，提高产销率，降低应收账款，增强对风险的防范意识，使企业在充分考虑影响负债各项因素的基础上，谨慎负债。在制订负债计划的同时制订出还款计划，使其具有一定的还款保证，企业负债后的速动比率应不低于 1∶1，流动比率应保持在 2∶1。只有这样才能最大限度地降低风险，提高企业的盈利水平。同时还要注意，在借入资金中，长、短期资金应根据需要合理安排，使其结构趋于合理，并防止还款期过于集中。

2. 现金流风险

现金流风险是指新创企业在企业运营过程中出现资金短缺而导致损失的可能性。新创企业成败的关键因素之一在于是否成功合理地获得所需的资金，建立和完善采购、产品配送、会计、收款等日常财务营运系统，使得不断增加的资金在可控制的范围内为企业成长服务。在企业进入发展期后，能够不被人员增加、客户增加、业务增加和机构增加等现象所蒙蔽，时刻关注现金流的实际情况。

1) 从现金流量表分析现金短缺的原因

在经营活动产生的现金流量中，一方面，销售产品获得的现金是最主要的现金流入来源。新创企业在产品市场开拓上遇到的困难，包括销售低迷、需求不稳定、行业发育速度不足以支持企业的发展等，都会直接影响现金流入的稳定性和充足程度。而且出现实际现金流入过少的原因不一定是产品销售量和需求低，也可能是居高不下的应收账款。另一方面，对于新创企业而言，吸引人才和控制人工成本实际支出是一对必须处理的矛盾。当新创企业与成熟企业竞争优秀人才时，遥远的愿望远没有现实的激励来得直接和有效。这种物质上的高额支出便成为现金流短缺的另一个原因。在投资活动产生的现金流量中，需要特别关注投资回收额与投资支出的匹配情况。新创企业在创业构想短期实现的激励下，容易有扩大投资的冲动。在融资活动产生的现金流量中，新创企业的融资渠道相对单一，可选择的融资方法较少，容易在现金流饥渴的驱动下，接收筹资成本较高的资金。如果新创企业经营活动的收益低于筹资成本，这样的融资活动会使原本就短缺现金的企业雪上加霜。

2) 防范现金流风险的方法

(1) 构筑严密的企业内控体系。通过费用支出结构分析，以及支出的必要性与经济性分析，采取相应措施改善费用支出的效果，建立以防为主的监控体系。

(2) 用收付实现制的会计原则来管理现金流。权责发生制是在费用和销售发生时入账，收付实现制是在付出和收到现金时入账。前者不能真实地反映现金的流入和流出，报表上的业务收入和净利润值，并不是企业实际交易发生的现金状况。后者与现金流量一致，利于现金流管理。创业者必须时刻关注现金流量表，采取有针对性的措施改善现金流状况。

(3) 变短期激励为长期激励，减缓短期现金流压力。高额的短期激励方式不仅会增加企业现金流的负担，而且不具备对员工的长期约束效果。从人才的选择职业风险来看，进入新创企业相比进入成熟企业要承担更大的风险，这种风险主要来自新创企业未来发展的不确定性。因此，员工通常会要求高于成熟企业的回报，包括物质方面的回报和学习、能力增长等自身成长方面的回报。新创企业不仅需要为员工规划清晰的发展前景，还必须支付相对较高的成本。为减缓短期现金流压力，可采取变短期激励为长期激励的策略。

拓展阅读

创业者应该怎么理解机会和风险

作为资本投资合伙人的周航，曾经是易到用车的创始人，在离开易到用车之后，他完成了从创业者到投资人的转变。在艾瑞峰会上，周航结合自身的经验，分享了他对机会和风险的看法。

周航说，作为创业者，在面对媒体和投资人的时候，都想表现出最好的那一面，其实创业者很清楚公司的问题出在哪里。在投资人看来，创业公司也都有问题，投资人眼里没有完美的公司和完美的项目。这些都对，但周航认为，不管是风险还是机会，都可以从另一个角度看，那就是只要机会足够大，就没有不值得冒的风险。承担风险是投资人获得利益的前提，所以，投资人其实要判断的是，对应的风险机会背后的价值到底有多大。

从机会的角度来看，不确定性带来的红利，是周航最愿意看到的机会。不管是一家公司，还是一个项目，如果产生了高度的“分歧”，周航就觉得机会来了。尤其平期项目，当别人都不看好时，创业者却洞见了若隐若现的希望而笃信未来；或者，创业者就是愿意选择相信不确定性，愿意去做，哪怕没看明白也愿意，这时候往往会出现大的机会。

那么什么是风险呢？周航认为，目标的不确定性，就会产生风险。当大家对一个项目或者一个公司有了高度共识，全社会都在关注，整个朋友圈都在点赞，这时候创业者会觉得公司已经成功了。由于大家一致看好，项目的估值开始溢价，甚至出现了争抢投资份额的情况。人们在面对这种机会时，就会放弃风险意识，争着把钱投过去，这时候往往会形成满盘皆输的局面。

总之，周航认为，创始公司应避免共识性的风险，应该去追求分歧性的红利。不要害怕公司有问题，投资就是与风险共舞。只要机会足够大，就可以冒足够大的风险。

（资料来源于网络，作者整理得到）

思考与训练

1. 创业风险的来源有哪些？
2. 创业者如何识别创业风险？
3. 创业者在有限的条件下如何最大限度地规避创业风险？

第七章　创业资源有效整合

知识结构

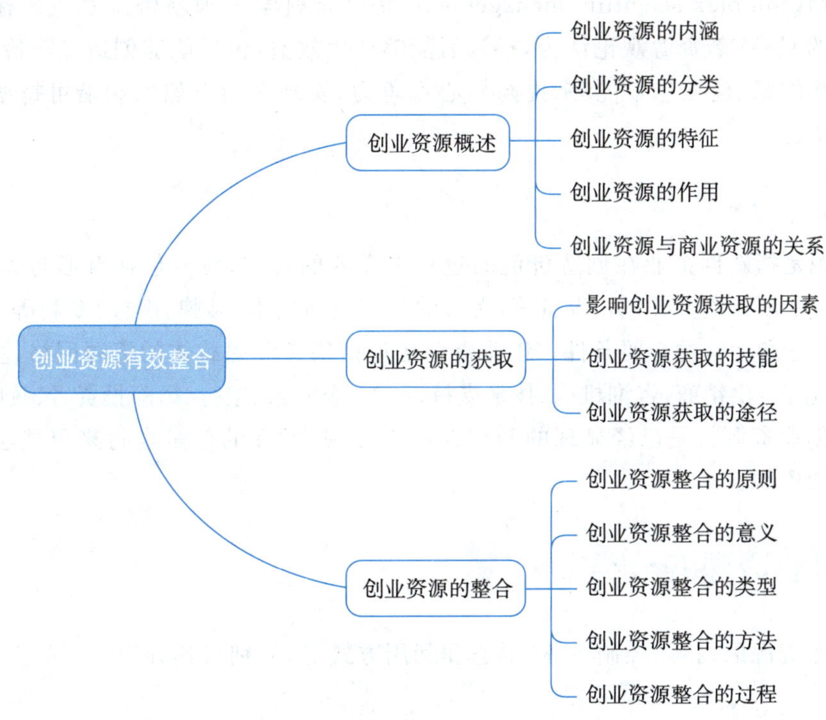

学习目标

- 了解创业资源的内涵和作用。
- 理解创业资源与商业资源的关系。
- 掌握创业资源获取的影响因素、技能和途径。
- 掌握创业资源整合的原则、方法。
- 理解创业资源整合的过程。

第一节　创业资源概述

创业资源是创业者开展创业活动的基础，是新企业所拥有的或者所能够支配的为了实现企业生存与发展战略目标，在创业过程中先后投入与利用的内外部各种有形与无形资源的总和。

一、创业资源的内涵

(一) 资源的定义

(1)《辞海》关于资源的定义是:生产资料和生活资料的天然来源。

(2) 经济学意义上的资源。经济学把为了创造物质财富而投入生产活动中的一切要素统称为资源,即指一般意义上的商业资源。

(3) CSM(complex scientific management)是复杂科学管理新资源观论。徐绪松教授(2005)提出的CSM新资源观论认为,投入后能够产生效益,包括能够创造经济价值(创造财富)、产生经济增长、建立竞争优势、提高核心竞争力、实现人与自然的和谐可持续发展等的东西均称为资源。

(二) 创业资源的定义

创业资源是指新创企业在创造价值的过程中需要的特定资产,包括有形与无形的资产。有形的资产包括创业资金、厂房、设备等,无形的资产包括技术、品牌、声誉、专利等。创业资源是新创企业创立和运营的必要条件。创业资源还包括狭义资源载体的资源网络,主要表现形式为家庭、产业群、供销商、咨询机构、技术支持、员工、企业家、银行、风险投资者、政府等。

广义的创业资源就是已经显现的和现在尚未显现、潜在的但是在将来可能会为创业者所利用的一切资源。

二、创业资源的分类

根据创业资源的内容、控制主体、形态和利用方式等,分别将其分为不同的类型。

(一) 按内容分类

按内容对创业资源进行分类有利于区分不同创业资源的性质和作用。从内容方面看,创业资源可以分为人力资源、信息资源、财务资源、实物资源、技术资源和组织资源等。对一般的创业者而言,成功的创业活动离不开这些资源。

1. 人力资源

人力资源是开创事业的基础,包括创业者与创业团队的知识、经验、判断力、技能等,也包括创业者本身的人际关系网络。其中,创业者自身的洞察力和领导能力是最核心的资源,直接决定了创业者能否洞察合适的创业机会,并领导其他团队成员有效地采取创业行动。

人力资源大致可分为三类,即智力资源、声誉资源和社会网络。

(1) 智力资源。智力资源不仅包括企业员工的学历、经验和技能,也包括员工的学习能力、创新精神和对变革的适应能力。企业员工的创新精神与主动变革能力,往往比其学历显得更为重要。

(2) 声誉资源。声誉资源是指市场环境中的人群对于企业及其产品的综合评价。对新企业而言，声誉资源十分重要。企业的声誉往往是通过企业的产品及服务的质量、从业人员的工作水平及态度、对消费者的服务态度和社会承诺履行程度等方面积累起来的。

（3）社会网络。社会网络是指社会成员之间因互动而形成的相对稳定的关系体系。社会网络关注的是人们之间的互动和联系，社会互动会影响人们的社会行为。社会网络作为一种重要的社会资本，同经济资本一样属于重要的创业资源。事实证明，世界各国创业团队的社会网络对其创业活动开展的路径、方式及绩效都有重大的影响。

2. 信息资源

信息资源是企业生产及管理过程中所涉及的一切文件、资料、图表和数据等信息的总称。信息资源涉及企业生产和经营活动过程所产生、获取、处理、存储传输和使用的一切信息，贯穿新企业管理的全过程。

由于市场竞争十分激烈，新企业就更加需要丰富、及时、准确的信息，以争取到更多的其他要素资源。当创业者比其他竞争者掌握更多的信息时，就能获得更多的创业机会。

3. 财务资源

财务资源是创业所需的资金，包括现金、股票、债券等。随着市场的发展，市场竞争越来越激烈和残酷，新企业要想在激烈的市场竞争环境中生存，创业者就必须掌握充足的资金。若创业者仅有良好的创业环境以及创业机会，却缺乏资金来实施具体的项目运营，那么再好的创业环境与创业机会也无法让创业者实现创业理想。

在创业初期，财务资源主要来自创业者本人或其家庭、朋友。随着企业规模的扩大，经营记录及声誉的积累，新企业外部财务资源的筹集将变得更加容易。

4. 实物资源

实物资源是新企业在生产和管理过程中使用的有形资源，包括长期存在的生产物质条件，例如土地、矿山、厂房、机器设备、运输工具等，还包括生产过程中投入的主材、辅材等原材料。实物资源是创业活动得以开展的重要条件。许多实物资源属于一次性固定成本，在使用中会逐渐被损耗掉，因此加强维护和保养，推动实物资源的保值增值显得特别重要。

随着市场规模不断扩大，专业化分工程度持续深入，金融市场的效率不断提高，实物资源越来越容易通过采购等渠道获取。在这种情况下，实物资源往往难以构成既有企业的竞争优势的重要来源，但对新企业而言，实物资源是其创立的基本条件。

5. 技术资源

技术资源一般指专利权、商标权、著作权等。对新企业而言，技术主要包括两个方面的内容：一方面与解决实际问题有关的软件方面的知识；另一方面为解决这些实际问题而使用的设备、工具等硬件方面的知识。这两者的总和构成了一个组织的特殊资源，即技术资源。

技术资源是无形且受法律保护的，是创新资源产生的结果及表现，一般与声誉资源结合在一起使用，从而提升其潜在的价值。在竞争激烈的现代社会背景下，加强开发、保护技术资源的独有性是保证新企业赢得市场的关键。企业必须对研发而生成的技术进行知识产权保护，以免自身的利益被他人侵犯。加强技术资源开发的目的是创新企业已有的技术，研发并拥有独立知识产权的核心技术，从而占领市场，促使新企业不断地发展壮大。

6. 组织资源

组织资源是管理活动进行资源配置整合的表现形式，包括组织结构、作业流程、工程规范、质量系统等。组织资源通常指组织内部的正式管理系统,包括信息沟通、决策系统以及组织内正式和非正式的计划活动等。组织资源为企业的生产经营活动提供了坚实的保障,可随着企业规模的扩大、管理规范化程度的提升而不断积累和优化。

对新企业而言,其组织资源还处在萌芽阶段,需要创业者不断培养和积累,并且创业者要在培育和积累的过程中使组织资源发挥充分的作用。大多数新企业的失败都是由于无法有效地培养、积累和运用其组织资源而导致的。

以上几种创业资源互相作用,共同构成了创业者的创业资源基础,并在很大程度上决定了创业企业的绩效,进而影响创业企业成长发展的速度。

(二)按控制主体分类

创业资源按控制主体可分为外部资源和内部资源。

1. 外部资源

外部资源是指创业者或者是创业企业并不具有“归属权”,但是通过某些利益共同点而可能在一定程度上加以配置和利用的各种资源。常见的外部资源如材料供应商、技术供给者、销售商、广告商,以及相关政府部门等,实际上就是商业环境中的相关条件性资源。在必要且条件成熟的情况下,创业者为了减少交易或者沟通成本,可以通过技术性的安排,把某些外部资源转化为内部资源。这里着重阐述两种重要的外部资源,即职业资源和人脉资源。

(1) 创业者的职业资源。对创业者而言,效用最明显的外部资源首推职业资源。所谓职业资源,即创业者在创业之前,为他人工作时所建立的各种资源,主要包括项目资源和人际资源。充分利用职业资源,从职业资源入手创业,符合创业活动“不熟不做”的教条。尤其是在国内,目前还没有像美国或欧洲国家一样在普遍认同和执行“竟业避止”法则的情况下,选择从职业资源入手进行创业,已经成为许多人创业成功的捷径和法宝。据调查,国内离职下海创业的人员,90%以上利用了原先在工作中积累的资源和关系。

(2) 创业者的人脉资源。创业者外部资源另外重要的一点可能是人脉资源,即创业者构建其人际网络或社会网络的能力。人脉关系对于创业之初的创业者非常关键。

对创业者而言,同学之间因为接触比较多,彼此比较了解,是值得珍惜的战略性外部资源之一。与同学资源相似的还有同乡资源。同学资源和同乡资源,可并称为创业者最重要的两大外部资源。

同学、战友、老乡、同事都算是朋友。朋友犹如资本金,对创业者而言多多益善。甚至有创业专家认为,人际交往能力应列在创业者素质的第一位。

人脉资源的特性主要表现在以下几方面。

第一,长期投资性。平时要注意人脉资源的积累,不要事到临头才去找人帮忙,在公司做业务也一样,必须尽早开始建立联系。人脉资源的形成需要很多时间和精力,这也是一种投资。

第二,可维护性和可拓展性。人脉资源可以通过合作、交流、关心、帮助、友情、亲情等进行维护,同时在维护中可以不断地发展新的人脉关系。

第三,有限性和随机性。每个人一生中能认识多少人?包括老师、同学、亲戚、同事、朋友、客户等,一般不超过 500 人,而能够真正帮助自己的一般不会超过 50 人,所以每个人的人脉资源都是有限的。创业者的发展同样也会受到其人脉资源的限制。

第四，辐射性。创业者的朋友如果无法提供帮助，但是朋友的朋友也许可以，这就是人脉资源的辐射性。

2. 内部资源

内部资源主要是指创业者自身所拥有的能力，能够自由支配和使用的各种资源，如员工、土地、厂房、设备、材料、资金、技术等，甚至也可以是创业者及其员工的时间，也就是人们通常所说的有形资产及无形资产。拥有一份良好的内部资源，对创业者无疑是非常重要的。

(1) 现金资产。现金资产是指创业者本人及家庭可以随时支配的现金和银行存款，所以创业要取得全家的支持，也要为家庭的生活留有余地。当然，易于变现的国债、股票等可以视同现金资产。

(2) 房产和交通工具。这种资源一方面可以作为创业的硬件资源，另一方面也可以作为现金资产的补充，在需要的情况下，可以作为抵押品向银行或其他投资人申请融资。

(3) 技术专长。这里说的技术专长，包括有形的和无形的两种。

有形技术专长是指已申请成功的发明专利、实用新型专利和外观专利，或者是某一领域公认的专家，如注册会计师、律师、高级美工师、设计师、工程师、医生、心理咨询师等。

无形技术专长是指专有技术、科研成果或者对某个特定行业和领域的深入研究。

(4) 信用资源。创业者具备良好的个人信用和诚信资源是推动创业计划成功的关键因素之一。

(5) 商业经验。商业经验即创业者对市场经济和游戏规则的了解程度，尤其是对自己即将进入的行业的深入理解。各行各业之间千差万别，如果创业者没有深入研究和实践就贸然闯入，很有可能让行业差距成为创业的绊脚石。

(6) 家族资源。创业者的家族资源介乎内部资源与外部资源之间，包括经济支持、商业经验、学习机会、人脉关系，甚至客户资源等。

(三) 按形态分类

美国学者巴尼和霍尔把资源分为有形资源和无形资源。

1. 有形资源

有形资源是指具有固定生产能力特征的实体资产及可自由流通的金融性资产，包括财务资源、组织资源、实物资源和技术资源。

2. 无形资源

无形资源是指根植于企业的历史、长期以来积累下来的资产。

无形资源包括人力资源、创新资源和声誉资源，是指不具有实物、实体形态的资源，如企业名称、商誉、商标、专利、专有技术、营销网络、管理制度、信息资料、企业文化等。

新企业在拥有有形资源如厂房、装置、设备及资金等的同时，也会拥有各种不易计算其价值的无形资源，而且后者往往是创业企业核心竞争力的主要来源。

(四) 按利用方式分类

创业资源按其利用方式可分为直接资源和间接资源。直接资源是指企业可直接利用的资源;间接资源是指需要新企业通过一定的转化才可利用的资源,如信息资源往往只有通过加工处理才能具有决策参考价值。

三、创业资源的特征

(一)创业资源的稀缺程度更高

创业资源的稀缺性包括两个方面的含义:一方面是创业资源相对于创业者的创业需求而言是稀缺的,不是指这种资源不可再生或可以耗尽,而是指在给定的时间段内,与创业活动对创业资源的需求相比,其供给量相对不足;另一方面是新企业所拥有的与所需要的资源结构往往是不平衡的。

既有企业是由新企业逐步成长和发展起来的,伴随着企业的发展,既有企业往往会开发出较多的资源,这种开发过程所奠定的基础往往使既有企业更容易获得外界的资源;而新企业则没有既有企业那样的资源开发的积淀,因此新企业比既有企业获取外界资源的难度更大。在一定的时空范围内,新企业资源的充裕程度、资源结构平衡程度等都将影响新企业的规模、形式、路径的选择及创业绩效。实际上,成功的创业过程也就是一个创业资源总量逐渐丰盈、结构逐渐合理的过程。

(二)创业资源的外部依赖性更强

新企业创业资源稀缺,就意味着新企业直接控制的内部资源不足。同时,相对于既有企业的管理者,创业者往往还缺乏与企业运作相关的知识、经验及能力。因此,新企业往往存在着资源稀缺和部分资源利用不充分的双重矛盾,而利用外部资源既能解决创业资源的稀缺问题,又能解决部分资源利用不充分而导致的资源结构不平衡的问题,大大减小了新企业的创业风险与固定成本。例如,许多创业者在创业过程中特别注意学习先进的管理经验,吸引既有企业的优秀管理人才加盟创业团队,从而快速提升创业绩效和有效地规避创业风险。新企业利用外界资源的根本目的是解决创业资源的匮乏问题,而既有企业利用外界资源可能更多是从扩张、竞争战略等方面考虑。因此,在日趋动态多变的商业环境下,创业者如何创造性地获取及利用外部创业资源,对于新企业的生存与发展显得尤其重要。

(三)创业资源的个性化特征更明显

任何企业都被深深地打上了其缔造者的烙印,只不过新企业的个人特征更为明显。与既有企业相比而言,新企业的各种生产要素往往与创业者自身的社会网络联系在一起。例如,新企业中重要的人力资源往往是创业者的家庭或相关群体的成员,新企业的创业资金往往来自创业者自身或亲朋好友等相关群体。

四、创业资源的作用

(一)技术和人力资源是决定资源

技术资源是决定新企业产品的市场竞争力和获利能力的决定性因素。人力资源包括创业者及其团队的特长、知识和激情,以及创业者及其团队拥有的能力、经验、意识、社会关系、市场信息等。创业团队自身的人力资源是创业时期中最为关键的因素。创业者及其团队的洞察力、知识、能力、经验及社会关系等影响整个创业过程的开始与成功。

同时，在创业时期，专门的知识技能往往掌握在创业者等少数人手中，因而此时的技术资源在事实上和人力资源紧密结合，并且上述两种资源可能成为新企业竞争优势的重要来源。

（二）财务资源是根本资源

新企业要想正常运行，最根本的保证是财务资源。新企业的经营活动，从原材料采购、运输、组织生产加工到产成品销售等各个环节能否顺利进行，取决于各个环节的资金保证。在创业初期，创业者一般没有太多的资金，而且新企业在初创期需要购置相对较多的资产，所以一些新企业经常会出现资金短缺现象进而制约企业成长，而合理的财务资源管理为新企业解决了资金的后顾之忧。

（三）信息资源是重要资源

新企业要想在复杂多变的社会经济环境中生存和发展，就必须有准确、真实、便利的信息做保障。尤其在创业的早期阶段，信息对创业者更为重要。特别是对计算机、通信和网络等高科技企业而言，良好的信息资源能为新企业提供快捷、便利、全面的技术信息、创新信息、市场信息等，使新企业在激烈的市场竞争中得到快速的发展。

当然，新企业要想茁壮成长，除了运用好以上几种资源外，也必须对政策资源、市场资源、经营管理资源等其他创业资源统筹运用。

五、创业资源与商业资源的关系

商业资源是在日常商业活动中由众多商业企业提供的对企业有价值的资源，包括融资、采供、营销、人力等方面的资源。创业资源与商业资源既有相同点，又有不同点。

（一）创业资源与一般商业资源的相同点

创业资源作为商业资源的一种，具有商业资源的普遍特征。

(1) 两者都具有稀缺性。资源相对于创业需求是稀缺的，这里的创业资源的稀缺性，既不是这种资源不可再生或可以耗尽，也与这种资源的绝对量大小无关，而是指这样一个事实，与成熟企业相比，新企业缺少时空上的资源积累，即在给定的时间内，与创业资源的需求相比，其供给量相对不足。

(2) 两者包含内容相同。创业资源和商业资源从包含内容上来讲都涵盖了厂房、场地、设备等有形资源，以及企业名称、商标、专利、营销能力、管理制度、信息资料、企业文化等无形资源。

（二）创业资源与一般商业资源的不同点

创业资源作为一种特殊的资源有其典型的特点。

(1) 创业资源多为外部资源。新企业创业资源短缺，意味着企业直接控制的内部资源不足。创业者选择的途径是使外部资源内化(股权安排、战略联盟、专业化协作、信用贸易等)。利用外部资源既能解决创业资源的短缺问题,又能极大地减小公司的风险与固定成本,加上创业公司本身的市场地位和市场空间都并不稳固,所以利用外部资源可以避免将来废弃这些资源的风险。

(2) 创业者在创业资源中的作用举足轻重。创业者开创事业的意图与开创事业前的决定都是之后新企业目标、策略与结构的成型因素,并且对日后新公司的存活、成长与获利都有所影响,所以创业者是创业过程中最重要的创业资源。当然,雇员的素质也是一种特别重要的人力资源,创业者可以应用市场力量(金钱、竞争等)和个人人格力量(如承诺、经验、品格等)影响雇员的加入。

(3) 专业化高的知识在创业资源中至关重要。在创业所需要的资源中,知识是非常重要的一项,它为公司实施差异化战略提供了基础,一般是公司核心竞争力的根源所在,可为新企业在某些方面建立一定的竞争优势。这种竞争优势,一方面取决于这种资源本身的价值,也和企业对于这项资源的运用方式和其他相关资源的配合密切相关;另一方面是专有知识不容易交易,比显性知识更容易建立起竞争优势。

案例 7-1

星巴克的历程

从一个咖啡店发展成咖啡帝国,星巴克以事实证明关系资产与有形资产一样至关重要。

1971 年在美国西雅图"Pike Place"市场,星巴克第一家分店正式开业,20 世纪 70 年代初,咖啡消费人群不断地减少,但自从星巴克以磅为单位销售咖啡以后,市场上对这种特制咖啡——口感丰富、味道浓郁、粉末细致的咖啡的兴趣与日俱增。

1990 年星巴克开始盈利,但只有充足的现金才能满足舒尔茨雄心勃勃的发展计划。他拒绝从银行贷款和以特许经营方式获取资金。他害怕自己精心挑选和烤制的咖啡在销售末端由于无法顾及的细节而遭到玷污。最终他选择资本密集型战略——上市。1992 年 6 月 26 日星巴克在 Nasdaq 市场正式挂牌上市,缩写"SBUX",上市招股 210 万股,每股 17 美元,融资总额为 2800 万美元。它为星巴克今后的发展补足了动力燃料。

星巴克依靠最初的战略扩张到美国各地。先在主要的城区开店,再围绕该店在附近郊区开店。1996 年星巴克已经在美国开设 1000 多家分店。同年,它在日本东京开设第一家海外分店,全球扩张战略开始了。

2001 年营业额约为 26 亿美元,利润大涨 32%达到约 1.81 亿美元。员工关系资产星巴克的成功主要得益于对"关系理论"的重视,特别是同员工的关系。后来,舒尔茨写道:知名的品牌和尊重员工使我们挣了很多钱和很具竞争力,两者缺一不可。

星巴克通过有效的奖励政策,创造环境鼓励员工自强、交流和合作。因为所有的员工都拥有期权,他们同样被称为"伙伴"。即使星巴克公司的总部,也被命名为"星巴克支持中心"——说明管理中心的职能是提供信息和支持而不是向基层店发号施令。

星巴克公司通过权力下放机制,赋予员工更多的权利。各地分店也可以做出重大决策。为了开发一个新店,员工们团结于公司团队之下,帮助公司选择地点,直到新店正式投入使用。这种方式使新店最大限度地同当地社会接轨。创造"关系"资本,跨越企业内部障碍,实现文化、价值观的交流,是创造企业关系资本的基础。

客户资产星巴克认为他们的产品不单是咖啡,而且是咖啡店的体验。研究表明:2/3的成功企业的首要目标就是满足客户的需求和保持长久的客户关系。相比之下,那些业绩较差的公司,这方面做得就很不够,他们更多的精力是放在降低成本和剥离不良资产上。

通过对"关系"资本的研究表明:星巴克遵从成功企业的模式。当企业把工作的重心放在主业的时候,同供应商的关系至关重要,特别是关键商品和附加服务的供应商。成功企业知道商业交易和相互信任之间的根本区别,他们使相互信任在采购过程中"制度化",因此在进行正常业务的时候,成功企业进一步紧密供应商的关系,最后捆绑和整合成战略伙伴。供应商将承担更多的责任和义务。

星巴克已经花费大量人力、物力、财力来开发供应商,所以希望维持长期稳定的关系,积极配合控制价格而不只是简单地监管价格。星巴克副总裁 John Yamin 说:失去一个供应商就像失去我们的员工——我们花了许多时间和资金培训他们。

双方合作的合约一旦签订,星巴克公司希望得到特惠待遇——价格、折扣、资源等。作为回报,供应商的营业额将会随着星巴克的壮大而上升。由于星巴克极其严格的质量标准,供应商们也会得益于星巴克良好的品牌。长期的合作提升了供应商的声誉,也因此收到更多的订单。

一旦采购程序开始履行,星巴克会积极地同供应商建立良好的工作关系。在开始的第一年合作双方的代表会见面三四次,以后每半年或一年做一次战略业务评估。战略性的产品或战略性的地域越多,高层人员介入也越频繁。评估的内容包括供应商的产量、需要改进的地方等。另外,双方还会就生产效率、提高质量、新品开发进行频繁的接触。星巴克希望供应商了解业务需求——包括产品的趋势发展、成本的理想化、生产效率等诸多因素,以求得牢固的合作关系。特许经营模式在舒尔茨精心呵护下,星巴克凭借日益强大的品牌,通过各种联盟来销售和开发星巴克的产品。

(资料来源:微信公众号"T1 体验式拓展训练机构",有改动,https://mp.weixin.qq.com/s/iKDWN-U36xhzX4z6PzFeKA,2016-10-18)

第二节 创业资源的获取

资源获取是指在确认并识别资源的基础上,创业者利用其他资源或途径获取创业资源并使之为创业服务的过程。资源的获取是资源整合过程中不可或缺的重要环节。创业活动的开展需要多种创业资源的投入,这要求创业者在创业过程中不断地开辟多种渠道,从多方面获取所需的各种资源,确保新企业的生存与发展。

尽管与已存在的进入成熟发展期的大公司相比,创业型企业资源比较匮乏,但实际上创业者所拥有的创业精神、独特创意以及社会关系等资源,却同样具有战略性。因此,对创业者而言,一方面要借助自身的创造性,用有限的资源创造尽可能大的价值,另一方面更要设法获取和整合各类战略资源。

一、影响创业资源获取的因素

资源是企业创业的基础,获取必要的创业资源对企业的生存至关重要,不仅决定着能否把创业设想转化为行动，而且决定着企业这一契约组织的形成方式，但是大学生创业者获取创业资源是非常困难的。影响创业者获取创业资源的因素主要有以下几个方面。

(一) 创业导向

创业导向是一种态度或意愿，这种态度或意愿会导致一系列创业行为。创业导向会通过促进机会的识别和开发，进而促进对资源的获取。因此，创业者要注重创业导向的培育和实施，充分关注创业者特质、组织文化和组织激励等影响创业导向形成的重要因素，采取有效的方式获取资源，并在资源的动态获取、整合和利用过程中，注意区分不同资源，充分发挥知识资源的促进作用。

(二) 创业者的才能

如何获取资源、获取何种资源以及能否获取资源，在企业初创期有着关键的作用。创业者的管理才能在此过程中扮演着重要的角色。如果创业者能够有效协调好创业团队内部的人际关系，就会提高创业团队凝聚力，促进共同行动，获取必要的外部资源；如果创业者能够有效激励团队成员、有效和创业团队合作，将提升新企业综合能力，产生团队外溢效果，获取必要的外部资源；如果创业者有较强的行政管理能力，便能将各种资源进行较完美的匹配与组合，新企业的运作将会很有效率，能吸引更多的人力资源和其他无形资产；创业者的学习能力越强，新企业的创新行为就越频繁，这便加大了新企业对无形资源的需求，因此客观上促使新企业获得诸多有价值的资源；创业者的外部协调能力越强，与合作者(如供应商、销售商等)达成一致的可能性就越大，创业者就可以利用外部资源为新企业服务。创业者获取创业资源的方法主要有以下几种。

1. 提升学习能力

学习能力包括创业者个人的学习能力和新企业的学习能力两个方面。

(1) 创业者个人的学习能力。创业者个人的学习能力与资源获取呈正相关的关系。创业者通过不断的学习能够增强自身的市场洞察力，能够根据市场需求和企业的内部需要来获取资源；创业者通过学习可以提高自身的管理素养，有利于规避动态环境所带来的不利影响；创业者通过学习能够更加了解外部市场的变化和新企业内部的需求，帮助自己对外部的竞争和内部的需求做出理性的判断，运用一定的方式如购买、收购或签订合同等获取企业所需的资源。

(2) 新企业的学习能力。企业内部组织学习、交流经验是提升企业学习能力的重要机制。新企业可以通过网络关系交换所获取的显性和隐性的知识，在企业的学习活动中进行知识交流和创造。学习交流活动越有效，知识转移就越多，组织学习能力也就越强。企业学习能力越强，企业越容易从外部识别和获取所需的信息。

2. 提升经营管理能力

企业在创建时期必然面临激烈的竞争，面对更加复杂的环境，要成功创业，创业者就必须具有独特的管理才能。成功的创业者能够很好地评估、发现和挖掘机会，能够洞察购买者的需要，能够利用自己的能力、技术和知识去获取资源，开发出购买者需要的产品。具有优秀管理才能的创业者是能够获得企业所必需的，而对竞争对手而言是不可模仿、不可替代的稀缺资源。因此，创业者应该加强自身的素质培养，提升企业经营管理水平。

3. 提升内部协调能力

具有良好内部协调技能的创业者能够正确解读团队成员所传达的关于资源的信息，能够倾听其他成员的意见并协调好团队的内部人际关系，使创业团队表现出巨大的凝聚力，带动创业团队共同行动，获取必要的外在资源。创业者较强的内部协调能力，能将内部各种资源进行完美的匹配与重组，使企业的运作更有效率，能够根据成员的要求和企业发展的需要，从外部吸引更多的人力资源和其他无形资源。

4. 提升社会交往能力

创业者的社会交往能力是指创业者通过外部交流与沟通实现外部协作，获取资源的能力。中国正处在经济转型期，创业者难以独自处理面临的各种问题和不确定性，需要构建各种关系来帮助其克服种种困难。社会网络为获取资源提供了一种可能，创业者只有充分利用自己的社会交往技能，积极地与外部成员互动，才能有效地获取各种创业资源。创业者经过社会交往，可通过合作来交换资源，这样不仅获取了必要的资源，也为企业创造了良好的外部环境，这是一种资源获取的双赢行为。

（三）创业者的先前工作经验

先前工作经验分为创业经验和行业经验两大类。创业经验是指创业者在先前创建过的组织（包括商业企业、非营利性组织或社会企业等）中，所获得的感性和理性的观念、知识和技能等，它提供了诸如机会识别与评估、资源获取和公司组织化等方面的信息。行业经验是指创业者在某行业中的先前工作经历，它提供了有关行业规范和规则、供应商和客户网络以及雇佣惯例等信息，懂得不同市场战略实施的有效性，并且能够掌握与利益相关者建立关系的技能。拥有丰富行业经验的创业者要比缺乏行业经验的创业者更懂得如何获取创业资源。创业者的创业经验和行业经验将有利于新企业人力资源、资金资源、技术资源等创业资源的获取。

（四）集聚经济效应

集聚经济对新企业的作用在于其能够使创业者更容易获取资源。在现有企业集聚区域创业，因为已经集聚的领先企业对新企业具有孵化作用。一方面，从要素市场看，集聚经济能够提供更丰富的创业资源；另一方面，许多创业者曾经是集群中企业的员工，这些员工的行业经验及与集群中的企业和机构之间的网络关系，使其更容易接近资源所有者并说服其提供创业资源。

（五）信任机制

新企业在初期阶段存在着新生劣势，使其在经营中面临着高度的技术和市场的不确定性。在中国目前所处的经济转型时期，市场机制不完善，信息不对称，新企业通过要素市场获取资源的难度要比西方成熟市场条件下的企业高得多。同时，新企业缺少与外部购买者和供应商的良好信用记录，往往妨碍了资源所有者对新企业的正确认识和判断，使新企业很难赢得其他企业和投资者的支持。

（六）信息

信息是指新企业所获取的有关资源所有者的显性和隐性信息。显性信息包括资源所有者的基本信息和资源的基本信息；隐性信息通常以经验和技能的形式存在，对新企业的资源积累和资源整合具有重要作用。信息资源作为一种特殊的战略性资源在新企业资源获取过程中发挥着杠杆作用。而新企业在获取创业资源过程中常常会遇到信息不对称的困境。首先，创业者掌握较多的企业层面、产品技术层面和团队能力层面的信息，出于防止他们利用同样机会的考虑，往往不愿向资源所有者公开全部信息，因此用以评估的信息很可能是不完备的，这种信息不对称导致资源所有者都不愿意投资新企业。其次，创业者可能采取机会主义行为，因为他们掌握了资源所有者所不具备的信息。

（七）互惠合作的企业机制

互惠合作机制的构筑能够形成多种渠道，有利于新企业的资源获取，新企业应善于与其他企业建立合作的机制，积极参与其中。在合作中，企业之间能够以比较低的成本获取创业资源，彼此可以利用对方企业的资源结识更多的企业。当合作的企业不断增加时，创业资源获取的渠道便随之扩大。在其他条件不变的情况下，建立新的合作关系，新的企业加入能够帮助企业得到新的资源。善于构筑互惠合作机制的企业，其创业资源获取的能力会更强，成功的机会更多；反之，企业则难以获得创业资源。

（八）商业创意的价值

创业的关键在于商业创意。商业创意为资源获取提供了杠杆，但获取资源还有赖于创意的价值被资源所有者认同的程度。换言之，只有被资源所有者认同、有价值的商业创意，才有助于降低创业者获取资源的难度。

（九）社会网络系统

社会网络对于创业资源获取具有重要意义。由于新企业的实力和声望等方面都显得较弱，很难通过传统的市场关系获取自身所需要的资源，因此，新企业通常会利用创业者自身的社会关系网络获取所需的相关资源，用以弥补通过市场关系获取资源的不足。

在社会网络中，网络关系影响着个体能否获取相关的资源，以及采取何种方式来获取资源。在创业的初始阶段，新企业的内部资源相对短缺时，良好的社会网络能够帮助创业者获取所需的资源。一般来说，大学生刚步入社会，还没有形成足够广泛的社会网络系统，这导致他们在创业中常常无法获取必要的创业资源。

不同的社会网络和网络地位，为人们之间的沟通协作提供了不同的渠道。在社会网络中处于优势地位的创业者，具有较好的社会关系依托，可以有选择地了解不同对象的效用需求，有针对性地对不同对象传递商业创意的不同方面，有目的地获取不同资源所有者的理解和信任，最终成功地从不同网络成员那里获取所需资源，为自己进行资源配置方式创新提供基础。

另外，创业者的资源辨识能力和外部社会环境等也会对创业资源的获取产生一定的影响。例如，在创业教育开始较早，创业文化浓厚的美国，创业者获得创业资源就相对容易；我国由于国家和各级政府层面对于创业的高度重视和大力支持，创业者获取创业资源也较原来有了很大改变，创业相对容易了很多。

(十) 资源的配置方式

由于资源的异质性、效用的多维性和知识的分散性，人们对于同样资源往往具有不同的效用期望，有些期望难以依靠市场交换得到满足，因此，如果通过资源配置方式创新，能够开发出新的效用，使之更好地满足资源所有者的期望，创业者就有可能从资源所有者手中获得资源使用权，以开展生产经营活动。

二、创业资源获取的技能

为了及时足额并以较低的成本获得创业所需要的资源，创业者需要掌握一定的创业资源获取技巧。

(一) 充分重视人力资源的获取

人力资本在创业资源中的决定性作用，要求创业者必须充分重视人力资源的获取。创业者一方面应努力增强自身能力的培养，另一方面应充分重视创业团队的建设。一支知己知彼、才华各异、能力互补、目标一致和彼此信任的团队是创业资源中最为重要的资源，也是创业成功必不可少的保证。

(二) 以能用和够用为原则

不是所有的资产都是企业的资源，创业者在筹集资源时应坚持能用的原则，只有满足自己需求的，自己可以支配并使其充分发挥作用的资源，才是需要筹集的资源。

另外，资源的使用是有代价的，因此，在筹集创业资源时应该本着够用的原则，而不是多多益善。一方面，资源的有限性使创业者难以筹集过多的资源；另一方面，当使用资源的收益不能弥补其成本时，资源的使用并不能给企业带来效益。

(三) 尽可能筹集多用途资源和杠杆资源

资源自身的特性决定了其用途的不同，有的资源可能在不同场合具有不同用途，筹集具有多种用途的资源可以帮助创业者应对创业过程中出现的意外。在知识社会，具有独特创造性的知识是现代社会的高杠杆资源，对于杠杆资源的合理利用，有助于创业者取得一定的杠杆收益，达到事半功倍的效果。

三、创业资源获取的途径

获取创业资源的途径分为市场途径和非市场途径两大类。当创业所需要的资源有活跃的市场，或者有类似的可比资源进行交易时，可以采用市场交易的途径。其他情况下则可以采用非市场交易的途径。

(一) 通过市场途径获取资源

通过市场途径获取资源的方式包括购买和联盟。

购买是指利用财务资源通过市场购入的方式获取外部资源。主要包括购买厂房、设备等物质资源,购买专利和技术,聘请有经验的员工及通过外部融资获取资金等。需要注意的是,诸如知识,尤其是隐性知识等资源虽然可能会附着在非知识资源之上,通过购买物质资源(如机器设备等)得到,但很难通过市场直接购买,因此,需要新创企业通过非市场途径去开发或积累。

联盟是指通过联合其他组织,对一些难以或无法自己开发的资源实行共同开发。这种方式不仅可以汲取显性知识资源,还可以汲取隐性知识资源。但联盟的前提是联盟双方的资源和能力互补且有共同的利益,而且能够对资源的价值及其使用达成共识。

案例 7-2

西安蓝晶生物科技有限公司的技术开发

生物专业毕业的王亚宏敏感地意识到生物领域将在未来成为新兴行业,通过对专业的了解和市场调查,王亚宏把眼光聚焦在多肽合成上。于是,王亚宏倾尽所有积蓄开始创业,经过几年筹划,2004 年,蓝晶生物科技——这个致力于多肽系列产品合成方法和制备工艺等的技术引进、吸收和创新的高科技企业诞生了。几年打磨之后,从申请专利到资金到位,王亚宏完成了公司的初步框架。公司的产品由于成本低、质量好,在高校和科研单位受到广泛的好评。

但是,做多肽合成的研发,需要一些昂贵的实验设备,这对蓝晶生物科技这样的初创企业来说,实在难以企及。没有好的实验设备,小公司怎么搞研发?王亚宏想到要整合社会各种资源。"高科技企业的发展必须把科研开发放在首位。"王亚宏说。于是,公司与西安多个高校共同建立实验室,使用高校实验室的仪器资源来共同从事科研开发,既节省了研发成本,也有利于新产品更快更好地推出。

其实,与高校合作并不限于仪器的使用上,更主要是在人力资源和技术领域的有效开发。高校拥有众多的专业人才,包括一些权威博导,他们在技术研发上具有一定的前瞻性和实践性,王亚宏经常抽空与他们探讨科研上的问题。虽然王亚宏对有些深奥的问题并不太懂,但他一定会记在心上,回家之后查阅资料,彻夜研读,深入理解问题,等下次再和教授们探讨时就会受益匪浅,而教授们也容易得到新的启发。这样,通过分享将人脉资源有效整合产生了巨大的生产能量,给蓝晶生物科技带来了企业高速健康发展的机遇。

(资料来源:网络资源,作者整理而成)

(二) 通过非市场途径获取资源

通过非市场途径获取资源的方式主要有资源吸引和资源积累。

资源吸引是指发挥无形资源的杠杆作用,利用新创企业的商业计划、通过对创业前景的描述、利用创业团队的声誉等来获得或吸引物质资源(厂房、设备)、技术资源(专利、技术)、资金和人力资源(有经验的员工)。

资源积累是指利用现有资源在企业内部通过培育形成所需资源。主要包括自建企业的厂房、设备等,在企业内部开发新技术,通过培训来增加员工的技能和知识,通过企业自我积累获取资金等。

通过市场途径还是非市场途径取得资源,主要依赖于资源在市场的可用性和成本等因素。若证明快速进入市场能够带来成本优势,则外部购买可能就是获取的最佳方式。

获取资源贯穿创业的全过程，在创业的初始阶段，它具有更加重要的作用。对于多数新创企业，由于初始资源禀赋的不完整性，创业者需要取得资源供应商的信任来获取资源。但无论如何，采用多种途径同时获取不同资源总是正确的选择。

第三节 创业资源的整合

资源基础理论(resource-based view，RBT)已经被很多学者广泛应用于创业研究领域，该理论将组织定义为资源束(bundles of resources)，即有形资产和无形资产相结合的一种相对稳定的形式。这一论断不但阐明了企业和资源之间密切的关系，同时也为资源基础理论在创业研究领域的扩展提供了依据。创业活动实质上是在识别机会的基础上，整合资源满足顾客需要的过程，越来越多的创业研究学者应用资源基础理论来探讨新企业在创建和发展过程中资源的重要作用，因此新创企业资源管理已成为创业领域非常值得关注的话题。

很多研究表明，不同规模和寿命的企业在资源整合方面会表现出不同的特征。尽管新企业初始资源源于创业者的初始资源禀赋，但是不获取和开发其他的组织资源，企业是无法生存和发展的。因此，对新企业而言，资源整合过程是其生存发展的重要策略选择，当企业快速成长或者在动态的环境中参与竞争时，这些策略选择会对其生存产生重要的影响。

一、创业资源整合的原则

(一) 创业资源整合的总体原则

总体来说，创业资源整合遵循渐进原则、双赢原则和量力原则三个原则。

(1) 渐进原则。对任何一个创业企业或创业团队而言，有利的创业资源都是难以完全发掘、配置和利用的。因此，创业者必须遵循渐进原则，根据对资源的需求程度、资源开发和利用的成本、收益和不确定性三者的综合考虑，逐步寻找和利用各种创业资源，即对于每一种创业资源，都应当选择一个适当的整合时机，以降低资源的维护成本。

(2) 双赢原则。基本上每一种创业资源实际上都是一个相对独立的利益体。因此，在开发和使用这些资源时，就不能仅从创业企业的自身利益出发，而必须坚持双赢的原则，尤其是对需要长期使用的创业资源，更要重视对方的既得利益。

(3) 量力原则。不仅要对不同的资源渐进开发和使用，即使对同一种创业资源，也存在着逐步开发的问题。尤其是对创业团队和创业企业来说，其资源开发的能力和经验都相对较弱，因此创业者就更要采取量力而行的原则，按部就班地对某一种创业资源进行开发和使用。

除了上面的整体原则外，还应遵循内部资源整合原则和外部资源整合原则。

(二) 内部资源整合原则

与外部创业资源相比，内部创业资源具有很强的明确性，因此内部资源整合的目标就是更有效地配置和使用这些资源，而不是像外部资源整合那样要不断地发掘各种新的资源主体。因此，可以把内部创业资源整合形象地比喻为“内部挖潜”。

鉴于内部创业资源的特点，在内部资源整合的过程中应当注意以下几个基本原则。

(1) 公平双赢原则。创业资源的整合要体现公平双赢原则。因此,对于具有相对独立的利益主体特征的资源,在整合的过程中要体现不同资源主体之间的公平原则,尤其是企业内部,由于创业者或企业员工之间平时相互都有沟通,因而不公平的现象很容易表现出来,给整合带来负面的影响。

(2) 当前利益与长远利益相结合原则。创业资源整合的根本目的是实现创业企业利益的最大化,但这个利益有当前和长远之分。因此,在内部创业资源整合时,要充分协调好当前利益与长远利益之间的冲突。任何基于当前利益而对创业资源的过度开发,都会给企业的长远发展带来隐患。

(3) 缓冲原则。遇到困难和挫折是创业企业常有的事情,而应对这些困难和挫折可能更多的是依靠创业企业的自有资源,因为任何一个利益主体都不愿意冒太大的风险去帮助一个新创建的企业。因此,在对内部资源整合的过程中,一定要留有余地,以满足不时之需。

(三) 外部资源整合原则

与内部资源相比,外部资源复杂很多。首先,外部资源都是相对独立的利益主体;其次,外部资源与创业者或创业企业的关系更加复杂,创业者或创业企业对这些资源的开发、配置和使用的难度更大;最后,很多外部资源不是直接摆在创业者或创业企业面前的,而是需要去寻找、发掘或选择的,因此,具有相当的不确定性。

由于创业者或创业企业对外部资源缺乏控制权和支配权,因而外部创业资源整合无论在难度上还是在进展的缓慢程度上都高于对内部资源的整合。对内部资源进行整合的目的就是提高效率,不存在不可使用这些资源的问题;在外部资源的整合方面,其基本的目标是保证可以利用这些外部资源,然后才能谈到效率问题。在外部资源的整合上,应当遵循以下三个基本原则。

(1) 比选原则。由于外部资源的多样性,且有益于某一创业任务的外部资源可能会有多个,使用每个外部资源会具有不同的收益、成本和不确定性。因此,创业者要根据创业项目发展的需要、自身的实力及资源的特点,选择最适合的外部资源。

(2) 信用原则。与外部创业资源打交道,实际上就是与人打交道。因此,在外部资源的整合过程中,信用和信誉将是决定能否长期利用这些资源的关键因素。

(3) 提前原则。由于外部资源整合的难度较大,其进展相对也较慢,并且外部资源的发现也需要一定的过程。因此,不能等到需要的时候再去考虑外部资源的整合,而应当具有一定的超前意识,适当提前开始某些外部资源的整合。

二、创业资源整合的意义

任何一个创业者都不可能在创业之初就把创业中所涉及的问题都解决好,也不可能把一切创业资源都备足,关键在于要学会进行资源整合。因此,资源整合不仅是创业计划中的一个重要原则,也是创业中借势发展、巧用资源、优势互补、实现双赢的重要方法。

资源整合对大学生创业者而言具有重要意义,具体而言,主要有以下几点。

(一) 有利于发现市场机会

整合资源的过程,实际上是一个创业者自我审视、自我评价的过程,也是一个对整个行业发展进行深入分析和研究的过程。通过资源整合，创业者能够发现企业自身的优势和劣势，清楚哪些事情是可以做并且能够做的，哪些市场是市场空白点，企业在哪些领域具有很强的市场竞争力，这样就可以帮助企业发挥资源优势，在市场上获取竞争优势，同时也有利于创业者进行科学的规划和决策。

（二）提高企业核心竞争力

市场竞争优势常常属于善于进行资源整合的企业，而不是拥有大量资源的企业，也不是投入巨资开发新资源的企业。企业对资源的整合能力使得企业高层管理人员能够基于对未来发展趋势的正确预测判断而有效地识别与选择、汲取与配置、激活与融合企业内外部资源、新旧资源、个体与组织资源、横向与纵向资源等，通过持续不断的资源整合，企业能提升其竞争优势。因此，在企业资源管理任务中，在重视对企业资源整合的同时，应该要采取相应的整合策略，以提高企业资源整合能力，这样才能有效地提高企业整体的资源竞争力，从而增强企业竞争优势。

（三）促进企业可持续发展

创业之初，创业所需的各项资源往往只能依靠创业者通过自身努力获取。由于新创企业的高度成长性，在其迅速成长扩张的过程中，组织规模很快就发展到一定规模之上，创业者很快发现，通过自身努力获取的资源远远不能支持企业的发展，为了使企业能够继续发展，创业资源也就是外部环境给予企业的资源是相当必要的。相应的政策扶持，对于信息资源的把握，有效地吸收资金资源，高素质人才的获取和开发，高效的管理制度，引进有商业价值的科技成果推出新品等，都是重要的需要整合的资源。

（四）有利于进一步加强企业管理

在创业企业发展过程中，对各种资源进行有效的整合利用，是其发展的一大重要因素。如果没有好好地进行资源整合利用，企业本身自己拥有的和从外部获得的各种资源就是一种浪费，则这些资源就发挥不了作用，不能为企业带来促进作用，相反还可能影响企业的形象。在这个各种竞争激烈的社会经济进程中，空有丰富资源却无法使其发挥效益，使得外界质疑企业能力，将会影响企业发展。企业要学会对外部资源进行整合利用，使其发挥最大作用，提高企业竞争力；对内部资源进行合理的整合利用，使内部运作合理化，没有资源闲置，推进企业发展。现今企业之间的竞争，就是看谁能用企业拥有的资源和可运用的资源为企业带来更多的利益，资源整合能力的较量已成为企业之间一个新的竞争角度。

三、创业资源整合的类型

（一）人脉资源整合

著名的人际关系学大师家戴尔·卡耐基说过："专业知识在一个人成功的作用中只占15%，其余的85%取决于人际关系。"斯坦福研究中心的一份调查报告指出："一个人赚的钱，12.5%来自知识，87.5%来自关系。"在创业中，如何整合好人脉资源，借力发力，是创业能否取得成功的关键因素。

人脉资源根据重要性程度可以分为：核心层人脉资源（家庭成员、老板、顶头上司、重要客户等）、紧密层人脉资源（其他领导、一般下属、次重要客户、有影响的同学等）和松散备用层人脉资源（公司未来可能的接班人选、一般客户、同学等）。在创业过程中特别要重点依靠核心人脉资源。

在创业实践中，人脉资源整合的途径：参与社团活动，扩张人脉链条；参加培训，搭建人脉平台；了解人脉，满足需求。同时要不断积累自己的人脉资源，给他们悉心呵护和关怀，随着创业的进一步深入，人脉资源的整合力度将越来越大，这将为企业的发展提供强大的支持。

（二）信息资源整合

在信息爆炸时代，如何整合信息成为创业者的一大挑战。整合好信息资源，不仅有利于创业者发现市场机会，也有利于其进行科学的决策。

要加强信息资源整合，首先，要努力了解、分析包括竞争对手、政府、行业、合作伙伴、客户等在内的周边环境的变化信息。其次，要认真研究这些信息，分析哪些信息是有价值和有意义的，特别要关注哪些信息组合在一起将会有什么样的结果。最后，要建立一整套的信息管理系统，在创业实践中不断去完善。

（三）技术资源整合

对许多新创企业而言，最关键的创业核心竞争力是技术。技术在很大程度上决定了所需创业资本的大小、创业产品的市场竞争力和获利能力。技术资源的主要来源是人才资源，重视技术资源的整合也就是注重人才资源的整合。

（四）行业资源整合

创业的一个主要成功类型，就是做自己熟悉的行业，熟悉本行业企业运营、熟悉竞争对手。作为创业者，要了解和掌握某个行业的各种关系网，比如业内竞争对手、供货商、经销商、客户、行业管理部门等。如果对某个行业不太了解，或者根本就不了解，只是觉得可以赚钱就盲目跟进，那么，就很有可能半途而废。行业好并不一定就代表着每个创业者进去都会成功。

（五）政府资源整合

掌握并充分整合创业行业的政府资源，努力享受政府的扶持政策，可以使创业少走许多弯路，达到事半功倍之效。

政府的各种创业扶持政策主要包括财政扶持政策、融资政策、税收政策、科技政策、产业政策、中介服务政策、创业扶持政策、政府采购政策、人才政策等。

四、创业资源整合的方法

（一）依靠自有资源

学术界用 bootstrapping 描述这一过程中创业者利用资源的方法，主要指在缺乏资源的情况下，创业者分多个阶段投入资源并且在每个阶段或决策点投入最少的资源，所以也可以称为“步步为营”。杰弗里·康沃尔总结了步步为营的九条理由：企业不可能获得来自银行家或投资者的资金；新创建企业所需外部资金来源受到限制；创业者推迟使用外部资金的要求；创业者对自己掌控企业全部所有权的愿望；是可承受风险最小化的一种方式；创造一个更高效的企业；使自己看起来“强大”以便争夺顾客；为创业者在企业中增加收入和财富；审慎控制和管理的价值理念。

（二）创造性拼凑

创造性拼凑是国外学者发现的一个规律，用于描述下面的情形：面对资源约束，创业者常常存在一种有意识的倾向，即他们往往忽视正常情况下被普遍接受的关于物质投入、惯例、定义、标准等限制，利用已经存在的资源，创造出独特的服务和价值。这些资源也许对他人来说是无用的、废弃的，但拼凑者通过自己的经验和技巧，整合各种资源，最终实现新的目标。

实际上，在新企业创生的过程中，拼凑绝不是偶然现象。本书把创造性拼凑定位为，在资源束缚下，创业者为了解决新问题，创造新机会，整合现有资源，立即行动，创造出独特的服务和价值。绝大部分企业在创立之初都受到严重的资源束缚：没有钱购买先进的设备，就去淘一些人家废弃的二手货；招聘不到满意的员工，创业者则身兼数职，或者“上阵父子兵”。这些都只是新企业缺乏资源的表面现象，真正困扰创业者的是如何四两拨千斤——用有限的资源在竞争日益激烈的市场上抢占一席之地。

创造性拼凑有三个关键要素：第一，已有资源。善于进行创造性拼凑的人常常拥有一批“零碎”，它们可以是物质、一门技术，甚至是一种理念。第二，整合资源用于新目的。拼凑的另一个重要特点就是为了其他目的重新整合已有资源。整合已有资源，快速应对新情况，成为企业抢占制高点的利器。第三，将就使用。出于成本和时间的考虑，创造性拼凑的载体常常是手边一些废旧资源。

（三）发挥资源的杠杆效应

资源杠杆效应是以尽可能少的付出获取尽可能多的收获。资源杠杆效应的发挥是创造性产生的过程。美国著名的投资银行家罗伯特·库恩说过：“一个企业家要具有发现价值和创造价值的能力，要具有在沙子里找到钻石的功夫，识别一种没有被完全利用的资源。”

尽管存在资源约束，但创业者并不会被当前资源所限制，成功的创业者善于利用资源杠杆效应，利用他人或者其他企业的资源来完成自己创业的目的：①用一种资源补足另一种资源，产生更高的复合价值；②利用一种资源撬动和获得其他资源。很多既有企业不只是一味地积累资源，它们更擅长资源互换，进行资源结构更新和调整，积累战略性资源，这是创业者需要学习的重要经验。

对创业者而言，容易产生杠杆效应的资源主要包括人力资本和社会资本等非物质资源。人力资本由一般人力资本与特殊人力资本构成。一般人力资本包括受教育背景、以往的工作经验及个性品质特征等。特殊人力资本包括产业人力资本（与特定产业相关的知识、技能和经验）及创业人力资本（如先前的创业经验或创业背景）。有调查显示，一般人力资本可为创业者提供知识、技能、资格认证、名誉等资源，同时也提供了同窗、校友、老师及其他连带的社会资本。特殊人力资本可直接作用于资源获取，有产业相关经验和先前创业经验的创业者能够更快地整合资源，实施市场交易行为。

（四）建立连接

资源往往是越用越熟，特别是人力资源。一是过去学习、生活、工作的经历所形成的固定人脉；二是主动参加社会学习实践，向外连接结交的人脉资源。人力资源中起作用的就是基于关系的互动，关键性人力资源的出现在企业发展中往往起决定性的作用，互动是建立连接最有效的方法。

所有的创业者可以依赖的社会资本，都来自对关系的理解。作为个体，嵌入了哪一个更具有潜在资源的群体或是社会关系网络之中，其优势就在于能获取更直接的商业信息，这一步的领先就因为圈子不同。建立连接，进入成功者的圈子，就是杠杆效应最极致的作用体现。

（五）设置合理利益机制

资源通常与利益相关，创业者之所以能够从家庭成员那里获得支持，是因为家庭成员之间不仅是利益相关者，更是利益整体。创业者在整合资源时就一定要设计好有助于资源整合的利益机制，借助利益机制把潜在的和非直接的资源提供者整合起来，借力发展。因此，创业者整合资源就需要关注有利益关系的组织或个人，要尽可能多地找到利益相关者。同时，创业者要分析并确认这些组织或个体与自己及自己想做的事情有利益关系。创业者与利益相关者的利益关系越强、越直接，创业者整合到资源的可能性就越大。设置合理的利益机制是资源整合的基本前提。

利益相关者是指与创业者创建新企业有直接利害关系的自然人或法人单位。利益相关者要为新企业提供资源并做出承诺，而创业者的责任则包括以下两点。

第一，满足利益相关者的需求。创业者要寻找与自己具有共同利益的相关者，同时也需要寻找可以互补的利益相关者。如果创业者要让利益相关者对自己有信心，那么创业者首先就要对自己有信心。同时，创业者要有诚实可信的声誉，与利益相关者在利益上公平分享回报。

第二，以利益相关者为核心，形成资源整合机制。新企业要尽快建立以利益相关者为核心的资源整合机制，以保证企业机会的顺利实现和企业的持续发展。

五、创业资源整合的过程

资源整合过程可以分为四个过程：资源扫描、资源控制、资源利用和资源拓展。这四个过程在时间上并不是完全分离的，而是相互影响、相互衔接的。

（一）资源扫描

创业者要知道自己的资源禀赋以及企业拥有的最初资源，将已拥有的资源识别出来，包括己方所有有价值的有形资产和无形资产，如人才、技术、设备、品牌等，找到自己的资源优势和不足，认清战略性资源和一般性资源，确认资源的数量、质量、使用时间及使用顺序。扫描自己资源的同时，也要对外部的资源进行扫描，及时发现新创企业所需资源，所缺资源如何获得,以及谁拥有这些资源,对资源拥有者的利益需求进行深度分析,并与自己所拥有的资源进行比较,找到利益的契合点。这通常需要创业者具有行业知识和一定的社会关系,创业者在创业初期会利用与自己关系较近的资源网络,随着业务的向前发展而逐渐扩充这一网络。

(二) 资源控制

资源控制的范围包括创业者自身拥有的资源、通过交易等获取的资源,以及通过社会网络等形式可以控制的资源。创业者自身拥有的资源(教育、经验、声誉、行业知识、资金和社会网络)在许多情况下存在于社会团队中。在特定的行业,创业团队中成员的社会网络资源和技术对于企业的成功至关重要。在获取资源的过程中,要判断这种资源的获取对实现企业的目标是否关键,并且创造性地设计出双赢的合作方案,形成长期互利的关系。

(三) 资源利用

企业资源在未整合之前大多是零碎的、低效的,要发挥这些资源的最大使用价值,使其产生最佳效益,就必须运用科学的方法对各种类型的资源进行细化、配置和激发,将有价值的资源有机地融合起来,使它们相互匹配、互为补充、互相增强。资源在整合并转化为内部的独特优势之后,创业者需要协调各种资源之间的关系,匹配有用的资源,剥离无用的资源,通过协调,使得资源之间的联系更加紧密,更加具有匹配性,形成 1+1>2 的局面,并为下一步拓展奠定基础。

(四) 资源拓展

对资源的拓展创造过程是指将以前没有建立联系的资源建立联系,将新获取的资源与已有的资源进行链接融合,进一步开发潜在的资源为企业所用,又称为再开发。即开拓资源的范围和功能,为下一步识别、获取、配置和利用资源奠定坚实的基础,这也是企业持续竞争优势的根本来源。拓展过程为创业带来新的能力,从而使其能够充分地发现和掌握创业机会。

拓展阅读

牵手阿里巴巴后的居然之家

随着国民消费实力与审美需求的提高,以及消费需求从吃穿住行到娱教医养的转型,作为消费者家居消费的第一线,居然之家意识到消费者对于家居行业开始有了更多的“软要求”,传统的家居建材商城已经不足以满足消费升级的需求。居然之家果断将营销定位从家装建材领域逐渐向家庭消费生态转型,旗下的家居建材零售中心、代表家装的乐屋家装和经营家居生活品质的尚屋生活馆都被整合到居然之家模式中,创造了中国第一个真正意义上的“一站式”家居购物模式。在面对“互联网+”的兴起对传统行业的冲击,房地产市场的逐渐饱和,以及传统零售巨头进军家居行业的挑战时,居然之家没有与同行共同抵制电商平台,而是积极探索“互联网+”和 O2O 领域,创新销售方式。

2016 年,居然之家抢先推出了融线上线下为一体的家居智能服务平台——居然设计家，以更好地为消费者提供便利的一站式线上家装设计及服务。正是凭借着一股敢为人先的韧劲，居然之家从成立初期经营面积不到3万平方米、年销售额不足3亿元的小型建材企业，成为在全国拥有300家门店、年销售额突破750亿元的大型商业连锁集团。从“大家居”到“大消费”，居然之家始终走在行业转型升级的前列。

2018年2月，居然之家与国内最大的全生态电商巨头阿里巴巴正式牵手，成为数字化营销战略合作伙伴。这意味着居然之家不但能够得到阿里巴巴的130亿元投资，更能借助阿里巴巴全生态渠道丰富的数字化营销经验，为其在行业率先进行全面数字化升级提供强大赋能，活化会员与品牌资源，触达阿里巴巴7.55亿平台月活用户群体，使得居然之家数字化进程如虎添翼。

经过一年的深度合作，居然之家在数字化营销上已经取得了初步的成果，至2019年，其拥有数字化卖场56家、数字化商品1227万件，实现了双方会员系统打通和商品数字化，实现消费者选建材、买家具的场景重构和体验升级。

为了更好地实现线上线下联动，有效地运用数字化门店与阿里巴巴庞大的流量池为居然之家线上与线下门店引流，在2019年天猫“6·18”期间，基于大数据分析，居然之家在家居行业内首次推出了同城站、3D场景关联导购系统、居秒贷等“黑科技”营销策略。2019年10月，随着“80后”“90后”逐渐成为家装消费的主力军，主流消费需求呈现更加个性化、年轻化的市场态势。作为家居行业新零售领跑者的居然之家，再次发扬敢为人先的精神，携手天猫超级品牌日，打造属于自己品牌的“双十一”。

（资料来源：阿里研究院，有改动，http://www.aliresearch.com/ch，2019-11-07）

思考与训练

1. 以你感兴趣的创业项目为例，请列举出你拥有的资源、可以争取到的资源及缺少的资源有哪些？

2. 简述你身边有哪些可以利用的人脉资源？

3. 你身边是否存在一些好的资源？是否可以利用这些资源进行创业？

4. 你和两个好友用三人的全部积蓄创建了一家创业企业，并且企业的发展也比较平稳，具有一定的发展前景。在经过了一年多的经营之后，由于销售货款积压以及一些没有预料到的后继投资问题的出现，企业在资金的周转上出现困难。在这种情况下，你将如何利用企业内外部的有效资源来解决这一问题？

5. 训练组织与实施。

(1) 将全班学生分成若干小组。

(2) 由小组长选择创业项目。

(3) 各小组制订创业计划。

(4) 现场答疑。

① 教师先筛选入围的小组和项目。

② 各小组当堂就创业项目和创业前景答疑。

③ 教师总结。

第八章　商业模式的开发

知识结构

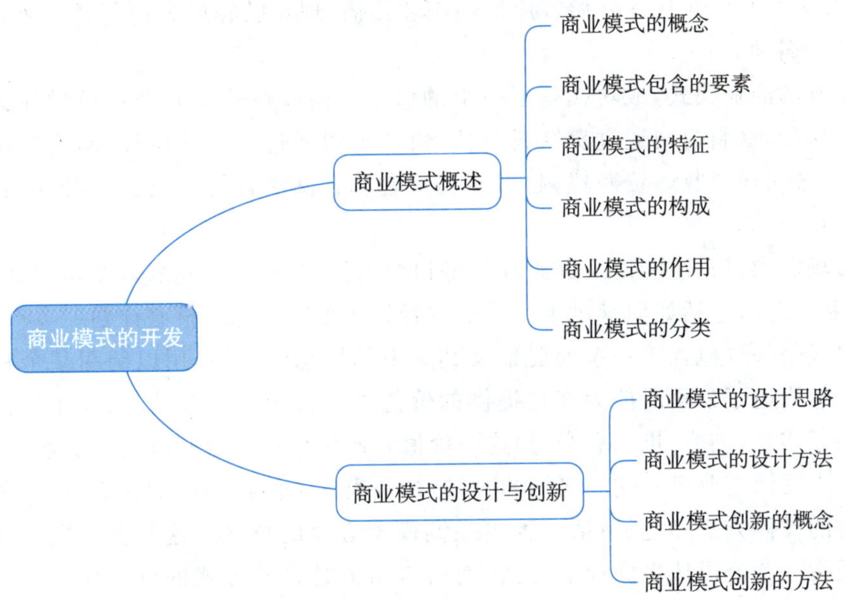

学习目标

- 了解商业模式的概念和包含的要素。
- 了解商业模式的特征、构成及作用。
- 掌握商业模式的分类。
- 理解商业模式的设计思路。
- 掌握商业模式的设计方法。
- 了解商业模式创新的概念。
- 掌握商业模式创新的方法。

第一节　商业模式概述

当创业者就创业项目对现有产品与目标市场进行认真的可行性分析、对机会进行识别，基本上就明确了具有市场潜力的产品或服务。对于企业如何利用这些具有创新性的产品或服务实现新企业的盈利，首先要明确的是企业的商业模式。

商业模式是为了满足客户需求或实现客户价值，而采取整体解决方案、一切方式和方案的整合，也就是实现客户价值的逻辑。

一、商业模式的概念

商业模式是创业者的创意，而商业创意来自机会的丰富和逻辑化，并有可能最终演变为商业模式。其形成的逻辑是：机会是经由创造性资源组合传递更明确的市场需求的可能性，是未明确的市场需求或者未被利用的资源或者能力。尽管它第一次出现在 20 世纪 50 年代，但直到 20 世纪 90 年代才开始被广泛使用和传播，现在已经成为创业者和风险投资者经常提及的一个名词。

有一个好的商业模式，成功就有了一半的保证。商业模式就是公司通过什么途径或方式来赚钱。例如，饮料公司通过卖饮料赚钱；快递公司通过送快递赚钱；网络公司通过点击率赚钱；通信公司通过收话费赚钱；超市通过平台和仓储赚钱等。只要有赚钱的地方，就有商业模式存在。

随着市场需求日益清晰以及资源日益得到准确界定，机会将超脱其基本形式，逐渐演变成创意（商业概念），包括如何满足市场需求或者如何配置资源等核心计划。

商业模式是一种包含了一系列要素及其关系的概念性工具，用以阐明某个特定实体的商业逻辑。它描述了公司所能为客户提供的价值以及公司的内部结构、合作伙伴网络和关系资本等用以实现（创造、推销和交付）这一价值并产生可持续盈利收入的要素。

在文献中使用商业模式这一名词的时候，往往模糊了两种不同的含义：第一种用来指公司从事商业的具体方法和途径；第二种更强调模型方面的意义。这两者实质上是有所不同的。前者泛指一个公司从事商业的方式，而后者指的是这种方式的概念化。后一观点的支持者们提出了一些由要素及其之间关系构成的参考模型，用以描述公司的商业模式。

商业模式最新的解释是一个企业满足消费者需求的系统，这个系统组织管理企业的各种资源（资金、原材料、人力资源、作业方式、销售方式、信息、品牌和知识产权、企业所处的环境、创新力，又称输入变量），形成能够提供消费者必须购买的产品和服务（输出变量），因而具有自己能复制且别来人不能复制，或者自己在复制中占据市场优势地位的特性。

商业模式简单来说，就是企业如何赚钱的一套模式；复杂来说，就是如何创造和传递客户价值和公司价值的系统，描述了企业如何创造价值、传递价值和获取价值的基本原理。

总而言之，商业模式是指一个完整的商品流、服务流及信息流体系，包括每一个参与者和其在其中起到的作用，以及每一个参与者的潜在利益和相应的收益来源与方式。

二、商业模式包含的要素

商业模式包含以下九大构造要素。

（一）客户细分

客户细分是指企业或机构所服务的一个或多个客户分类群体。对于面向企业用户的产品,此处需要注意的是不要混淆了用户和客户。例如,一款面向某集团公司的企业应用分析平台,目标客户可以是应用开发商及集团公司本身,但是用户则主要是产品设计、开发及运营人员,如产品经理等。

想精确地定义目标消费群体还必须从使用习惯、需求心理以及媒体接受习惯、接受态度、收入水平、消费能力以及对同类产品存在的不满等元素为标靶,进行目标消费者群体的定义。

(二) 价值内涵

价值内涵是指解决客户难题和满足客户需求。此构造块的内容最重要,需要精练地表述所提供的产品或服务,并且需要明确点出其目的、益处、价值等。例如,给用户提供一个网盘则务必描述“随时随地获取文件”等价值。价值内涵要素及具体描述如表 8-1 所示。

表 8-1　价值内涵要素及具体描述

价值内涵要素	具 体 描 述
新颖	产品或服务满足客户从未感受和体验过的全新需求
性能	改善产品和服务性能是传统意义上创造价值的普遍方法
定制化	以满足客户细分群体的特定需求来创造价值
把事情做好	可通过帮客户把某些事情做好而简单地创造价值
设计	产品因优秀的设计脱颖而出
品牌/身份地位	客户可以通过使用和显示某一特定品牌而发现价值
价格	以更低的价格提供同质化的价值,满足价格敏感客户细分群体
成本	帮助客户削减成本是创造价值的重要方法
风险抑制	帮助客户抑制风险也可以创造客户价值
可达性	把产品和服务提供给以前接触不到的客户
便利性/可用性	使事情更方便或易于使用可以创造可观的价值

(三) 渠道通路

渠道通路是指如何接触、沟通其细分客户而传递价值主张。这些渠道可以是自有的,也可以是合作伙伴的。对于企业应用除网站、社交媒体等之外,还可以考虑实施团队、现金流产品等现有资源。渠道类型及渠道阶段如表 8-2 所示。

表 8-2　渠道类型及渠道阶段

<table>
<tr><th colspan="3">渠 道 类 型</th><th colspan="5">渠 道 阶 段</th></tr>
<tr><td rowspan="2">自有渠道(直接渠道)</td><td rowspan="2">直接渠道</td><td>销售队伍</td><td rowspan="5">1. 认知:如何在客户中提升公司的产品和服务认知</td><td rowspan="5">2. 评估:如何帮助客户评估公司的价值和主张</td><td rowspan="5">3. 购买:如何协助客户购买特定产品和服务</td><td rowspan="5">4. 传递:如何把价值主张传递给客户</td><td rowspan="5">5. 售后:如何提供售后支持</td></tr>
<tr><td>在线销售</td></tr>
<tr><td rowspan="3">合作伙伴渠道(非直接渠道)</td><td rowspan="3">非直接渠道</td><td>自有店铺</td></tr>
<tr><td>合作伙伴店铺</td></tr>
<tr><td>批发商</td></tr>
</table>

（四）客户关系

客户关系是指描绘与客户群体建立的关系类型。《商业模式新生代》一书中列举了几种常见的客户关系，如个人助理、自助服务、自动化服务、社区、共同创作等。小米所营造的“粉丝”，也是一种非常好的客户关系，通过强黏性的客户关系，为产品的持续改进等提供良好支撑（如在新产品的研发过程中，就可以让典型用户参与进来，优先体验功能，提出改进意见等）。客户关系类型及具体描述如表 8-3 所示。

表 8-3 客户关系类型及具体描述

客户关系类型	具体描述
个人助理	基于人与人之间的互动，可以通过呼叫中心、电子邮件或其他销售方式等个人助理手段进行
自助服务	通过所需要的特定条件为客户提供自助服务
自动化服务	整合了更加精细的自动化过程，可以识别不同客户及其特点，并提供与客户订单或交易相关的自动化服务
社区	利用用户社区与客户或潜在客户建立更为深入的联系，如建立在线社区
共同创作	与客户共同创造价值，鼓励客户参与产品的设计或创新
专用个人助理	为单一客户安排专门的客户代表，通常是向高净值个人客户提供服务

（五）收入来源

收入来源是指从客户群体中获取的扣除成本之后的现金收入。主要的现金收入类型有产品销售、使用收费、订阅收费、租赁收费、授权收费以及广告收费等。每种收入都有不同的定价机制，一般有固定定价和动态定价两种类型。通常情况下，如果产品能通过运营实现收入，则相比“一锤子买卖”形式的产品销售或项目实施更激动人心。另外，需要注意的是，不要将产品为客户节省的费用填写到此处。例如，云盘可以节省存储资源采购费用，云盘可以节省存储资源是产品的价值，而不是产品本身创造的收入。收入来源类型及具体描述如表 8-4 所示。

表 8-4 收入来源类型及具体描述

收入来源类型	具体描述
资产销售	通过销售实体产品的所有权收费
使用收费	通过特定的服务收费
订阅收费	通过销售重复使用的服务收费
租赁收费	通过暂时性排他使用权的授权收费
授权收费	通过知识产权授权使用收费
经济收费	通过提供中介服务收费
广告收费	通过提供广告宣传服务收费

（六）关键资源

关键资源是指让商业模式有效运转所必需的最重要因素。通常来讲，企业的关键资源就是人、财、物，也即人力资源、金融资产、实体资产。除此之外，还需关注知识资产，因为对于某些专业系统或工具，领域专家的作用非常关键，对于数据分析类应用，基础数据库及数据模型等也是关键资源。关键资源类型及具体描述如表 8-5 所示。

表 8-5　关键资源类型及具体描述

关键资源类型	具 体 描 述
人力资源	在知识密集产业和创意产业中，人力资源至关重要
金融资产	金融资源或财务担保，如现金、信贷额度或股票期权池
实体资产	包括生产设施、不动产、系统、产品、服务、销售网点和分销网络等
知识资产	包括品牌、专有知识、专利和版权、合作关系和客户数据库等

（七）关键业务

关键业务是指为了确保商业模式可行，企业必须做的最重要的事情。这个比较容易确定，列举关键事项即可。例如，数据分析类企业的关键业务是数据清洗、建模分析，应用类企业的关键业务是产品设计、产品运营等，用户体验设计等也可以适当考虑。关键业务类型及具体描述如表 8-6 所示。

表 8-6　关键业务类型及具体描述

关键业务类型	具 体 描 述
制造产品	与设计、制造及发送产品有关，是企业商业模式的核心
平台/网络	网络服务、交易平台、软件甚至品牌都可以看成平台，与平台管理、服务提供和平台推广相关
问题解决	为客户提供新的解决方案，需要知识管理和持续培训等业务

（八）关键合作

企业经营及产品开发早已不是单打独斗的年代了，优秀的合作伙伴非常重要。例如，在开发一些专业系统时，通过和高校等研究机构或专业技术团队合作，能有效弥补企业在专业研究上的不足，短平快地推出产品占领市场。

关键合作可以分为四种类型：在非竞争者之间的战略联盟关系；在竞争者之间的战略合作关系；为开发新业务而构建的合资关系；为确保可靠供应的购买方——供应商关系。

（九）成本结构

成本结构是指运营商业模式所引发的所有成本，即所有可能的成本开销。成本结构类型一般有成本驱动和价值驱动两种。成本驱动侧重于在每个地方尽可能降低成本，价值驱动则更专注于价值创造。对于软件企业，主要是人工成本。补充一点，产品可能会涉及关联系统的接入开发等工作，但不主张在此单列，可以考虑包含在“产品开发”中。

成本结构可以反映产品的生产特点，从各个费用所占比例看，有的大量耗费人工，有的大量耗用材料，有的大量耗费动力，有的大量雇用设备引起折旧费用上升等。成本结构在很大程度上还受技术发展、生产类型和生产规模的影响。分析产品的成本结构，目的就是寻找可以进一步降低成本的途径。

一个有效的商业模式不是九大要素的简单罗列，要素之间存在着有机的联系。九大要素之间的关系如图 8-1 所示。

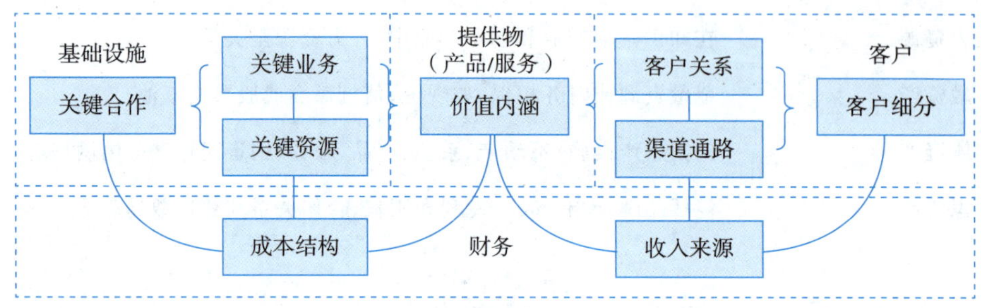

图 8-1　九大要素之间的关系

根据九大要素间的逻辑关系，商业模式的设计可以分四步进行。①价值创造收入：寻找价值内涵，寻找客户细分，打通渠道通路，建立客户关系。②价值创造需要基础设施：衡量关键资源，设计关键业务，寻找关键合作。③基础设施引发成本：确定成本结构。④差额即利润：根据成本结构，调整收入来源。值得注意的是，因为客户关系决定于价值内涵和渠道通路，关键资源和成本结构往往是关键业务确定后的结果，所以，九大要素中的客户关系、关键资源、成本结构三个要素难以形成商业模式创新。

三、商业模式的特征

成功的商业模式必须能够突出企业不同于其他企业的独特性。这种独特性表现在：企业怎样界定目标客户及其需求和偏好，界定产品和服务以满足目标客户需求；界定业务运作内容、价值传递和沟通渠道等方面，以客户可以接受的价格创造和提供吸引客户的产品；界定竞争者以建立战略控制能力，保护产品价值不会很快流失。

具有吸引力、成功的商业模式通常需要具备能够创造价值与竞争优势的特点，而这些特点往往是商业模式评价不可忽略的重要因素，也影响着创业活动的结果。

（一）客户价值最大化

商业模式能否持续盈利与该模式能否使客户价值最大化有必然联系。一个不能满足客户价值的商业模式，即使盈利也一定是暂时和偶然的，是不具有特性的；反之，一个能使客户价值最大化的商业模式，即使暂时不盈利，但终究也会走向盈利。因此，创业者要把对客户价值的实现和满足当作企业始终追求的目标。

（二）持续盈利

持续盈利是指既要盈利，又要能有发展后劲儿，具有可持续性，而不是一时的偶然盈利。企业能否持续盈利是人们判断其商业模式是否成功的唯一外在标准。因此，在设计商业模式时，盈利也就自然成为重要的原则。当然，这里指的是在合乎相关法律规范条件下的持续盈利。

（三）资源整合

资源整合就是要优化资源配置，要有进有退、有取有舍，要获得整体的最优。在战略思维的层面上，资源整合是系统论的思维方式，是通过组织协调，把企业内部彼此相关但却分离的职能，把企业外部既参与共同的使命又拥有独立经济利益的合作伙伴，整合成一个为客户服务的系统，取得“1＋1＞2”的效果。在战术选择的层面上，资源整合是优化配置的决策，是根据企业的发展战略和市场需求对有关的资源进行重新配置，以凸显企业的核心竞争力，并寻求资源配置与客户需求的最佳结合点，其目的是通过组织安排和管理运作协调来增强企业的竞争优势，提高为客户服务的水平。

（四）持续创新

在经营企业的过程中，商业模式比高科技更重要，因为商业模式是企业能够立足的先决条件。成功的商业模式不仅指在技术上的突破，还包括对某一个环节的改造，或是对原有模式的重组、创新，甚至是对整个企业规则的颠覆。商业模式的创新形式贯穿企业经营的整个过程，贯穿企业资源开发研发模式、制造方式、营销体系、市场流通等各个环节。也就是指，在企业经营的每一个环节上的创新都可能变成一种成功的商业模式。

（五）有效的融资

融资模式的打造对企业有着特殊的意义，尤其是对中国广大的中小企业而言更是如此。众所周知，企业生存需要资金，企业发展需要资金，企业快速成长更需要资金。资金已经成为所有企业发展中绕不过的障碍和难突破的瓶颈。通常情况下，谁能解决资金问题，谁就赢得了企业发展的先机，也就掌握了市场的主动权。商业模式的设计很重要的一环就是要考虑融资模式。

（六）高效率的组织管理

高效率是每个企业管理者都梦寐以求的境界，也是企业管理模式追求的高目标。从现代管理学理论来看，一个企业要想高效率地运行，首先要解决的是企业的愿景、使命和核心价值，这是企业生存、成长的动力，也是员工做好工作的理由；其次要有一套科学、实用的运营管理系统，其解决的是系统协同、计划、组织和约束问题；最后还要有科学的激励方案，解决如何让员工分享企业成长果实的问题，也就是向心力的问题。好的商业模式能帮助创业者解决这三个主要问题，从而保证组织管理的高效运行。

（七）风险控制

商业模式有两个方面的风险：一方面是系统外的风险，如来自政策、法律和行业的风险；

另一方面是系统内的风险，如产品的变化、人员的变更、资金不足等。好的商业模式能够抵御和规避企业在经营过程中遇到的风险。

四、商业模式的构成

商业模式是一个整体、系统的概念，而不是一个单一的组成因素，如产品价值、营销网络、资源配置等，这些都是商业模式的重要组成要素（见表 8-7），但并非全部。商业模式的组成要素之间必须有内在联系，这种内在联系把各组成要素有机地关联起来，使它们互相支持、共同作用，形成良性的循环。

表 8-7 商业模式的组成要素

商业模式组成要素	子要素	描述
产品价值	核心能力	企业价值增长的重点和方向
	产品成本	为提高产品或服务所投入的成本
	价值收入	为客户提供价值所获得的收益
营销网络	客户群体	企业提供产品或服务的目标客户
	营销渠道	企业推广产品或服务的模式
基础资源	内部资源	企业内部自主配置的资源
	外部资源	企业的外部网络，由伙伴关系等组成

（一）产品价值

产品价值是商业模式的核心问题，创业者需要考虑核心能力、产品成本和价值收入三方面的问题。其中，核心能力是企业在长期生产经营过程中的知识积累、特殊技能及相关资源组成的综合系统，是企业的相对优势。企业管理者根据企业自身在价值链中的定位，既要考虑合作者、客户在价值链中的角色，还要结合产品成本和价值收入综合分析定位产品价值，以求清晰地描述企业创造价值的逻辑。企业定位中极为重要的部分是确定企业价值收入的来源，价值收入可以通过出售、出租、业务分成和广告等不同的方式（往往是几种经营方式的组合）确定。对收入来源进行分析能更好地制订商业模式。

（二）营销网络

营销网络是企业在将产品和服务推向市场获取利润的过程中所形成的网络，包括客户群体和营销渠道。客户群体与价值取向对应，是企业产品或服务所对应的客户群，常具有某些共同的特征。在具体的营销过程中，企业还需要对目标客户进行识别，接触潜在客户并将其转变为真正客户，然后进行长期维护。其中，如何快速获取客户信息是关键，如果企业能够迅速提取客户信息，就能够发现新的客户和商机，更好地为客户提供个性化的产品或服务，形成一种正反馈效应。企业可以通过互联网提供给某一具有共同特征的群体某种信息，如论坛、博客等，以期将其聚集在一起，最后形成稳定的关系网络。

（三）基础资源

资源是价值活动的基础，是指企业可以从市场上所获得的和控制的各种要素。企业可利用这些要素结合生产、管理、激励等机制，将资源转化为产品或服务。按性质分，资源可分为内部资源和外部资源。内部资源又分为有形资源、无形资源及人力资源等；外部资源主要是外部的网络关系，包括伙伴关系等。参与多个企业间有价值的活动达到互利的目的，可以降低交易成本、获取广泛的资源、减少市场风险等。

五、商业模式的作用

具体来说，商业模式有以下几个作用。

(1) 有助于提高创业成功率。创业者一旦发现机会，就迫不及待地去进行开发，结果常以失败而告终。初创企业利用商业模式可以更加全面地对创业活动进行思考，能有效避免匆忙创业造成的失误，从而提高创业成功率。

(2) 有助于保证企业快速、健康地成长。商业模式以机会为中心，包含价值创造与获取的内在经济逻辑，是对企业系统的整体描述。企业进行商业模式创新，意味着构建特有的资源组合形式，难以被其他企业复制，但却有可能改变整个产业的经济性，具有巨大的经济潜力，从而有可能为企业快速成长打下基础。另外，由于商业模式关注企业系统平衡，因而能较好地减轻或避免企业快速成长引发的问题和不对称现象，从而能实现企业快速成长过程的平稳发展。

(3) 为二次创业提供了新思路。过去，创业企业可以通过单一的产品或技术创新获得成功，而现在越来越需要通过更为综合的商业模式创新来战胜竞争对手。因为商业模式可以提供具有独特资源组合的企业系统，并为企业持续发展竞争优势奠定基础，所以商业模式创新是企业进行二次创业的新途径。

(4) 有助于增强应对全球化竞争的能力。要想战胜来自全球的竞争对手，创业企业必须根据建立具有创造性的商业模式的思路，利用当前各种资源和环境条件，围绕市场提供的特殊机会构建独有的商业模式，从而提高全球化竞争的能力。

六、商业模式的分类

（一）O2O 模式

O2O 即 online to offline，即将线下商务的机会与互联网结合在一起，让互联网成为线下交易的前台。这样线下服务就可以用线上来揽客，消费者可以在线上筛选服务，成交可以在线结算，很快达到规模。该模式最重要的特点：推广效果可查，每笔交易可跟踪。O2O 电子商务模式需要具备五大要素：独立网上商城、国家级权威行业可信网站认证、在线网络广告营销推广、全面社交媒体与客户在线互动、线上线下一体化的会员营销系统。O2O 的优势在于把线上和线下的优势完美结合。通过网购导购机，把互联网与实体店完美对接，实现互联网落地。让消费者在享受线上优惠价格的同时，又可以享受线下贴身的服务。同时，O2O 模式还可以实现不同商家的联盟。

1. 线上线下对接

O2O 绕不开的，或者首先要解决的是线上订购的商品或者服务，如何到线下领取？即线上和线下如何对接？这是 O2O 实现的一个核心问题。用得比较多的方式是电子凭证，即线上订购后，购买者可以收到一条包含二维码的彩信，购买者可以凭借这条彩信到服务网点经专业设备验证通过后，即可享受对应的服务。这个模式很好地解决了线上到线下的验证问题，安全可靠，而且可以后台统计服务的使用情况，方便消费者的同时，也方便了商家。

2. 模式网站

采用 O2O 模式经营的网站已经有很多，团购网就是其中一类，另外还有一种为消费者提供信息和服务的网站。值得一提的是，在业内有争议，而且已在全国建立 20 余家实体店铺的青岛某品牌所推行的 ITM 网购与 O2O 模式有本质的不同，无论是经营理念、经营构架，还是经营方式都截然不同于 O2O 模式。例如，O2O 更注重线上交易，而 ITM 模式则更偏重于线上预订，线下交易；O2O 模式的实际经营可适用于办公室等任何实体经营场所，而 ITM 模式则以店铺式经营。

例如，某网站是一种全新的 O2O 社区化消费综合平台，与团购的线上订单支付，线下实体店体验消费的模式有所不同，多拿网创造了全新的线上查看商家或活动，线下体验消费再买单的新型 O2O 消费模式，有效规避了网购所存在的不确定性和线上订单与线下实际消费不对应的情况，并依托二维码识别技术应用于所有方面。

联盟商家，锁定消费终端，打通消费通路。最大化地实现信息和实物之间、线上和线下之间、实体店与实体店之间的无缝衔接，创建一个全新的、共赢的商业模式。网站涵盖了休闲娱乐、美容美发、时尚购物、生活服务和餐饮美食等多种品类，旨在打造一个绿色、便捷、低价的 O2O 购物平台，为用户提供诚信、安全、实惠的网购新体验。

3. 市场分析

O2O 模式的核心很简单，就是把线上的消费者带到现实的商店中去，在线支付购买线下的商品和服务，再到线下去享受服务。

(二) B2C、C2C 模式

B2C、C2C 是在线支付，购买的商品会通过物流公司送到顾客手中，O2O 是在线支付，购买线下的商品、服务，再到线下去享受服务。

B2C 是 business to customer 的缩写，而其中文简称为“商对客”。“商对客”是电子商务的一种模式，也就是直接面向消费者销售产品和服务的商业零售模式。B2C 电子商务的付款方式是货到付款与网上支付相结合，而大多数企业的配送选择物流外包方式以节约运营成本。随着用户消费习惯的改变，以及优秀企业示范效应的促进，网上购物的用户不断增长。此外，一些大型考试如公务员考试也开始实行 B2C 模式，其基本需求包括用户管理需求、客户需求和销售商的需求。

C2C 实际上是电子商务的专业用语，是个人与个人之间的电子商务。C2C 即 customer (consumer) to customer (consumer)，意思是消费者个人间的电子商务行为。比如，一个消费者有一台计算机，通过网络进行交易，把它出售给另外一个消费者，此种交易类型就被称为 C2C 电子商务。

（三）BNC 模式

BNC(business name consumer)是以商家、消费者和个人姓名组成的独立消费平台，让每个人都拥有自己姓名的产权式独立网站，智能商城 BNC 具有 B2C、C2C、O2O 等模式的优势，同时解决了以上模式解决不了的弊端，做到了快速免费地推广企业和产品。每个人都拥有自己姓名的商城，从而最大限度地挖掘出每个人的资源和潜力。智能商城是一个集高端云技术和独特裂变技术于一体的网络平台，是一个超越所有传统商业模式和电子商务模式的新型商务模式，是一个真正符合广大消费者零起步创业的舞台。它终将走遍中国，走向世界，引领世界经济潮流。

BNC 模式悄然兴起，它的特点是快速裂变，抑制同行模仿，这将是互联网及电子商务的最大创举，同时也让电子商务快速进入后电子商务时代，从而结束诸侯混战的时代。

案例 8-1

苹果公司的商业模式

1. 全新的盈利模式

2001 年，苹果公司推出了第一款 iPod 音乐播放器，当时美国每年仅售出 72.4 万台数码音乐播放器，似乎看不出什么市场前景。但苹果随即推出的 iTunes 网上音乐点播商店，提供一首歌曲只需付费 99 美分(约合人民币 6 元)的合法音乐下载。同时，只有使用 iPod 才可以播放从 iTunes 下载的音乐。

苹果公司真正的创新不仅是硬件层面的，而是让数字音乐下载变得更加简单易行，成功利用“iPod+iTunes”组合开创了一个全新的商业模式——将硬件、软件和服务融为一体。苹果看到了基于终端内容服务市场的巨大潜力。在其整体战略上，也已经开始了从纯粹的消费电子产品生产商向以终端为基础的综合性内容服务提供商的转变。“iPhone+App Store”的商业模式创新更是适应了手机用户对个性化软件的需求，从而使得手机软件业开始进入了一个高速发展的空间，开创了手机软件业发展的新篇章。

iPod +iTunes、iPhone+App Store、iPad 先后改变了传统音乐、手机和出版行业，建立了这三个行业的新秩序，而苹果公司自己也因为成功地找准了盈利点，开创了硬件、软件和服务的产业关键环节，才取得了骄人的业绩。由于消费者的需求总是潜在的，企业的功能就是通过提供产品和服务，激发消费者的需求。

2. “拉帮结派”的商业生态创新

商业生态主要是指企业将其周围的环境看作一个整体，打造一个类似生态系统的商业生态，以产业链、相关利益链构成，包括大量的企业、供应商、消费者、市场中介(销售渠道、提供服务的单位)等。在复杂多变的市场中，消费者的需求也是多变的，单个企业已无法完成这一任务，需要整个系统提供解决方案。而围绕着企业商业生态方面所做的创新，这里将其定义为商业生态创新。

2008 年 3 月，苹果公司发布开发包 SDK 并提供免费下载，以便第三方应用开发商开发针对 iPhone 的应用软件，为全世界有想法的程序员和公司提供了一个方便而又高效的商业平台，降低了开发人员所负担的费用。花费 99 美元可以加入 iPhone Developer Program，不仅能得到官方技术的支持，也允许将软件在 App Store 上销售，开发者可以自由定价，销售收入与苹果公司三七分成，除此之外没有任何的管理、账目、挂载费用。对于第三方开发厂商和个人开发者，都有极强的吸引力，因而极大地调动了第三方开发者的积极性。在资金流结算方面，苹果公司和信用卡公司合作，可以直接通过信用卡进行网上交易，为客户提供了极大的便利，也促进了自身业务的增长。

许多知名杂志和报纸也推出了 iPad 及 iPhone 版本。iPad 带给报刊读者的是一种前所未有的阅读体验：选择阅读文字或观看视频，可以通过微博等平台与人交流，也可以让内置扬声器给自己朗读新闻；更重要的是，iPad 可以在各种场合使用，办公室、地铁、卧室甚至卫生间；读者可以在轻薄的屏幕上找到近似阅读纸质媒介的亲切感，这种感觉完全不同于在因特网上阅读。

苹果公司每推出一款新的产品，都会引发一场革命，从最早的 iMac，到后来的 iPod 和 iPhone，都对产业的商业格局产生了巨大的影响：iPod 改变了唱片业的商业格局；iPhone 改变了手机业的商业格局；iPad 影响的远远不只是电子阅读器这一行业，而是整个出版业。可以说，苹果公司改变了商业的生态系统。

（资料来源于网络，作者整理得到）

第二节　商业模式的设计与创新

随着时代的发展、市场的变化，商业模式的创新是企业发展的必然选择。商业模式是反映企业商业活动的价值创造、价值提供和价值分配等活动的一种架构，以产生有利可图且得以维持收益流的客户关系资本，就是指做生意的方法，是一个公司赖以生存的模式，一种能够为企业带来收益的模式。

商业模式规定了公司在价值链中的位置，并指导其如何赚钱，是企业运营机制的扩展和利用。特别是现代的中小微企业在复杂多变的市场竞争环境下，更需要了解、研究、应用商业模式创新来经营企业，从而达到可持续发展的目的。

一、商业模式的设计思路

对企业而言，商业模式的设计实际上就是企业的基本盈利假设和实现方式，以及由此产生的不同价值链和不同资源配置模式。具体来讲，商业模式主要解决企业的利润从何处获得的问题，也就是企业利润来源于什么样的价值链条，以及主要由价值链中的哪些环节实现，为什么是这样而不是其他选择。商业模式首先必须是对企业盈利方式的假设和设计，而这些依赖于企业对市场前景和发展趋势的思考、对竞争对手商业模式的分析和优化、对自身资源的优化和对外部资源组合方式的思考等。

由此，商业模式的设计思路可从以下几个关键点出发。

（一）商业模式必须能够创造价值

（1）新企业自身的盈利必须得到保证。也就是指，虽然新企业无法在一开始就保证盈利，但至少要找到可持续的盈利方法。

(2) 新企业必须能够为战略合作伙伴创造出更多的价值。企业的战略合作伙伴包括供应商、分销商以及其他业务合作伙伴组成的供应链或价值链。在新的竞争环境中，企业面临着缩短交货期、提高产品质量、降低成本和改进服务的压力，单个企业仅依靠自己的资源已经不能胜任整个供应链条中的市场变化。如今的商品竞争已不再是单一企业的竞争，而是供应链或经营网络之间的整体竞争。

因此，商业模式的设计必须考虑企业整体阵营的利益，要使得企业的经营网络能够获得更大的价值，即共赢。

(二) 商业模式需要紧抓市场需求

对企业而言，如果其价值要在市场端与消费者端才能呈现出来，那么设计商业模式首要考虑的便是市场中各种不同消费者的需求。新企业可采取市场区隔分析的方法来明确消费者的需求，进而寻求产品在市场中的定位。

对大众市场而言，市场细分程度高，基本上都被现有厂商以各种各样的类似产品所占有，一项创新的差异化产品想要立即挑战大众市场，这在新企业的创立初期几乎是不可能完成的任务。因此，创业者在设计商业模式时，需深入运用市场区隔分析，挖掘尚未满足的市场需求，并以差异化产品来应对这类市场需求。

对新兴科技领域，由于市场尚未完全成形，消费者的需求还不是特别明确，企业对目标消费者的了解也十分匮乏，往往缺乏具体的消费者需求信息。这种情况如果任凭其持续下去，会在很大程度上影响企业的前进步伐。因此，新企业在构建自身商业模式时，务必要依托市场区隔分析，力求找到相对明确的利己市场需求。

(三) 商业模式需要明晰企业利润结构

成熟的商业模式必须要能将成本、收入结构及计划实现的利润目标清晰地表现出来，并且能够让股东知道未来存在的投资回报方式。为实现利润目标，商业模式中有关成本与收入结构设计的内容必须包括定价方式、收费方式、销售方式、收入来源比重、价值链中各项活动的成本与利润配置方式等，具体可由前述市场分析获取新企业未来将要提供的产品，再由此规划能实现利润的成本和收入结构，以期实现企业利润目标。

(四) 商业模式需要突出企业竞争优势

成熟的商业模式需要显示企业能在利己市场有效地提供差异化产品，创造价值，满足消费者需求。同时，商业模式还需显示维持竞争优势的能力，通过各种方式，努力扩大与其他企业之间的领先优势。例如，处在知识经济产业领域的新企业，商业模式大多能呈现正向回供的效应，随着领先创新者将市场规模扩大，其价值效应及成本效应将会越来越显著。

(五) 商业模式短期内不能被他人复制

新企业要能够自我保护，包括企业自身的专利技术、品牌的差异化、独特的营销网络、商业机密或领先优势等，新企业至少要保证在以上几项中占有一两项。其中，专利战是近年来科技公司的重要策略。

案例 8-2

苹果公司的专利策略

美国苹果公司和韩国三星公司在加州圣何塞地区法院的专利侵权诉讼被称为“世纪之战”，备受世人关注。其实在这之前，苹果公司和竞争对手的专利诉讼就在不断上演——苹果 VS HTC、苹果 VS 诺基亚、苹果 VS 摩托罗拉等。智能终端方面的国际官司“至今已觉得不新鲜”，我们需要关注的是为什么苹果公司在专利诉讼中尤其是外观设计和用户界面等方面能够屡次胜出，这自然和其相应的专利积累是密不可分的。那么，苹果公司的专利是如何炼成的呢？

1. 以制造起家，始终重视硬件实力的打造

智能终端企业从根本上来说，属于消费电子行业，而这说明它是需要一定制造基础的，即使是在制造与服务的一体化，或者说从生产型制造向服务型制造转变已成为发展趋势的情况下。苹果公司具有长期生产 PC 等消费电子产品的经验，其一贯追求硬件和软件的紧密结合。美国谷歌公司和微软公司逐渐认识到这一点，并着手增加自身的硬件以同苹果公司相抗衡。谷歌公司在 2011 年正式收购了摩托罗拉移动控股公司以弥补智能终端专利方面的不足，然后又推出了 7 英寸屏平板电脑。微软公司曾发布了 Kin 系列手机，目标人群锁定十几岁到二十几岁的社交网站爱好者，还自主开发了 Surface 平板电脑。然而冰冻三尺非一日之寒，谷歌公司和微软公司在硬件和制造方面的先天缺陷，使其在产品外观设计等方面的专利积累不足。

2. 异常重视工业设计

苹果公司和乔布斯对于设计的理念是：设计不仅是关乎产品外观的，而且必须要反映出产品的精髓，设计是产品的核心灵魂，并最终由外壳表达出来。从苹果公司的内部流程来看，产品设计过程和工程及制造结合到了一起，设计师、产品开发人员、工程师以及制作团队需要通力合作。对于大多数公司来说，设计是被工程技术引领的，工程师制订产品的规格和要求，然后设计师们再据此设计模型和外壳；然而在苹果公司，这一过程却截然不同，在苹果公司创立之初，在乔布斯首先确定了 Mac 计算机的外壳之后，工程师们才依次制造合适的主板和元件。为了设计出完美的产品，为了良好的用户体验，苹果公司在产品初创阶段会不厌其烦地频繁修改，投入巨大的人力和财力，甚至可以不计成本和利润。独特的设计让苹果公司的产品与众不同并积累了足够的外观设计等方面的专利。

3. 创始人乔布斯热衷于创新和专利申请

除管理苹果公司的日常运营工作外，乔布斯还在公司的众多产品开发过程中扮演了重要角色，从 iMac 到 iPod、iPhone 和 iPad，不一而足。在苹果公司的专利组合中，共有 313 项将乔布斯列为主要发明人或共同发明人。相比而言，微软公司创始人比尔·盖茨仅被列为 9 项专利的发明人，谷歌公司联合创始人佩奇和布林的专利也不过十几项。具体而言，乔布斯的名字在 33 项专利中被列在第一位，表明他在其中占据极其重要的地位；有超过200 项专利是由乔布斯与苹果公司设计主管乔纳森·艾弗共同开发的。企业家或企业领袖对 IT 公司的影响举足轻重，正是因为乔布斯热衷于创新和专利申请，才形成了苹果公司雄厚的专利储备。虽然乔布斯参与的多数专利都与产品的外形和感觉相关，但最终苹果公司在移动智能终端领域的统领地位，绝不仅仅体现在外观设计专利方面，还体现在多媒体、多任务处理、

触控设计等方面享有众多专利，尤其是在和触控相关的技术上，专利布局非常深入。

（资料来源于网络，作者整理而成）

此外，品牌差异化的打造也是新企业的有效盈利方式。例如，在汽车市场，不同车企早已为自己的品牌在消费者的心中定好了位置，丰田威姿和福特福克斯定位为经济车，奔驰和凯迪拉克定位为豪华车，保时捷和宝马定位为高性能车，沃尔沃有力地定位在安全性能方面，而丰田的普锐斯混合动力车则定位为应对能源短缺的高科技方案。正因为差异化的内涵，才可能被消费者选择。

营销网络是企业独特的宝贵资产，可以帮助企业顺利推出新产品，获得市场份额。例如，中国著名民营企业娃哈哈集团，通过组建稳定的分销渠道形成了独有的营销网络，保证新产品上市可以第一时间向全国铺货；可口可乐公司则以商业秘密为领先优势，其可乐配方一直被视为公司的高级机密，并借此名声大噪、利润滚滚。

总之，对企业特别是创业企业而言，总要有自己独特不易被模仿的特性来助力商业模式的开发。

（六）商业模式必须能够确保正常启动

理想过于完美但没有设计好实现理想的方法，这是新企业犯得最多的错误之一。商业模式是实现理想的方法，是企业能否生存下去的关键。因此，想要创业成功，理想固然重要，但如何实现理想更为重要。创业者一定要确保自己选择的商业模式是清晰、明确、可以正常启动的，而不是镜中花、水中月。

二、商业模式的设计方法

根据商业模式的设计思路可以看出，企业商业模式设计最为关注的是企业的价值实现、独特性和可行性。成功的商业模式设计应该以本企业为出发点，充分考虑社会资源的集约利用和设计安排，创造企业价值、客户价值、伙伴价值和社会价值。对于商业模式设计方法，学者研究的并不太多，代表性的方法主要包括参照法、相关分析法、关键因素法和价值创新法。

（一）参照法

参照法是商业模式设计的一种有效方法。该方法是以国内外商业模式为参照，然后根据本企业的有关商业权变因素，如环境、战略、技术、规模等不同特点的调整，确定企业商业模式设计的方向。许多企业的商业模式设计都是通过参照法进行的，如吉列(Gillette)首创的“剃刀与刀片”的诱钓型商业模式。这种模式的关键是找到便宜或免费的初始产品(剃刀)和后续重复消费较昂贵产品(刀片)之间的紧密联系。企业可借助后者赚取高额利润，许多其他行业都参照其应用，如喷墨式打印机(打印机与墨盒)、移动通信行业(免费手机与手机套餐)等。

（二）相关分析法

相关分析法是在分析某个问题或因素时，将与该问题或因素相关的其他问题或因素进行对比，分析其相互关系或相关程度的一种分析方法。创业者运用相关分析法，可以找出相关因素之间规律性的联系，研究如何降低成本、增加价值。例如，亚马逊通过分析传统书店，在网上开办电子书店；eBay 首创的网上拍卖也来自传统的拍卖方式。

（三）关键因素法

关键因素法是以关键因素为依据来确定商业模式设计的方法。商业模式中存在着多个变量，影响设计目标的实现，其中若干个因素是关键和主要的（成功变量）。创业者可通过对关键成功因素的识别，找出实现目标所需的关键因素集合，确定商业模式设计的优先次序。例如，微软公司成功的关键是其软件系统与任何硬件的兼容性。

（四）价值创新法

对一些从未出现过的商业模式设计往往需要进行创新，即通过价值要素的构建、组合等设计出新的商业模式。

三、商业模式创新的概念

商业模式创新是指企业价值创造提供基本逻辑的创新变化，它既可能包括多个商业模式构成要素的变化，也可能包括要素间关系或者动力机制的变化。通俗地讲，商业模式创新就是指企业以新的、有效的方式盈利。商业模式创新是当今企业获得核心竞争力的关键，沃尔玛、亚马逊、Zara、Netflix 等企业就是因为独特而具有竞争力的商业模式而异军突起，在竞争激烈的各类行业市场中成为领袖的。在过去 10 年成功跻身于《财富》500 强的 27 家企业中，有 11 家是通过商业模式创新取得成功的。

21 世纪是知识经济时代，从竞争的角度看，知识将会逐渐成为竞争优势的重要来源，而一个企业的先进商业模式将是知识成为竞争优势的具体表现。从我国目前的情况来看，谁拥有了优秀、先进的商业模式，谁就拥有了更多的市场机会及资源。从某种意义上讲，商业模式的创新在很大程度上促进了一批新企业的高速成长。

四、商业模式创新的方法

商业模式是动态变化的，商业模式创新属于企业最本源的创新，企业的更新换代实际上是商业模式的推陈出新。离开商业模式创新，其他的管理创新、技术创新都失去了可持续发展的可能和盈利的基础。因此，商业模式创新是挖掘企业潜力的重要途径，是企业家的必修课。

创业者需分析企业所处的宏观环境、行业状况和企业的自身状况。首先，商业模式创新与宏观环境密切相关，当市场经济发展到一定程度，竞争会成为商业模式创新的原动力，从而推动商业模式创新，促进新的商业模式产生；其次，商业模式创新与企业所处行业状况密切相关，处于行业成熟期的企业更需要创新商业模式以求新的发展，焕发新的活力；最后，商业模式创新与企业自身状况密切相关，当企业原有业务发展空间变小或拥有一定的剩余经营资源时，应积极对商业模式进行探索与创新。

因此,商业模式创新的视角要更为外向和开放,更多考虑涉及企业经济方面的因素,更加注重从为客户创造价值的角度出发,从根本上设计企业的行为。商业模式创新的方法有以下几种。

(一) 改变收入模式

改变收入模式即改变企业对用户价值的定义以及相应的利润方程。要想做到这一点,企业必须以用户的新需求为切入点,深刻理解用户购买本企业的产品需要完成的任务或要实现的目标。这里的用户的新需求并不是指营销范畴里的新需求,而是从更宏观的层面来定义用户需求,即从更深入的层面了解用户购买产品用来完成什么样的任务或实现什么样的目标。

事实上,用户要完成一项任务需要的不仅是产品,还需要一个解决方案,而企业一旦确认了这种解决方案,也就确定了新的价值创造模式,并可以此进行商业模式创新。

(二) 改变企业模式

改变企业模式是指改变企业在产业链中的位置及充当的角色,换言之,就是改变了其价值定义中的"造"和"买"的搭配,一部分由自身创造,其他部分由合作者提供。企业为什么样的消费者提供什么样的产品或服务,产品或服务的独特价值或者特点是什么,这就是市场定位。当消费者的需求发生变化时,企业可对消费者进行细分,有针对性地提供产品或服务,获取潜在的利润,创新企业的商业模式。商业模式创新是一种集成创新,因此在市场重新定位后,伴随产品、工艺或者组织的创新,往往需要企业进行较大幅度的战略调整,多体现为服务创新,表现为服务内容、方式以及组织形态等多方面的创新变化。

一般情况下,企业的这种变化是通过垂直整合策略或出售外包来实现的。例如,谷歌公司在意识到大众对信息的获得已从桌面平台向移动平台转移,而自身的竞争优势仅限于桌面平台搜索引擎会逐渐丧失竞争力,于是迅速实施垂直整合策略,大手笔收购摩托罗拉手机和安卓移动平台操作系统,进军移动平台领域,改变了自己在产业链中的位置及商业模式。

(三) 改变产业模式

改变产业模式是最激进的一种商业模式创新,它要求一个企业重新定义本产业,进入或创造一个新产业。例如,IBM 通过推动智能星球计划和云计算,重新整合资源,进入新领域并创造新产业,如商业运营外包服务和综合商业变革服务等,力求成为企业总体商务运作的大管家。亚马逊也是如此,其正在进行的商业模式创新向产业链后方延伸,为各类商业用户提供如物流和信息技术管理的商务运作支持服务,向它们开放自身的 20 个全球货物配发中心,并大力进入云计算领域,成为提供相关平台、软件和服务的领袖。其他如高盛、富士和印度大企业集团 Bharti Airtel 等都在进行这类的商业模式创新。

(四) 改变技术模式

正如产品创新往往是商业模式创新的最主要驱动力一样,技术变革也是如此。企业可以利用科技与商业创意整合外部资源,为自己和产业伙伴创造新的价值,并通过对产业经济的商业运作环节进行创新重组形成新的产业链,用新的科技手段、创意营销与资本的结合开发潜在的需求，创造新的需求实现模式，形成市场与科技对接、创意与经济对接。

例如，云计算技术能提供诸多崭新的用户价值，从而提供企业进行商业模式创新的契机；另一项重大的革新技术是3D打印技术，一旦其成熟并能商业化，将帮助诸多企业进行深度商业模式创新，如汽车企业可用此技术代替传统生产线来打印零件，甚至可采用戴尔公司的直销模式，让用户在网上订货，并在靠近用户的场所将所需汽车打印出来。

（五）改变分销渠道

商业模式创新如果提供全新的产品或服务，那么它可能开创了一个全新的可盈利产业领域。如果企业能够创新营销方式，那么即便是向消费者提供已有的产品或服务，也能给企业带来更持久的盈利能力与更大的竞争优势。

分销渠道难以被竞争者模仿，这常给企业带来战略性的竞争优势，而且这种优势通常可以持续数年。首先，企业要加强分销渠道系统性与规范化建设，解决大渠道利润少、地区串货、渠道无序竞争、零售终端管理复杂、新品推广缺乏积极性等问题；其次，从产品及消费需求入手，以分销成本节约和购买便利性为原则，设计、构建最符合产品特征和企业实际情况的具有个性化的渠道；最后，对分销渠道进行整合与细分，在同一分销渠道内要尽量进行产品多品种的整合。

拓展阅读

共享单车倒闭潮来袭，背后是一个商业模式的坍塌

继酷奇单车倒闭并强行遣散员工、小蓝单车被曝用户押金退还困难继而倒闭等种种负面消息之后，摩拜和ofo也被曝出挪用高达60亿元的用户押金的负面新闻。风口过后的倒闭潮仿佛成为那些喊着“共享经济”口号创业者们的归宿。显然，共享单车只是其中的一个缩影。

1. 逃不过的寡头效应

千团大战从最初的5000多家到剩下100多家。再到最后活下来的更是屈指可数，打车软件经历倒闭潮后，最终的赢家也只有滴滴和Uber。互联网垂直赛道只容得下前两名仿佛早已成为行业的一种“隐形规律”。共享单车的风口如团购、网约车一样，在资本、战略、执行力角逐混战之后，依然无法摆脱“寡头效应”。

卡拉单车创始人林斌以借朋友29万元偿还用户押金收场；悟空单车创始人雷厚义赔了300多万元；3Vbike创始人巫盛华损失100多万元；町町单车更是落得资金链断裂，创始人“跑路”的下场……

这一长串在单车角逐赛中的“掉队者”在风口之初，无不踌躇满志，试图营造差异化来完成对于ofo和摩拜的突围。

例如，酷奇和小蓝单车企图通过产品的差异化分得市场的一杯羹。酷奇推出黄金单车，发力用户体验端，配备了智能升降座椅功能，无线、有线的手机充电功能和智能语音锁功能三项“黑科技”。小蓝单车推出变速车，也在用户体验上获得了很多骑行爱好者的青睐。

但是，后来者们终究忽略了资本裹挟下的互联网头部势力，从来没有攻不下的壁垒。二线玩家与摩拜、ofo的资本鸿沟，意味着市场主动权并不在它们手中，差异化只会进一步加大

它们在成本上的负担，而融资和成本的不匹配，使其被淘汰的结局几乎是注定的。

不仅仅是二线玩家遭遇困境，规模大如摩拜、ofo也缺乏安全感，不断地寻求融资以扩大自己的体量，但是大量投放也就意味着背后巨额的刚性成本，再叠加日常运维及运营成本，导致共享单车企业成本常常高达百亿元级别。

以摩拜为例，目前市面上摩拜单车的产品主要是经典版和Lite版，经典版造价在2000元左右，摩拜Lite的造价也达1000元。仅单车成本一项，摩拜花费就超百亿元……

ofo也同样面临困境，随着投放量越来越大，资金问题也开始凸显。虽然其单车端的刚性成本远低于其他公司，但"网格化"运营的模式使其在运维端的成本是其他单车的十几倍。每个网格配备一定数量的运维师傅在用户体验端提升颇多，但无疑也加重了资本端的压力。

说到底，无论是头部玩家还是二线玩家，共享单车的竞争实则是裹挟在其背后的资本竞争，这也暴露出了共享单车的本质——伪共享，真租赁。

2. 共享外衣下的"窘境"

共享经济真正的核心是"搭建平台，让C端的供给者和需求者完成资源的对接"，平台并不参与到实际的交易中，而是扮演规则制订者和执行者的角色。

以共享单车为例，共享单车模式下所谓的共享经济本质上是被互联网包装的租赁经济，共享单车公司作为直接的服务提供者参与到与用户的交易当中，这显然与共享经济的最核心理念和特点不符。

首先，相比于真正的共享模式，本质为B2C的共享单车模式显得十分沉重。作为B端参与到整个共享单车的游戏中，单车硬件的成本成为运营商不可忽视的一部分，而且单车硬件的竞争也是多维度的，涉及产品渠道、运维、价格、成本等复杂因素，模式之重意味着只有巨大的资本作为支撑，才能够撬动市场份额。这也致使单车巨头们不顾市场的饱和，陷入融资投放、再融资、再投放的怪圈中。同时，不断投放的"共享"单车也由理性的发展，驶入了疯狂扩张的高速大道。

其次，在这种B2C的伪共享模式下的共享单车并没有激活社会的闲置资源，反而在疯狂扩张后增加了现有的交通压力。特别是在共享单车寸土必争的一二线城市，各大单车公司为了抢占市场造成过度投放并非个例，北上广深无一例外。

随之而来的则是政府层面的禁投令。新出台的国家共享单车管理办法，像是一柄高悬的达摩克利斯之剑，默许发展的政策红利期正在成为过去时。杭州、福州、郑州、南京、上海、广州、深圳等多个城市相继发布文件叫停投放。

不过叫停单车投放，只是"头疼医头，脚疼治脚"的举措，并不能治本。与真正的共享经济"只做运营"的理念不同，B端属性的单车公司们决定了在它们的优先级中，单车数量永远高于单车管理。

3. "伪共享经济"时代的结束

共享充电宝的悄然消失、共享单车的频频倒闭，都告诉我们一个不争的事实，并不是所有的行业都适用于伪共享经济的模式。

共享的世界，永远不缺夸大、炒作，然而当可共享的领域越来越多，难免回到问题的本源——是否已经偏离了"共享经济"的内涵。归根结底，共享单车等伪概念企业只是互联网化经营的传统业态，不同的只是经营模式而非经济模式。而那些不具备消费场景或真实需求的"伪共享"项目，终究逃不过像当年团购、O2O一样销声匿迹的结局。

借用常亮的一句话："一切泡沫终究被戳穿，不合理终归被合理所取代。"如果"共享经济"想要活下去，总归要褪去它的外表，毕竟C2C模式的共享经济才是我们真正需要的。

（资料来源：百度，有改动，https://baijiahao.baidu.com/s?id=1585484627085381054&wfr=spider&for=pc，2017-11-30）

思考与训练

1. 创业者应如何设计适合自己的商业模式？

2. 情景模拟：硬币带来的机会。

一名普通的大学生，利用闲暇时间勤工俭学，在学生公寓打扫卫生。

第一次打扫学生公寓时，他在墙角、桌缝、床铺下扫出了许多沾满灰尘的硬币，这些硬币有1毛、5毛和1元的。

他将这些硬币还给同学时，谁都没有表现出丝毫的热情……

请根据上述背景信息，讨论：

（1）有哪些创业机会？

（2）创业项目可能的盈利模式是什么？

3. 训练组织与实施，调查分析企业的商业模式，运用所学知识进行分类并对基本经营方式做出变革方案。

（1）操作步骤：

① 将全班分成五六个小组，每组8人。

② 每个小组选取一个区域（各省、自治区、市）企业。

③ 各小组学生将企业的商业模式进行分析、讨论。

④ 对各企业的商业模式进行分类，针对经营方式提出变革方案。

（2）成果形式：为调查企业做一份商业模式调整及商业模式创新所带来的经营上的差异分析报告。

（3）效果评价：企业基本经营模式分析全面性占30%；企业经营模式分类准确性占30%；经营模式变革方案有效性占30%；团队的沟通合作表现占10%。

第九章　创业计划书的制订

知识结构

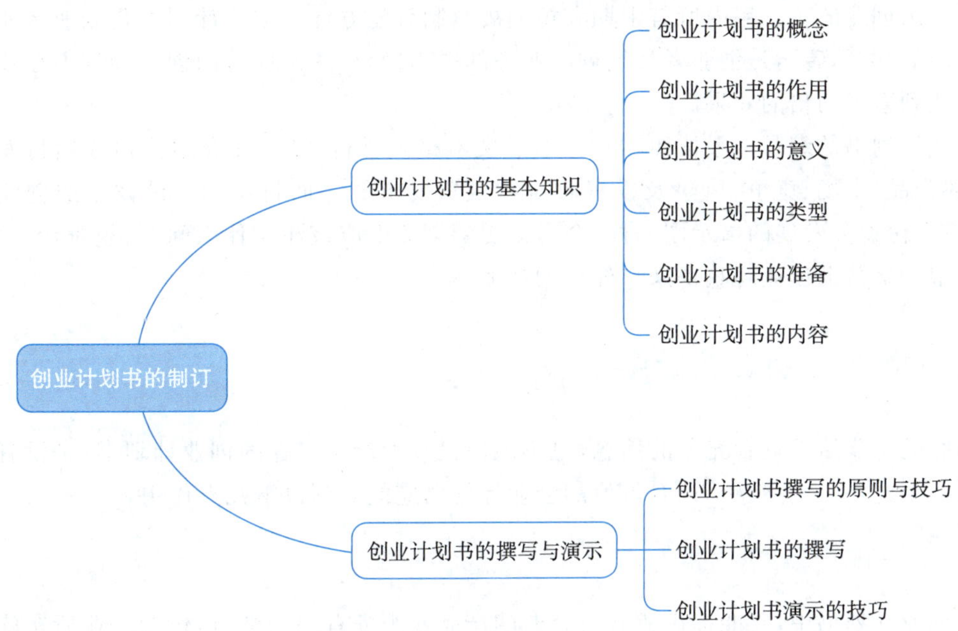

学习目标

- 了解创业计划书的概念和作用。
- 了解创业计划书的意义和类型。
- 掌握创业计划书需要做的准备。
- 学习创业计划书的内容。
- 掌握创业计划书撰写的原则与技巧。
- 学习创业计划书的撰写与检查。
- 掌握创业计划书演示的技巧。

第一节　创业计划书的基本知识

创业计划书首先是吸引投资的工具，同时也是确定创业目标和制订行动计划的参考资料，是一个企业管理和操作的行为指南。创业计划是执行所有创业活动的第一步，如果没有创业计划并确定创业目标，那么创业的风险就会相对提高。虽然创业计划并不一定能保证创业活动的成功，但它可以提高创业成功率。

一、创业计划书的概念

创业计划书即商业计划书，是创业者在初创企业成立之前就某一项具有市场前景的新产品或服务，向潜在投资者、风险投资公司、合作伙伴等进行分析汇报，以取得合作支持或风险投资的可行性商业报告，用来描述创办一个新企业时所有的内部和外部要素。创业计划通常是各项职能的集成，如市场营销计划、生产和销售计划、财务计划和人力资源计划等，同时也是提出创业的头三年内所有中期和短期决策制订的方针。创业计划书是创业者叩响投资者大门的“敲门砖”，是创业者计划创办业务的书面摘要，一份优秀的创业计划书往往会使创业者达到事半功倍的效果。

创业计划书的编写一般按照相对标准的文本格式进行，是全面介绍公司或项目发展前景，阐述产品、市场、竞争、风险及投资收益和融资要求的书面材料。一份详尽的创业计划书，就像一份业务发展的指示图一样，会时刻提醒创业者应该注意什么问题，规避什么风险，并最大限度地帮助创业者获得来自外界的帮助。

二、创业计划书的作用

那些既不能给投资者充分的信息，也不能使投资者产生兴趣的创业计划书，是没有任何意义的。因此，一份有吸引力、有价值的创业计划书应能起到以下几点作用。

（一）关注产品

在创业计划书中，要能提供所有与企业的产品或服务有关的细节，包括企业所实施的所有调查。这些问题包括产品的发展阶段、独特性、企业分销产品的方法、使用企业的产品的用户及需求原因、产品的生产成本、售价、企业发展新的现代化产品的计划等，让出资者站到企业的产品或服务的立场来，这样出资者就会和创业者一样对产品有兴趣。在创业计划书中，企业家应尽量用简单的词语来描述每件事——商品及其属性的定义对企业家而言是非常明确的，但其他人却不一定清楚。制订创业计划书的目的不仅是让出资者相信企业的产品会在世界上产生革命性的影响，同时也要使他们相信企业有证明它的依据。

（二）体现竞争

在创业计划书中，创业者应细致分析竞争对手的情况。包括竞争对手及其产品，竞争对手的产品与本企业的产品的相同点和不同点，以及竞争对手所采用的营销策略。要明确每个竞争者的销售额、毛利润、收入及市场份额，然后再讨论本企业相对每个竞争者所具有的竞争优势，要向投资者展示顾客偏爱本企业的原因：本企业的产品质量好、送货迅速、定位适中及价格合适等，创业计划书要使出资者相信，本企业不仅是行业中的有力竞争者，而且将来还会是确定行业标准的领先者。在创业计划书中，企业家还应阐明竞争者给本企业带来的风险及本企业所采取的对策。

（三）了解市场

创业计划书要给投资者提供企业对目标市场的深入分析和理解。要细致分析经济、地理、职业及心理等因素对消费者选择购买本企业产品这个行为的影响及各个因素所起的作用。在创业计划书中还应该包括一个主要的营销计划，计划中应列出本企业打算开展广告、促销及公共关系活动的地区，明确每一项活动的预算和收益。创业计划书中还应简述企业的销售战略：企业是使用外面的销售代表还是使用内部职员？企业是使用专卖商、分销商还是特许商？企业将提供何种类型的销售培训？此外，创业计划书还应该特别关注一下销售中的细节问题。

（四）表明行动的方针

企业的行动计划应该是无懈可击的。创业计划书中应该明确下列内容：企业把产品推向市场的方法，设计生产线、组装产品的方式，企业生产需要的原料，企业拥有的生产资源以及需要的生产资源，生产和设备的成本，企业设备的买与租，产品组装、储存及发送有关的固定成本和变动成本的情况。

（五）展示管理队伍

把一个思想转化为一个成功的创业企业，其关键的因素就是要有一支强有力的管理队伍。这支队伍的成员必须有较高的专业技术知识、管理才能和多年的工作经验。管理者的职能就是计划、组织、控制和指导公司实现目标的行动。在创业计划书中，应首先描述一下整个管理队伍及其职责，然后再分别介绍每位管理人员的特殊才能、特点和造诣，细致描述每个管理者将对公司所做的贡献。创业计划书中还应明确管理目标及组织机构图。

（六）出色的计划摘要

创业计划书中的计划摘要也十分重要。它必须能让读者有兴趣并渴望得到更多的信息，给读者留下长久的印象。计划摘要将是创业者所写的最后一部分内容，但却是出资者首先要看的内容，它将从计划中摘录出与筹集资金最相关的细节：包括对公司内部的基本情况，公司的能力及局限性，公司的竞争对手，营销和财务战略，公司的管理队伍等情况的简明而生动的概括。如果公司是一本书，摘要就像是这本书的封面，做得好就可以吸引投资者。

三、创业计划书的意义

一个标准的创业计划书至少需有以下六个方面的意义。

（一）创业计划书帮助创业者自我评价，理清思路

在创业融资之前，创业计划书首先应该是给创业者自己看的。创办企业不是“过家家”，创业者应该以认真的态度对自己所有的资源、已知的市场情况和初步的竞争策略，做尽可能详尽地分析，并提出一个初步的行动计划，通过创业计划书做到使自己心中有数。另外，创

业计划书还是创业资金准备和风险分析的必要手段。对初创的风险企业而言，创业计划书的作用尤为重要，一个酝酿中的项目，往往很模糊，通过制订创业计划书，把正反理由都书写下来，然后再逐条推敲，创业者就能对这个项目有更加清晰的认识。

（二）创业计划书帮助创业者凝聚人心，有效管理

一份完美的创业计划书可以增强创业者的自信，使创业者明显感到更容易对企业进行控制，对经营更有把握。因为创业计划书提供了企业全部的现状和未来发展的方向，也为企业提供了良好的效益评价体系和管理监控指标。创业计划书使创业者在创业实践中有章可循。

创业计划书通过描绘新创企业的发展前景和成长潜力，使管理层和员工对企业及个人的未来充满信心，并明确要从事的项目和活动，从而使大家了解将要承担的工作及自己是否胜任这些工作。因此创业计划书对于创业者吸引所需要的人力资源，凝聚人心，具有重要的作用。

（三）创业计划书帮助创业者对外宣传，获得融资

创业计划书作为一份全方位的项目计划，是对即将展开的创业项目进行可行性分析的过程，也是在向风险投资商、银行、客户和供应商宣传拟建的企业及其经营方式，包括企业的产品、营销、市场及人员、制度、管理等各个方面。在一定程度上也是拟建企业对外进行宣传和包装的文件。

一份完美的创业计划不但会增强创业者自己的信心，也会增强风险投资者、合作伙伴、员工、供应商和分销商对创业者的信心。而这些信心，正是企业走向创业成功的基础。一份优秀的创业计划书不仅能够吸引投资者，更能够有效地指导企业经营，帮助创业者理清未来的发展思路，因此在具体的创业实践中，创业者一定要重视创业计划书的价值与作用。

（四）创业计划书是创业者把握企业发展的总纲领

创业者通过制订创业计划书，能够明确创业方向、理清创业思路。创业计划书的制订是一个长期的过程，创业者需要根据企业的实际情况进行不断地调整和完善。在这个过程中，创业者或者改变销售策略，或者更新经营思路，或者认识到某一方面的错误与不足，甚至改变总目标下的某个分目标，这些都有利于企业的良性发展。总之，对创业者而言，创业计划书无异于总纲领和总路线。

（五）创业计划书是创业团队及合作者共同奋斗的动力和期望

创业计划书是创业者对理想的现实阐述，是理想与现实的连接桥梁。创业企业的预期目标、战略、进度安排、团队管理等方面都是创业者理想的具体化图景，是创业团队奋斗的动力。明晰的创业计划有助于统一思想和路线，有助于创业团队成员步调一致、有的放矢。创业计划书是合作者的“兴奋剂”，能让创业者及其合作者紧密团结在一起，同甘共苦，打拼未来；创业计划书还是亲缘纽带的“黏合剂”，因为优秀的创业计划书可以让创业者赢得亲友的信任与支持，坚定创业者在艰难的创业路上的信心与勇气。

（六）创业计划书是投资者决定是否投资的重要参考

从融资角度来看，创业计划书通常被喻为“敲门砖”。在一份详细完备的创业计划书中，往往包含了投资者所需要的信息：创业企业的现实业绩和发展愿景，市场竞争力和优劣势，企业资金需求现状和偿还能力，以及创业者及其团队的能力和阵容等。这些都是投资者所关心的重点，是他们衡量创业企业实力和潜力的依据，并以此作为是否对创业企业进行投资的重要参考。

案例 9-1

一份创业计划书引来 500 万元投资

时年 29 岁的小伙秦某，在重庆打拼 9 年，创业几经挫折。在涉足裸眼 3D 领域后，凭着成功的创业计划书引来 500 万元的风投资金。

1. 曾创业失败血本无归

“我在 2005 年市长峰会时来到重庆创业。”秦某说。他的老家在山东，从某职业院校摄影专业毕业以后，也有过不错的工作和收入。“我在新闻上看到重庆要举办市长峰会，当时就觉得重庆的发展前景非常好，肯定有许多创业的机会，于是毫不犹豫地来到这里。”

秦某来到重庆后，做过推销员，当过电视编导。在上海举办世博会前，他到上海帮朋友负责一个世博会项目，偶然发现投放在街头的打折机很有商机，于是 2010 年在重庆做打折机项目。当年年底这种打折机正式在主城商圈内亮相，市民可在自助打折机上打印出自己需要的商家优惠券。“我们在 2011 年最多时拥有 200 多台打折机，常常给消费者带来 20％～40％的优惠。”

但打折机项目没运作多久就已举步维艰，终端机器租金每月达到 10 万元，再加上员工的开销，从项目面世就没有盈利。这个项目最终失败，秦某和伙伴们的所有投入血本无归。

对于这次创业失败，秦某总结了两大原因。一是合作伙伴的信任问题，当时一个团队负责场地开发，另一个团队负责商户拓展，结果双方互相指责；二是合作伙伴的信心问题，看到不能赚钱，大家逐渐失去了信心，导致内部不断地出现问题。

2. 一本计划书成功引资

从打折机项目退出后，秦某并没有气馁。“我在重新考虑了 20 个创业项目以后，发现 3D 行业充满了商机。”秦某和朋友到电影院看 3D 电影，感觉戴着眼镜看始终不方便，“我当时就想，能不能不戴眼镜看裸眼 3D？能不能把裸眼 3D 屏案安装在主城区商圈内做户外节目呢？”

有了这个创业的想法以后，他立即着手技术方面的调研，发现完全可以实现，于是写出了五份详细的计划书。“缺资金怎么办？”秦某说：“我当时就想通过引进风险投资来实现再次创业。”

“后来我找到了天使投资。”秦某与天使投资的董事长见面后，向对方详细介绍了自己的创业计划，“我当时告诉他最终完成投资，需要 300 万元资金，前期需要 100 万元资金。”

这个创业项目引起了天使投资的兴趣。虽然当时项目还停留在创业计划书上，完全没有实际运作，但天使投资方面看中了项目前景，很快便决定注入资金帮助项目启动，第一期 100 万元资金很快到位。

“天使投资现在已经累计对这个项目投资500万元，超过了当初我们想要的投资额。天使投资不但给我带来了资金上的帮助，还给我带来了资源上的帮助，比如，介绍成熟的业态帮助我迅速增强实力。现在我对项目前景更加充满了信心。”秦某说道。

（资料来源：百度，有改动，https://baijiahao.baidu.com/s?id=1613726512348125151&wfr=spider&for=pc，2018-10-08）

四、创业计划书的类型

根据不同的分类标准，创业计划可分为许多类型。

（一）按照创业计划的内容分类

1. 综合创业计划

综合创业计划是全面实现创业战略的创业计划。例如，创业者计划开发销售一种新产品，那么这份创业计划就需要涵盖产品的开发、生产、销售等各个方面，其具体内容非常详细而烦琐，这就是一份典型的综合创业计划。综合创业计划的主要阅读者为利益相关者，如投资者、供应商、潜在客户、应聘的关键员工等。综合创业计划的目的是让利益相关者了解创业计划，激发他们的兴趣，使他们积极投入创业活动中，进而促进创业活动的进行。

2. 专项创业计划

专项创业计划是创业中的某一项目的专门计划，如创业融资计划、产品开发计划、市场开拓计划等，其中最重要的是创业融资计划，因为资金是确保其他项目顺利开始的基石。专项创业计划为某一项目的发展定下了比较具体的方向，从而使创业项目中的相关员工了解该项目的发展规划，并激励他们为创业成功而努力。

（二）按照创业计划的目标分类

1. 吸引风险投资的创业计划

吸引风险投资的创业计划主要面向风险投资者，其目的是向风险投资者募集资金。风险投资者评估投资项目的首要资料就是创业计划，一份简练而强有力的创业计划能让风险投资者对投资项目的运作和效果心中有数。

吸引风险投资的创业计划在撰写过程中要注意以风险投资者的需求为出发点，尽量说明创业项目有足够大的市场容量和较强的持续盈利能力；展示创业者有完善、务实和可操作的项目实施计划，有完全具备成功实施项目素质和能力的管理团队，并且具备项目运营的成功保证。

通常，吸引风险投资的创业计划应包括以下十项内容：计划概述、产业背景和公司概述、市场调查和分析、公司战略、项目总体进度安排、关键风险和应对策略、管理团队的组成、企业经济状况、财务预测、假定公司能够提供的利益。

2. 吸引创业伙伴的创业计划

吸引创业伙伴的创业计划是为了吸引创业团队的新成员及有特定意义的关键员工。在最初准备创业的时候，创业者无论是从身边的亲朋好友中寻找创业伙伴，还是从并不熟悉的人群中寻找创业伙伴，一份结构清晰、前景良好的创业计划是吸引创业伙伴最有力的武器。

吸引创业伙伴的创业计划不仅要清晰地阐明企业的商业模式和未来发展规划，更要对创业团队成员的利益分配和权限做出清晰的说明。

通常，吸引创业伙伴的创业计划应包括以下八项内容：创业机会及其商业价值描述、新企业将提供的产品以及可能的消费者、可能的市场竞争与拟采取的市场策略、可能的市场收益、可能遇到的风险及应对策略、别人的参与方式、新进入者的利益、有待与新进入者讨论的问题。

3. 获取政府支持的创业计划

政府部门所制定的各项政策对创业活动的成败具有重要的影响。只有在政府政策允许和鼓励的条件下，新企业才能获得更多的人才、贷款、投资、各种服务及优惠等。获取政府支持的创业计划应当强调新企业的项目投资可行性，尤其要着重说明新企业的社会收益和社会成本，只有创业项目的社会影响较为良好，才有可能成为政府关注的对象，进而获得政府的支持。

通常，获取政府支持的创业计划包括总论、团队情况、产品的市场需求预测、项目的技术可行性、项目实施方案、投资估算与资金筹措、项目收益分析及对社会的影响、项目风险及不确定性分析、关于项目可行性的综合结论和希望政府给予的具体支持十项内容。

五、创业计划书的准备

（一）制订创业计划所需要的信息种类

计划书中若有完整的行业信息数据，显然能增加说服力，但计划书中所有的数据、信息都必须有来源。创业计划的制订，需要以充分、有效的信息为依据，所需要的信息主要有以下三种类型。

1. 市场信息

市场信息主要是为了细分市场和确定目标市场，以及确定目标市场的规模、增长速度、竞争状况、发展潜力等，从而为制订营销计划提供参考依据。

2. 生产信息

生产信息主要是有关生产经营场所、供应商、劳动力市场，以及有关技术和发展趋势方面的信息，这些信息决定着生产能力、生产成本、产品质量、生产经营环境等。

3. 财务信息

财务信息包括融资的渠道和条件、销售前景和费用支出预算等，这些信息是为了确定新创企业的资金需求和投资回报的方式及潜力。

以上信息的收集，可以通过各种方式获得，如媒体、研讨会、展销会、研究报告等。其中，互联网是一种有效、便利和节约的信息收集方式，它可以为行业分析、竞争者分析和市场分析提供大量必要的信息。但是，通过互联网找到的资料往往是不完整的、十分零碎的，需要审查和重新组织内容。

为了完成制订商业计划的任务，在收集这些有关的信息之后，要以一种可被管理和有用的方式进行整理。一种有效的整理信息的方式就是将信息分类，如划分为关于目标市场、行业、竞争、财务等方面的信息,然后将这些信息进行整合,形成一个商业计划。在制订创业计划的过程中,要分析这些信息是否存在内在联系,并认真消化各部分的信息。制订不同部分的计划的顺序可以不同,而不同部分的计划也可以同时制订。那么,最关键的市场信息可通过哪些方法收集获得?如何开展市场调查?如何在市场调查基础上进行市场分析?以下将分别进行阐述。

(二)信息收集中的市场调查方法

最常见的市场调查方法,是通过以下间接方式获取所需要的数据。

(1)抽样调查(包括访谈、填问卷等方法)。

(2)通过相关行业协会或部门来查询数据。

(3)通过行业人员和自身经验来推测。

(4)通过互联网收集查询信息。

但是,通过这些间接的方式有时可能找不到所需要的数据,即便找到也可能不准确、不真实。所以,通常情况下创业者还应该考虑采用直接的市场调查方法,亲自或聘请专业公司做市场调查。其具体方法主要有以下几种。

1. 观察法

观察法分为直接观察法和实际痕迹测量两种。所谓直接观察法,是指调查者在调查现场有目的、有计划、有系统地对调查对象的行为、言辞、表情进行观察记录,以获得第一手资料,它最大的特点是总在自然条件下进行,所得材料真实生动,但也会因为所观察的对象的特殊性而使观察结果流于片面。实际痕迹测量是通过某一事件留下的实际痕迹来观察调查,一般用于对用户的流量、广告的效果等的调查。例如,企业在几种报纸、杂志上做广告时,在广告下面附有一张表格,请读者阅后剪下,分别寄回企业有关部门,企业从回收的表格中可以了解在哪种报纸杂志上刊登广告最为有效,为今后选择广告媒介和测定广告效果提供可靠资料。

2. 询问法

询问法是将所要调查的事项以当面、书面或电话的方式向被调查者提出询问,以获得所需要的资料。它是市场调查中最常见的一种方法,可分为问卷调查、面谈调查、电话调查、邮寄调查、留置询问表调查五种。问卷调查是最常见的方法,它具有全面、准确和易于统计分析等特点。面谈调查能直接听取对方意见,富有灵活性,但成本较高,结果容易受调查人员技术水平的影响。邮寄调查速度快,成本低,但回收率也低。电话调查速度快,成本最低,但只限于在有电话的用户中调查,整体性不高。留置询问表调查可以弥补以上缺点,由调查人员当面把问卷交给被调查人员,说明方法,让其自行填写,再由调查人员定期收回。

3. 实验法

实验法通常用来调查某种因素对市场营销量的影响,是在一定条件下进行小规模试验,然后对实际结果做出分析,研究是否值得推广。它的应用范围很广,凡是某一种商品在改变品种、品质、包装、做设计、价格、广告、陈列方法等因素时都可以应用这种方法,调查用户的反应。

（三）信息收集中的市场调查过程

市场调查工作必须有计划、有步骤地进行，以防止调查的盲目性。一般情况下，市场调查可分为四个阶段：调查前的准备阶段、正式调查阶段、综合整理分析资料阶段和提交调查报告阶段。

1. 调查前的准备阶段

对企业提供的资料进行初步分析，找出问题存在的征兆，明确调查课题的关键和范围，以选择最主要也是最需要的调查目标，制订出市场调查的方案。主要包括市场调查的内容、方法和步骤，调查计划的可行性、经费预算、调查时间等。

2. 正式调查阶段

正式调查阶段要完成以下四类调查：①市场需求调查，即调查市场的需求量及其影响因素，特别要重点进行购买力调查、购买动机调查和潜在需求调查；②竞争者情况调查，包括竞争对手的基本情况，竞争对手的竞争能力、经营战略、新产品及新技术开发情况和售后服务情况等；③本企业经营战略决策执行情况调查，如产品的价格、销售渠道、广告及推销方面的情况等；④政策法规情况调查，如政府政策的变化，法律、法规的实施等。

3. 综合整理分析资料阶段

当统计分析研究和现场直接调查完成后，市场调查人员拥有大量的一手资料。对这些资料首先要编辑，选取有关的、重要的资料，剔除没有参考价值的资料。然后对这些资料进行编组和分类，使之成为某种可供备用的形式。最后把有关资料用适当的表格形式展示出来，以便说明问题或从中发现某种典型的模式。

4. 提交调查报告阶段

经过对调查材料的综合整理和分析，便可根据调查结果，形成调查结论，撰写并提交调查报告。值得注意的是，调查人员不应当把调查报告看作市场调查的结束，而应继续注意市场情况变化，以检验调查结果的准确程度，并发现市场新的趋势，为改进以后的调查打好基础。

（四）研讨创业构想

创业构想是创业者在创业想法形成及实施过程中，对创业活动的思考、论证和分析。创业是一个系统工程，在开始之前，创业者需要做许多准备工作，包括对创业构想进行研讨，以形成一个完整的创业计划。创业构想涵盖了创业计划的方方面面，创业者至少要从下面几个方面进行深入思考。

1. 确立正确的创业目标

赚钱是重要的目标，但并不是唯一的目标，因为创业本身应该有理念，理念会带动很多新的产品创意和实践冲动。大多数成功创业者的创业目标并不主要是为了赚钱，而是基于自己的兴趣，或者为了解决现实生活中的一些问题。开始研讨创业构想的时候，创业者一定要明确创业的目的，创业要做什么、如何做等问题需要首先厘清。

2. 寻找适合的创业模式

选择合适的创业模式，是创业成功的关键。准确判断自己的优势和劣势，选择最适合自己的创业模式，可以化解很多的不利因素。创业模式是创业者为保障自己的创业理想与权益，而对各种创业要素的合理整合。一个适合的创业模式，未必需要投入一大笔资金，未必需要具有很大的规模，甚至未必需要一处办公场所或一个店面。对一个创业者而言，一个真正好的模式，应该是适合自己的，即其有能力操作而且能把现有的资源有效整合进入的。无论是通过白手起家的方式，还是通过收购现有企业或进行代理、加盟，在家创业还是网络创业，都是研讨创业构想阶段创业者必须明确的问题。

3. 规划合理的创业步骤

规划创业步骤是一个循环的过程。首先要分析创意从哪里来？怎么会有这个创意？资金怎么找？怎么组建团队？产品的市场营销怎么做？对这些问题的考虑是一个周而复始的修改、完善和论证过程。

4. 确定清晰的创业原则

网络上列出的创业原则非常多，在研讨创业构想的时候，创业团队一定要针对自己的特定情况，确定适合团队和项目的创业原则。就像创业的目标不仅是为了赚钱一样，在创立公司的时候，创业团队也不应该一直想着何时才能赚钱。

面对非常艰苦的创业工作，清晰、简洁并能够得到团队成员认可的创业原则，不仅有助于形成团队的凝聚力，还能帮助创业团队有勇气有办法应对可能遇到的任何情况。

5. 创造有利的创业条件

创业不一定要有重大的发明或全新的创意，只要能够有一定的市场需求，对现有资源的整合和再利用也可以创业成功。创业企业未来拟提供的产品或服务，在市场上会不会成功，重要的是看市场的需求如何，创业团队的能力怎样。只有合适的人在合适的时间做合适的事情，才能形成非常有利的创业条件。在研讨创业构想时，创业团队应认真对自己的创业条件进行深入思考，选择对创业有利的自然条件，努力创造和利用有利于创业成功的社会条件。

6. 确定明确的创业期限

充分的准备尽管有助于降低创业风险，但是太长时间的准备也可能会消磨创业者的意志，降低创业激情。因此，创业初期，应确定一个合理的创业期限，包括开始创业活动的时间、将产品和服务推向市场的时间、争取实现盈亏平衡点时间等。通过精益创业的方式，有助于缩短产品和服务推向市场的时间以及达到盈亏平衡的时间。

7. 建立良好的投资关系

如何寻找合适的外部投资者，和外部投资者应该建立怎样的关系等，也是创业构想研讨阶段必须思考的问题。当创业需要外部融资时，创业团队就应该考虑投资者关系管理的问题。通过研讨，要确定好创业团队和外部投资者各自的股份比例，要选择能够跟自己站在一起并能同甘共苦的投资者，要寻找有很大影响力的投资者，这样一方面可以筹集到所需要的创业资金，另一方面可以借助投资者的经验和力量。当然，创业团队还要通过合理的股份构成和分配机制，与投资者建立长久的良好合作关系。

8. 组织高效的创业团队

高效的创业团队中不一定都是最好的人才，事实上只要遵循创业团队的组建原则，做好团队的管理，团队成员适合做创业企业中对应的工作，能够做到优势互补、精诚合作，凝聚在核心创业者的周围，为共同的创业目标而奋斗，即使创业团队比较简单和朴素，团队的成员也不一定很强，但是仍然可以算得上一支优秀的团队。创业构想研讨阶段，创业者就应该了解高效团队的特征，避免日后组建团队过程中的盲目和不切实际。

（五）分析问题和困难

创业是一个系统的工程，也是一个持续的过程，在创业过程中遇到问题和困难在所难免。这些问题和困难，有些是可以预期和避免的，有些是难以预料和解决的，在开始创业之前对将来可能遇到的问题和困难进行分析，有助于创业者做好充分的心理准备和应对策略，从而减少创业失败的可能性。

通过市场调查及圈内专家和同行业企业的创业者座谈，会帮助创业者对未来可能遇到的困难有所了解。

一般情况下，创业过程中可能会遇到创业者自身层面和创业企业层面两个方面的问题和困难。

（1）创业者自身层面的问题表现为创业者或团队的身心不适应，知识、能力和资源不够，以及对以往社会关系的影响等。

（2）创业企业层面的问题和困难表现为企业在日后经营过程中可能面临的不同风险，例如项目和市场风险、技术风险、团队风险、管理风险、资源风险等。

六、创业计划书的内容

一个完整的创业计划书应包含以下几方面：封面、计划摘要、企业介绍、行业分析、产品介绍、组织结构、市场预测、营销策略、生产制造计划、财务规划、风险管理等。

（一）封面

封面既要体现创业计划书的内容，同时又要给读者以美的享受。封面设计要遵循平衡韵律和调和的造型规律，突出主题、大胆设想，运用构图、色彩、图形等元素设计出比较完美而富有情感的封面。

（二）计划摘要

计划摘要浓缩了创业计划书的精华，涵盖了创业计划的要点，以求一目了然，以便读者能在最短的时间内评审计划并做出判断。计划摘要一般包括以下内容：公司介绍、管理者及其组织、主要产品和业务范围、市场概貌、营销策略、销售计划、生产管理计划、财务计划、资金需求状况等。

摘要尽量简明、生动。特别要说明自身企业的不同之处以及企业获取成功的市场因素。

（三）企业介绍

企业介绍的目的不是描述整个计划，也不是提供另外一个概要，而是对公司做出介绍，重点是介绍公司理念和制订公司的战略目标。

（四）行业分析

在行业分析中，应该正确评价所选行业的基本特点、竞争状况以及未来的发展趋势等内容。关于行业分析的典型问题如下。

（1）该行业的发展程度如何？发展动态如何？

（2）创新和技术进步在该行业扮演着怎样的角色？

（3）该行业的总销售额有多少？总收入为多少？发展趋势怎样？

（4）价格趋向如何？

（5）经济发展对该行业的影响程度如何？政府是如何影响该行业的？

（6）是什么因素决定着它的发展？

（7）竞争的本质是什么？你将采取什么样的战略？

（8）进入该行业的障碍是什么？将如何克服？该行业典型的回报率有多少？

（五）产品介绍

产品介绍应包括以下内容：产品的概念、性能及特性；主要产品介绍；产品的市场竞争力；产品的研究和开发过程；发展新产品的计划和成本分析；产品的市场前景预测；产品的品牌和专利等。

在产品（服务）介绍部分，企业家要对产品（服务）做出详细的说明，说明要准确，也要通俗易懂，使不是专业人员的投资者也能明白。一般情况下，产品介绍都要附上产品原型、照片或其他介绍等。

（六）组织结构

在企业的生产活动中，存在着人力资源管理、技术管理、财务管理、作业管理、产品管理等。这里面每个环节都很重要。

其中投资人非常看重创始人的背景和产品的前景，如果创始团队背景非常亮眼或者创始人非常有人格魅力，就很容易取得投资人的信任和关注，相对而言也会比较容易拿到投资。

如果企业的产品前景广阔，那么就要让投资人充分了解，这样投资人会因为产品方向好而投资。

（七）市场预测

市场预测应包括以下内容。

（1）进行需求预测。

（2）市场现状综述。

（3）竞争厂商概览。

（4）目标顾客和目标市场。

（5）本企业产品的市场地位等。

（八）营销策略

对市场错误的认识是企业经营失败的最主要原因之一。

在创业计划书中，营销策略应包括以下内容。

(1) 市场机构和营销渠道的选择。

(2) 促销计划和广告策略。

(3) 营销队伍和管理。

(4) 价格决策。

(九) 生产制造计划

创业计划书中的生产制造计划应包括以下内容。

(1) 产品制造和技术设备现状。

(2) 新产品投产计划。

(3) 技术提升和设备更新的要求。

(4) 质量控制和质量改进计划。

(十) 财务规划

财务规划的重点是资产负债表、利润表、现金流表的制备。

流动资金是企业的生命线，因此企业在初创或扩张时，对流动资金需要预先有周详的计划，在进行过程中要严格控制；损益表反映的是企业的盈利状况，是企业在运作一段时间后的经营结果；资产负债表则反映在某一时刻的财务状况，投资者可以用资产负债表中的数据得到的比率指标来衡量企业资产的质量、偿债能力、利润分配能力等。

(十一) 风险管理

关于风险管理有以下几个问题。

(1) 公司在市场、竞争和技术方面都有哪些基本的风险？

(2) 准备怎样应对这些风险？

(3) 公司还有一些什么样的附加机会？

(4) 准备在资本基础上如何进行扩展？

(5) 在最好和最坏情形下，五年计划表现如何？

如果估计不那么准确，应该估计出误差范围，并对关键性参数做最好和最坏的设定。

第二节　创业计划书的撰写与演示

创业计划书是将有关创业的想法，借由白纸黑字最后落实的载体。创业计划书的质量，往往会直接影响创业发起人能否找到合作伙伴、获得资金及其他政策的支持。

创业计划书，首先，是把计划中要创立的企业推销给风险企业家自己。其次，创业计划书还能帮助把计划中的风险企业推销给风险投资家，公司创业计划书的主要目的之一就是筹集资金。因此，创业计划书必须要说明以下情况。

(1) 创办企业的目的——为什么要冒风险，花精力、时间、资源、资金去创办风险企业？

(2) 创办企业所需的资金——为什么要这么多钱？为什么投资人值得为此注入资金？

对于已建的风险企业，创业计划书可以为企业的发展定下比较具体的方向和重点，从而使员工了解企业的经营目标，并激励他们为共同的目标而努力。更重要的是，它可以使企业的出资者以及供应商、销售商等了解企业的经营状况和经营目标，说服出资者（原有的或新来的）为企业的进一步发展提供资金。

一、创业计划书撰写的原则与技巧

（一）撰写原则

创业计划书在撰写时应遵循目标明确、优势突出，内容真实、体现诚意，要素齐全、内容充实，语言平实、通俗易懂，结构严谨、风格统一，有理有据、循序渐进，详略得当、篇幅适当等原则。适合的篇幅一般为20～40页，包括附录在内。

（二）撰写技巧

创业计划书在撰写时如果能对以下六个方面有清晰地认识，则一方面可以提高创业计划书的易读性，另一方面可以提高企业融资的概率。

1. 五分钟的考试

通常情况下，风险投资家或评审专家阅读一份创业计划书的时间在五分钟左右，主要关注业务和行业性质、项目性质（借钱还是风投）、资产负债表、团队、吸引人的地方等内容，因此，创业者在撰写创业计划书时要着重从这五个方面予以重视。

2. 内容要完整

一份好的创业计划书起码要涉及如下内容：计划摘要、产品与服务、团队和管理、市场预测、营销策略、生产计划、财务规划、风险分析。同时创业计划书不应该遗漏任何要素。

3. 投资项目中最重要的因素是人

对于创业团队一定要按照团队组建原则和优秀团队特征等知识点进行如实描述，对团队成员的构成及其分工情况进行重点介绍。

4. 提高撰写水平的途径是阅读他人的创业计划书

阅读他人的创业计划书是帮助创业者提高写作能力的最有效的途径之一。撰写创业计划书之前阅读十几份他人的创业计划书将会有很大帮助。

5. 记住43.1%规则

一位风险投资家一般会希望在五年内将其资金翻六倍，相当于每年的投资回报率大约是43.1%。因此，一份承诺40%～50%投资回报的创业计划书对于风险投资家比较可靠；如果是借款则需要有还本付息计划。

6. 打中11环

做最充分的准备，对创业计划进行最详细的论证，准备回答所有和创业计划有关的负面问题，以降低创业风险；另外，在会见风险投资者之前，创业者可以将所有负面问题的答案以“小纸条”的方式进行准备，给自己足够的心理支持和勇气。

二、创业计划书的撰写

1. 准备阶段

创业计划书的撰写涉及的内容较多，因而制订创业计划前必须进行周密安排。具体准备工作包括以下几点。

(1) 确定创业计划书撰写人员。创业计划书应该由创业者来撰写。创业计划书是创业者能力和构思的具体体现，亲自撰写创业计划书可以帮助创业者理清思路，把创业的激情融入计划书之中，有利于增添计划书的感染力。但是，创业计划书的撰写非常复杂，是各方面知识的结晶（如市场营销知识、企业管理知识、财务规划知识、人力资源知识、调查与预测知识等），任何一个创业者都不可能是各方面的专家，所以为了尽可能使创业计划书更加符合现实，更加具有可操作性，在撰写过程中，创业者应该向其专业人员咨询。

(2) 确定创业计划书的范围。在撰写创业计划书时，创业者必须从不同角度进行广泛而深入的思考，以确定创业计划书的范围。

① 创业者的角度。创业者自身比任何人都了解创业企业的创造力和技术，因此，创业者首先必须清晰地表达出创业企业经营的产品或服务，以及其特色和卖点。

② 市场的角度。创业者必须以消费者的眼光来审视企业的经营运作，应该采取一种以消费者为导向的市场营销策略。这就需要进行大量的市场调查工作，甚至要亲自请教市场营销专家。

③ 投资者的角度。创业者应该试图用投资者的眼光来考察企业的生产经营，投资者往往特别关注计划中的财务规划。如果创业者不具有财务分析和预测的能力，就应该聘请外部的财务顾问提供帮助。

(3) 收集相关信息。撰写创业计划书时需要收集多种信息，主要包括市场信息、运营信息、财务信息等。信息的来源渠道多种多样，互联网可以为创业者提供大量的有价值的信息资源。

① 市场信息。产品或服务的潜在市场信息对创业者尤为重要。为了判断市场规模，创业者需要明确自己的目标市场：目标顾客是男性还是女性？是企业还是消费者个人？是高收入人群还是低收入人群？是城市居民还是农村居民？目标市场的确定将会使创业企业的市场规模和市场目标比较容易确定。为了更准确地了解真实的市场信息，创业者往往要花费较多的资源去进行市场调查。

② 运营信息。在撰写创业计划书的过程中，可能需要以下运营信息：地点、生产制造、原材料、设备、劳动技能、生产或办公场所、其他相关的开支。

③ 财务信息。财务信息的主要作用是说服投资者因为创业企业将来会盈利而对该企业进行投资。主要的财务信息包括资金的需求和来源、未来的销售情况、资金的周转、企业的投资收益率、投资回收期、风险资本的退出。

(4) 准备一份优秀的创业计划书做参考。创业计划书的撰写有一定的难度，单纯看几本参考书并不能马上解决问题，最好找一份类似的、已经成功的创业计划书作为参考，然后按照提纲来撰写。当然，只能是借鉴，绝对不能照搬照抄，因为每一个企业都应该有自己的特色，且具体情况不尽相同。

2. 形成阶段

创业计划形成阶段要完成以下几项任务。

(1) 拟订创业执行纲要,主要是创业各项目的概要。

(2) 草拟初步创业计划。依据创业执行纲要,对创业企业的市场竞争及销售、组织与管理、技术与工艺、财务计划、融资方案以及风险分析等内容进行全面编写,初步形成较为完整的创业计划方案。

(3) 修改完善阶段。创业计划小组在这一阶段对创业计划进行广泛调查并征求多方意见,进而提出一份较为满意的创业计划方案。

(4) 创业计划定稿。进行定稿,并印制成正式创业计划文本。

3. 撰写方法

创业计划书撰写的目的是为创业融资、宣传提供依据,同时作为创业实施的规划方案。因此,创业计划书的撰写除尽可能地展现创业项目的前景及收益水平外,还要展现出创业项目的可实现性。

1) 遵循正确方法

在撰写创业计划书时,应遵循正确的方法。

(1) 做好工作计划,使创业计划书的写作过程有条不紊。

(2) 始终围绕创业产品与服务进行展开,并经常地评估产品与服务的创业价值。

(3) 要充分寻求外部有关人员的指导与协助。

(4) 在不断修改补充中完善创业计划。一般而言,最终形成的创业计划的正式文本与创业计划草案可能相差很大,有的甚至面目全非。

(5) 要针对创业计划的目标读者,设置计划项目的不同侧重点。风险投资商对创业计划中的市场增长及盈利性感兴趣。战略伙伴与主要客户关心产品/服务、市场、盈利及管理团队的运作能力。而主要雇员、管理队伍则想知道创业公司过去的发展历史及今后的发展前景。

2) 注意事项

(1) 创业计划要重点突出、注重实效。每一份创业计划都应有自己独特的个性,要突出每一个创业项目的独特优势及竞争力。另外,要注意创业计划中所使用资料的时效,制订周期长的创业计划应及时更新有关资料依据。

(2) 产品服务描述使用专业化语言;财务分析要形象直观,尽可能采用图表描述;战略、市场分析、营销策略、创业团队要使用管理学术语,尽可能做到规范化、科学化。

(3) 创业计划内容多,涉及面广,因此,要求创业小组分工完成,但应由组长统一协调定稿,以免出现创业计划零散、不连贯、文风相异等问题。

(4) 创业计划要详略得当、突出优势,机密部分略微简化,以防泄密。

三、创业计划书演示的技巧

(一) 做好演示准备

演示准备和即将展示的内容一样重要。演示准备包括演讲前的准备和演讲过程中的准备两个方面。

1. 演讲前的准备

在演示自己的创业计划之前，首先需要搜集听众的相关信息，以便和听众建立各种联系。通过搜索风险投资网站，可以了解参加演示的风险投资家或者天使投资者的信息，分析自己的创业计划和这些听众之间是否存在某种联系，或者演讲者本人与这些听众之间是否有个人联系。如果创业计划能够和听众的某些活动联系起来，或者演讲者曾经和听众有过同学关系，或者有相同的兴趣爱好，则会让投资者感觉到给予支持可能带来的益处，或者和演讲者形成融洽的交谈关系，演示工作会达到事半功倍的效果。此外，准备和演示场合相符的服装，按照合理分配的演示时间多进行练习，尽可能多了解演示场地的信息，都是准备阶段应该做的工作。

2. 演讲过程中的准备

演示过程中，首先，应决定由谁来负责演示，一般的创业计划大赛都会要求所有创业团队成员参加演示，但是并不要求所有成员都要进行陈述，因此选择合适的人员进行陈述是成功的关键因素之一；其次，演示过程中的核心元素是演示的人，而不是演示的幻灯片，演示的幻灯片一定要简明扼要，只提供演示的总体框架以及强调发言内容的重点，演示者一定要将听众的目光吸引在自己身上；最后，想方设法使演示变得生动有趣、充满激情。麻省理工学院的一项权威调查表明，沟通涉及三个层面，即视觉(身体语言)占55%，声音(语音语调)占35%，口头表达(用语用词)占7%。因此，在演示进程中，通过观众提问而有意停顿，或提高音量，或使用丰富的表情感染鼓舞观众，吸引观众注意力，多和观众沟通等都是不错的展示技巧。

(二) 明确演示对象

1. 表述清晰的书面商业计划

企业内部(员工或股东)表述清晰的书面商业计划，有助于明确创业目标，协调团队的各项工作，增强团队凝聚力和行动力，激发团队一致行动向目标前进。

对于企业职能部门经理而言，通过分析各环节和未来战略目标的创业计划，能确保自己所做的工作与企业整体计划方向一致。

需要注意的是：创业计划必须严格保密，严防落入竞争者手中。为了保密，有些企业会限制创业计划的复本数量，对特定对象准备特定复本，并要求不用时将计划放在文件柜或办公室锁好以确保安全。除外，在创业计划封面印刷“机密文件，未经许可，严禁复印”等字样。

2. 投资者和其他外部利益相关者

投资者、潜在商业伙伴、潜在客户、前来应聘的关键员工等外部利益相关者是创业计划的第二类读者。

创业计划必须明确显示商业创意的可行性，并与风险更小的投资选择相比，其商业创意能给潜在投资者带来更高的资金回报；对于商业伙伴、客户和前来应聘的关键员工而言，仍须如此。

创业计划必须论证其商业创意的可行性，并开发出一套行之有效的商业模式，深入认识所处的竞争环境。因此注意要展现的事实，即用事实说话。

（三）陈述准备

与投资者会面之前，创业者一定要准备好幻灯片，而且内容要以预订的陈述时间为限。

陈述的首要原则是严格遵守会议时间地点安排，做好充分准备。如果需要视听设备，应事先准备好。注意：不要花费太多时间纠缠于产品或服务的技术，要多花点时间陈述企业自身情况；千万不要忘记重要材料（如申请专利的具体时间等），若创业者回答不上来或者模棱两可，将给投资者留下很差的印象。

陈述时要注意以下事项：①确保陈述流畅通顺；②幻灯片要简洁鲜明；③陈述内容应通俗易懂（忌专业术语）；④陈述企业自身状况而非技术或产品；⑤避免遗忘一些重要的资料。

（四）演示内容

演示的重点一定放在观众而不是演讲者感兴趣的地方；而且演示的 PPT 应尽可能简单，一些专家给出了 6-6-6 法则，即每行不超过 6 个词语，每页不超过 6 行，连续 6 张纯文字的 PPT 之后需要一个视觉停顿（采用带有图、表的 PPT）等；一场二三十分钟的演讲最多不超过 12 张 PPT。下面是一个推荐的演示 PPT 模板，共计 12 张。

演示的 PPT 往往以标题幻灯片开始，该张 PPT 包括企业的名称、标志，创始人姓名及联系方式等信息。

第一张：概述。对产品或服务进行简要介绍，对演讲要点做一简介，对该项商业活动带来的潜在收益（经济效益、社会效益）等进行简单说明。

第二张：问题。说明亟待解决的问题（问题在哪儿？为什么会出现该问题？如何解决该问题？）；通过调查证实的问题（潜在顾客的需求是什么？专家有哪些建议？）；问题的严重性如何？

第三张：解决办法。说明企业的解决办法与其他解决方案相比的独特之处；演示本企业的解决方案在多大程度上可以改变顾客的生活，以及企业的解决方案的进入壁垒。

第四张：机会和目标市场。要清楚定位企业具体的目标市场，对目标市场的广阔前景进行展望；通过图表的方式演示目标市场的规模、预期销售额和预期市场份额等信息，说明拟采取什么方法实现销售计划。

第五张：技术。介绍技术或产品或服务的独特之处，对技术的描述尽可能通俗易懂，切忌使用专业术语；演示产品的图片、相关描述或者样品，例如果产品已经试生产结束，则最好演示样品；说明可能涉及的知识产权问题，以及企业采用的保护措施。

第六张：竞争。详细阐述直接、间接和未来的竞争者，演示创业计划书中的竞争者方格，说明和竞争对手相比的竞争优势。

第七张：市场和销售。描述总体的市场计划、定价策略、销售过程以及销售渠道。说明消费者的购买动机、企业激起消费者欲望的方法，以及产品或服务如何到达最终的消费者手中。

第八张：管理团队。介绍现有管理团队（团队成员的背景和专长，以及在企业中将要发挥的作用，如何进行团队合作等），说明管理团队存在的缺陷或不足，如果有顾问委员会最好予以介绍。

第九张：财务规划。介绍未来3～5年企业总体的盈利状况、财务状况及现金流状况，尽量将规划的内容显示在一张PPT上，而且只显示总体数据，同时做好回答和数据相关问题的心理准备。

第十张：现状。用数据突出已经取得的重大进展，介绍启动资金的来源、构成和使用情况；介绍现有的所有权结构，介绍企业采用的法律形式及其原因。

第十一张：财务要求。如果有融资计划，介绍想要的融资渠道及筹集资金的使用方式，同时介绍资金筹集后的用处。

第十二张：总结。总结介绍企业最大的优势，团队最大的优势，同时介绍企业的退出策略，并征求反馈意见。

（五）现场答辩与反馈

创业者要敏锐预见投资者可能会提出的问题，并为此做好心理准备。投资者可能会用很挑剔的眼光看创业计划，这时，创业者可能会很泄气。其实，投资者仅仅是在做分内的事情，提出的问题对创业者可能会有很大的帮助，会给其很大的启发。

回答问题阶段非常重要，此时投资者往往考察创业者是否挖掘到问题的本质，以及对新创企业了解多少。现场回答投资者问题要注意以下几点。

(1) 对投资者问题的要点有准确理解，回答具有针对性而不是泛泛而谈。

(2) 能在投资者提问结束后迅速作出回答，回答内容连贯、条理清晰。

(3) 回答问题准确可信：回答问题建立在准确的事实和可信的逻辑推理上。

(4) 特定方面的充分阐述：对投资者特别指出的方面能作出充分的说明和解释。

(5) 整体答辩的逻辑性要求：陈述和回答的内容有整体一致性。

(6) 团队成员在回答时有较好的配合，能协调合作，彼此互补，对相关领域的问题能阐述清楚。

拓展阅读

一份商业计划书成就的创业梦

2015年，任书豪33岁，是河北东方凯誉通信技术有限公司董事长，他曾经这样说："创业要创新，要打持久战。"

他的"持久战"始于2003年，当时他还是石家庄经济学院一名大二的学生。在同龄人中总是显得"不安分"的他，如愿成为校学生会"对外联络部"的成员。

"那次，我代表学生会到河北网通石家庄分公司拉赞助，恰好碰上了西门子（中国）的销售代表，正在向网通公司推销一种通信智能网设备。"任书豪回忆当年创业的缘起说，当时，网通的工作人员对这种设备没有表现出多大的兴趣，"旁听"的他却被这种设备所具有的神奇功能"瞬间击中"。

当时，省会大学生还不知道通信智能网为何物，但是，本身就是一名大学生的任书豪凭直觉判断：该设备如果引入大学，必然会是校园通信和各种支付活动的一场革命。因此，当推销者遭到拒绝一脸沮丧地准备离开时，他及时用一句"我有个小想法"留住了他。

这次巧遇，促成了西门子（中国）公司将设备以免费试用的方式首先在石家庄经济学院安装运营。没过多久,这款能通过手机卡完成手机话费、上网宽带费、校园话吧多个项目统一支付的"精灵E线"获得了超出任书豪预想的成功,不仅促使网通石家庄分公司买下了西门子的智能网平台,还以石家庄高校市场作为样板市场帮西门子将设备卖到近20个分公司。同时,任书豪争取到了网通"精灵E线"在省会高校的推广代理权。

2004年8月,恰逢全国大学生"挑战杯"创业大赛,任书豪所带领的团队以他们的亲身经历为蓝本制作了《商业计划书》,并一举夺得全国大学生"挑战杯"大赛铜奖。以此为起点,他们注册了"东方凯誉"公司,"我们的业务当年就覆盖省会十几所高校,公司的年收入已超300万元。"

"从那之后的十年里,我做了很多事,但所有事都没有偏离以通信为基础的增值服务这个轨道。"任书豪说。

2006年7月,任书豪大学毕业,他没有坐等"派遣",而是进一步将创业的"战火"烧出了校园。受到当时火遍全国的一档创业节目《赢在中国》中一份关于消费折扣项目的启发,覆盖全省的114查号台成了他事业扩展的新平台。

"当时的114只是一个查号台,你需要什么号码,接线员替你转接,就这么简单。"任书豪意识到,这是一个尚未开发的巨大媒介平台。为了实现自己更大的商业梦想,2008年,任书豪卖掉了此前所有代理业务,"当时下了很大决心,因为如果失败,很可能'一夜回到解放前'。"如今的任书豪讲述起此事已是一脸轻松,因为新的创业项目再一次获得成功:从114蛋糕预订第一单业务开始,迅速开发并占据了石家庄市场。

从那时起,任书豪的"如意折扣优惠"项目开始起航——联手各路商家,为消费者提供各种折扣服务,再将这些活动"打包"给那些需要为自己的会员体系提供增值服务的大客户。"我们不向合作商家收费,但会不断移植微商务、培训、电子凭证、金融支付等各种功能到我们的平台,让越来越多的商户围绕在我们公司周围,形成一个专门提供第三方服务的强大平台。"任书豪说道。

在业务推进过程中,东方凯誉由几部客服电话起步,建立起了一个庞大的"呼叫中心",实现了自主运营。"目前已达到500个座席。业务包括河北、山东联通的10010,河北移动10086的外包也正在洽谈。"

任书豪基于商家综合服务平台业务的成功运营,引起了河北省商贸龙头企业北人集团的注意。"当时恰好赶上北人想要发展电子商务业务,但集团内部缺乏这个领域的专业人才,希望和我们合作经营。我们为此成立了商商网络公司,设计了如意购物、如意支付、如意折扣有机一体的线上商业模式。"任书豪介绍说。

任书豪离开商商网络,重新梳理、解构自己的创业梦想,但他对这一段历程怀有感恩之心。"北人集团给我的施展平台比我给予它的更多。在这样一个中国500强企业里,规范化的制度设计与管理,领导者的领导艺术与前瞻性预判,都让我受益匪浅。"任书豪说,不是所有创业者都有在大企业与高层领导及精英团队共事的机会,与北人集团合作的几年是他成长最快的几年。

自那之后,他不再只是"埋头苦干"。"立足一个行业,就要深入研究国家针对行业出台的宏观政策。"任书豪说,这是他从北人集团搬来的最大的"他山之石"。目前,任书豪看中的新商机,是立足于对未来国家政策走向的研究,和自己过去几年业务版图不断"合拢、扩容"基础上的"战略判断"。

任书豪认为："未来将迎来现代服务业的大发展，而多年来服务业的配套服务却相对滞后，如客服业务外包，将是微小银行和商业企业降低经营成本的一大趋势。而我们经过多年发展，拥有的专业呼叫中心客服队伍，加上积累的庞大商户资源，都将是赢得下一步发展的基础。"

（资料来源：河北新闻网，有改动，https://hebei.hebnews.cn/2013-12/04/content_36 47130_2.htm，2013-12-04）

思考与训练

1. 尝试写一份自己的创业计划书。

2. 通过网络搜索一些创业计划书，分析其中的要点和不足。

3. 实训内容：以创业计划小组的形式参赛，每组交一份创业计划书。创业计划书的内容应该包括以下几个方面。

(1) 核心内容。核心内容包括产品或服务、独特的市场分析和竞争分析、可行的财务预算、明确的投资方式、管理队伍和公司介绍等。每项创业计划的初次投资不超过 20 万元。

(2) 写作框架。

① 创业计划概要，包括公司简介、公司名称、公司的基本运作、产品或服务、业务范围和创立公司的原因等。

② 产品或服务。

③ 市场分析。

④ 竞争分析。

⑤ 经营策略。

⑥ 生产计划。

⑦ 财务分析。

(3) 实训组织与实施。

① 教师介绍本次活动的时间、内容和基本要求，创业计划书的设计样式和具体要求等。

② 将学生按情况分成若干组。

③ 各组的选题和指导工作可由教师安排和指导。

(4) 注意事项。

① 创业计划小组在进行调查研究时要注意安全。

② 在拟写创业计划书前要认真研究市场需求。

③ 确定产品或服务时最好是自己比较熟悉的行业。

第十章　项目路演

知识结构

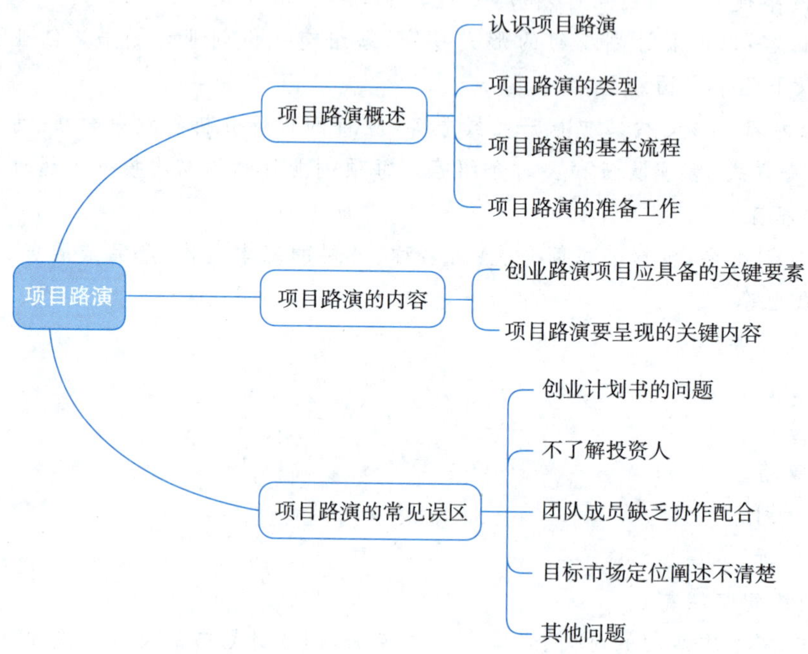

学习目标

- 了解路演的概念。
- 熟悉路演的基本流程。
- 掌握创业项目路演的准备工作及核心内容。
- 熟悉创业项目路演的常见误区。

第一节　项目路演概述

一、认识项目路演

（一）路演的概念

路演（roadshow）最初的意思是指公司在上市前，连续地在多个重要的城市（通常是金融中心)开展公开的交流会,向投资者介绍公司、产品、项目等,以获取投资者的信心和支持,从而在接下来的上市中获得更好的发行和更高的估值。

现在路演的概念更加宽泛,不单指准备上市的公司,某个项目也可以是路演;对象也不仅是投资人,也可以是合作者。在此基础上,我们提出的路演的概念是指在公共场所进行演说、演示产品、推介理念,及向他人推广自己的公司、团体、产品、想法的一种方式。

(二) 创业项目路演的含义

创业项目路演是指在公共场所进行演说,演示产品,推介理念和创业价值观,以及向他人推广自己的创业项目、公司、团队、产品和想法的一种方式。

创业项目路演就是创业项目推介,需要创业者面向市场、面向投资者推广介绍拟实施(或者已实施)的创业项目,以获取创业资源的一系列行为,它是创业活动的一个重要环节。创业者在进行项目路演时恰恰需要演讲技能,因为路演本身是效率较高的交流方式之一,优秀的企业家往往都具备出色的演讲能力。

2010 年教育部下发《关于大力推进高等学校创新创业教育和大学生自主创业工作的意见》,要求各地大力推进创新创业教育,以此为标志,我国建立了教育部高教司、科技司、学生司、就业指导中心四个部门联动的创业服务格局。2015 年政府工作报告中专门提到了“大众创业,万众创新”的理念,并指出关键是要打通科技成果转化通道,促进“万众”的创新用于“大众创业”。高校既是科技成果的重要生产基地,又是先进技术重要的传播通道。

创业路演项目是一项全新的实习实训项目,与传统单一课程的实习实践项目不同,创业路演项目是一个综合性、覆盖多门课程的实习实训项目;与顶岗实习不同,创业路演项目中,学生在完成规定动作的前提下,自由按照其兴趣爱好和意愿,寻找机会、整合资源;与单一专业技能的训练不同,创业路演项目从多角度展现和考查学生的专业能力和素质;与技能大赛等竞技项目不同,创业路演项目为学生提供了真实的市场环境;与盲目的路演不同,创业路演项目前期有筛选,中期有指导,后期有延续;与学生毕业后创业不同,创业路演项目过程中指导教师、企业专业家会为学生提供全程辅导,给学生提供参考意见。

(三) 创业项目路演的性质

“项目路演”是国内外诸多风险投资机构实现融资的高速公路,实现创业项目与投资人的零距离直面对话、平等交流、专业切磋,促进创业项目与投资人的充分沟通和加深了解,最终推动融资进程。

(四) 创业项目路演的目的

初创企业路演的目标是将初创企业股权卖给投资人,签订股权投资协议。

项目路演是一场商业表演,创业者讲故事给投资人听,描述未来情景,引起投资人的兴趣,引发投资人的共鸣,获得与投资人继续深入接触的机会。项目路演的目的是销售公司的股权,创业者想让投资人相信这些股权未来会带来可观的回报。项目路演要让投资人相信,这个团队是脚踏实地、认真做事情的,这个创业项目选定的领域和价值主张是可信的等。

二、项目路演的类型

（一）线下路演

线下路演目前主要有四种模式。

一是精准度、私密度最高的一对一模式。从投递创业计划书，到被投资机构代表约谈，到投资人受邀参观企业深度沟通，再到投资机构邀约创始人至投资办公室考问，这种模式以一对一、私密性、节奏强为代表，尤其是优质项目，更是快马加鞭、三步合一步快速促成项目的成交。

二是精准度、私密度较高的私董会模式。三五联投的基金或偏好一致的垂直细分行业的机构，将精挑细选的项目组织起来，类似于私董会一般，结合不同的基金投向侧重点，由合伙人、投资总监级发问，问题往往非常尖锐，从业务进展、市场开拓方式、成本结构、资本结构到配偶是否支持创业，不一而同。当然，效果也是非常明显的，一般有机会上会的案子，质量都非常高，被投的概率也非常大。这种圈子，非圈内经营多年的投资人和创业者不得而入。而这种形式也往往以桥牌俱乐部、高尔夫俱乐部、户外俱乐部、投资俱乐部的形式呈现，私密而高端。

三是由政府部门、知名机构或平台线下组织的项目路演会或专场路演会。随着各地招商热情一路高涨和孵化器的密集涌现，当地政府或科技部门、当地机构也会定期组织一系列的项目路演，有的孵化器也冠之为毕业季。这种情形下的项目演示，相较而言，有机构背景或机构托管运营的孵化器承办的更有优势，因为大家都在同一个圈子里，“硬伤”太明显的一般也不会拿出来，所以相当于提前过了一遍筛子。而在路演准备、路演形式方面大多也会做一些专业辅导，所以，创业者在演示项目过程中比较专业，创投双方“对频”非常容易，减少了很多沟通成本。

四是带有大赛和推广性质的创业大赛或创业 TV 秀模式。因为组织的目的不同，所以参会的企业往往有三个目标：求名次，有奖金或奖励；求名声，免费的品牌传播；求资金，遇到感兴趣的投资方。这种往往会历经海选和优选环节，所以登台的项目普遍质量较高。

（二）线上路演

随着视频技术和移动互联网的应用，这两年许多项目路演也搬到了线上，包括之前的 QQ 群、电话会议、远程视频路演，现在的微信群、腾讯会议路演等。线上路演时，创业计划书都会被提前发布，在互动时根本不给创业者以组织、修饰语言的时间。投资人通过这种直接的“干货对撞”类似于头脑风暴，判断出是否跟进这个项目。毕竟创业计划糟糕的项目，群内是“万籁俱寂”的，只有好的项目才会触动投资人。这时，创业者要学会判断感兴趣的投资人，以期转移到线下，继续沟通。这种线上路演还有一对一的模式，比如领路、聚份子；有些还打通了线上线下环节，比如时间拍卖、中国投资人中心等。创业者有机会借用这些知识和问答平台来约见投资人，畅聊项目和答疑解惑。

以上的线下、线上两种类型的路演形式都随着跨界、技术、共享等领域的发展而不断的进化更迭，呈现不同的模式。但这些变体最终还是服务于创投双方的高效对接，实现彼此的期望：促进投融资对接成功！

不管是线下路演还是线上路演,创业者都应注意以下几点。

第一,选择合适的路演平台。是为了推广产品做品牌推广,还是参加创业大赛,或者是参加科技评审,还是针对投资人路演,不要不做区分和筛选地盲目参加,要结合项目发展的不同阶段来针对性地选择。同时,如果在一些平台上见到了对项目感兴趣的投资机构或投资人,切记不要再在其他的类似平台上多出现和碰面。不同于投资机构的赶会模式(投资机构的项目源渠道之一),创业者如果频繁参加项目路演,会被打上"跑会不专注主业"的标签。

第二,准备好路演创业计划书。一般是准备 PPT、PDF 版的创业计划书和纸板打印的创业计划书(内附名片),这时团队(过往经历、合作分工、股权结构、期权池)、商业模式、业务进展、成本结构、融资规划、资金使用计划,结合接下来的业务进展、未来三年经营预测、上市计划或退出计划等就要相对细化,坚决摒弃简版、大字、需要人充分展开联想的创业计划书。

第三,做足功课,内部演练。请懂行的投资人或孵化器给予指导,框架和重点要突出;在公司内部进行演练,毕竟在踏入资本市场后,路演就成了创业者的基本功。对于项目路演多与举办方沟通,了解参会投资人的背景和投向,识别真假投资人,选择可靠的投资机构(投资逻辑清晰专业,有投资或孵化案例,有退出案例,业内名声可靠)。

第四,一把手工程。项目主讲人最好是企业创始人或联合创始人,如果参加创业大赛则可安排形象代言人。但现在大赛的评审创投机构比例增大,还是建议创始人参加,毕竟投资就是投人,投的是以创始人为核心的运营团队。

第五,异议处理。"嫌货才是买货人",不要把问题当成挑战,投资人发问或质疑说明投资人对这一部分不是很了解,正是符合好项目的标准之一。大赛评审过程中,许多参赛者把投资人的评审意见当成质疑和否定,下场之后就走了,更是不可取。应该利用信息不对称和误解,拉近与投资人的距离,促进双方的深度了解和合作。

三、项目路演的基本流程

(一)常见项目路演

常见的项目路演,一般按照以下几个步骤进行。

(1) 创业者演讲,讲述项目的基本情况和创新点,介绍团队情况和融资计划,一般是 5~8 分钟,不会超过 10 分钟。

(2) 听众提问,会问及投资者感兴趣的若干问题,通常是在核心竞争力方面进行确认,一般仅允许一两名听众提问,总共不会超过 5 分钟。

(3) 专家点评,相关的行业专家给予专业性的指导意见,或者在融资方面给予一些规划建议,一般 3 分钟。

当前,越来越多的路演平台,给创业者越来越多的路演机会,甚至在线路演也成为创新的热点。而创业者和投资者,也更加会利用路演的机会进行交流,逐渐形成路演的一个隐形"圈子"。

很多路演平台对投资者比较宽容,多问几个问题,多占用一些时间,往往都不会制止。但这样会造成时间安排上的混乱。在很多时候,半天时间要安排 10 多个项目的路演,前面的项目时间不控制好,后面的项目就会匆匆而过,无法按照计划完成路演。

所以，举办路演活动的机构，往往都希望能够坚决执行设置好的路演流程，创业者和投资者都在既定的时间内完成自己的演讲。这也是创业者素质的一种体现。

（二）创业者路演顺序

创业者路演（如果为 8 分钟），一般按照以下顺序分配演讲的时间。

（1）介绍项目背景，不超过 1 分钟。

（2）讲解商业模式或核心创新要素，4 分钟。

（3）给出关键信息，如专利情况、营收情况等，1 分钟。

根据路演活动的性质和给出的时间限制，可以适当对时间进行重新划分。对于一些公益创业项目，要多分配一点时间对已经实施的项目情况进行介绍。

四、项目路演的准备工作

（一）得体

路演之所以不同于其他环节，就是因为创业者登台之后，不只是项目，创业者本身也会成为门面担当。“以貌取人”虽然看似肤浅，但很多时候，尤其是路演时，打扮得体不仅可以让创业者更加自信，给投资人及观众一个好的初次印象，同时也是对他人的基本尊重。因此，作为企业最初的品牌代言人，创业者在进行路演时一定要打扮得干净得体，注重交往礼仪。

（二）把控时间，做好应变准备

通常情况下，融资路演需要创业者进行 PPT 演示，将自己的案例、项目、团队等多重信息传递给投资人。但原本一小时的演示时间突然缩短一半，甚至更短的情况也是时有发生的，因此创业者一定要提前做好万全准备，不论是 5 分钟、10 分钟还是半小时的展示时间，都能够随机安排时间，将最好的内容推介出去。

（三）激情背后的愿景与使命

伟大的企业，都有自己的使命和愿景，也许初时像是痴人说梦，但它会将创业者的激情传递出来。有的投资人想要的并不只是一桩普普通通的生意，而是可能改变行业生态，有梦想有情怀同时有未来的项目。

（四）做好失败准备

创业者需要做好心理准备，因为即使项目有着新颖可行的商业模式，有很棒的团队与技术，路演也发挥得不错，但这并不代表着路演后一定可以遇到“伯乐”，马上拿到投资。此时并非创业者或项目不够好，可能是这一次的路演中没有匹配度很高的投资人，也可能是因为投资人出于谨慎，还想多考虑。

现在常说到的巨头企业，不论是腾讯、阿里巴巴，还是 Facebook、Airbnb，他们当年的融资之路一样艰辛，所以无须因为一次路演失败而介怀，坚持就可能获得成功。

（五）只要“10 分钟”

这里所说的“10 分钟”并非实际生活中的准确时间段，而是告诉创业者，时间非常重要，时间越短，路演效果反而会更好。如果投资人只给“几分钟”的推介时间，那么创业者务必要将时间压缩在 5 分钟之内，但一定要掌握好节奏，不能虎头蛇尾，急急忙忙结束。

（六）把路演讲成故事

研究发现，讲故事是最能获得听众关注的方式，同时，这种方式也最能令创业者的路演变得令人难忘。所以，在投资人面前，所有的 PPT、数字、图表其实都只是辅助工具，这些内容都是司空见惯的，但是创业者可以简洁且清晰地讲述自己的案例讲坛，从而引起投资人的关注与共鸣，这才是创业者真正的实力体现。

（七）紧抓重点

对于投资人而言，时间是十分宝贵的资产，创业者需要紧抓重点，挑“干货”讲，专注于投资人最想听的如竞争力、商业模式、盈利方式、项目进展、产品情况等重点上，逻辑混乱是路演中的大忌，这样的讲述方式不仅会令人昏昏欲睡，还会给投资人留下十分不好的印象。

（八）创业热情+自信

创业热情对于创业者是非常重要的，对自己的项目拥有无限热情、无限能量的创业者，在路演中会加分不少。同时，它也能够展现出创业者的自信，能够让投资人更加认可、更加相信创业者。但凡事过犹不及，过度的自信便是自负，只会令投资人心生反感。

（九）多加练习

绝大多数的创业者不会只经历一场路演便成功融资，因此反复练习十分必要，创业者可以对投资人可能问及的问题提前进行预演，在实际问答的过程中，可以向潜在投资人再次展示公司业务指标与竞争优势。

根据以上这几点，路演之前好好准备，路演之中出色发挥，路演之后，对投资人提出的问题及时反馈详细记录，并不断改进，那么创业者会发现，路演中出现的问题越来越少，自己的路演水平也在不断提高，同时获得投资人融资的概率也就越来越大。

案例 10-1

大学生开发 App，5 分钟路演获得投资意向

2015 年，两名在校大学生在考研复习过程中发现商机，开发出“边学边问”App，掘金“大学学霸圈”。

2014 年李凯是武汉纺织大学大四学生，与他同龄的古望军，就读于湖北工业大学。两人是高中同学，双双由外地考到武汉读书。2014 年，两个好兄弟又决定一起考研。

在考研复习教学时，古望军每当遇到困难不会解答，就会上网搜索，但常常找不到答案。各大考研资料社区大多是文本材料下载，没有题库搜索能力；论坛发问，得到的答案却并不权威……

古望军和李凯碰面交流时“吐槽”：为什么中小学都有这样的问答类App，唯独在大学这一块是空白？两人灵光一闪：能不能做一个大学生的学习问答社区，方便大家在考研、英语四六级考试，乃至各种考证的过程中实现互助学习？

“边学边问”应运而生。他们开发的这款App，是针对大学生群体打造的问答平台，使用者可以将问题发到App，由系统、网上高手或老师给出解答过程和思路。同时，还可以为用户提供高质量的考试考证经验、课程视频、学习笔记等干货内容及周边院校的讲座、选课指南及老师在线课程等。同时，App附加社交功能，设有“学霸圈”“留学圈”“四六级圈”等多个圈子，供大学生“扎堆”交流学习。

2015年1月考研结束后，李凯、古望军正式开始创业。

李凯回忆，创业初期，他们没有贸然开始App开发，而是进行充分的市场调研。他们将市面上可以找到的所有问答类App，都下载在手机上试用；最后，选择五个进行详细“解剖”，逐一分析各自的优劣。一个月后，他们决定在采用文字录入模式的同时，加入一键拍照的方法，采取图像识别技术，从图片中提取文字，再匹配题库。

2015年1月中旬，项目团队正式入驻光谷创业咖啡，准备参加首场青相汇路演，路演时间五分钟。

为了准备路演，他们特地撰写了创业计划书并制作PPT，并在光谷创业咖啡工作人员的指点下，对PPT进行了三次大改。

2015年1月24日，古望军穿着租来的西装走上路演舞台，由于创业“角度7”项目特点突出，当场就有投资人表达了投资意向。

（资料来源：人民网，有改动，http://edu.people.com.cn/n/2015/0316/c1053-26698860.html，2015-03-16）

第二节　项目路演的内容

一、创业路演项目应具备的关键要点

（一）开篇主题清晰

项目路演PPT的第一页，一定要清晰地表达出项目的主题与特色，让人过目不忘，印象深刻。好的开始是成功的一半，这句话同样适合项目路演。

（二）模式定位精准

在5～10分钟内，要将一个主题讲解清楚，一定要精准定位。好的商业模式，一定是可以在一分钟内说清的模式，一定是发现了一个没有被满足的细分需求的模式，一定是清晰目标客户是谁的模式，一定是有满足目标客户需求的模式，一定是一个可以获取良好社会价值与商业价值的模式。

好的商业模式包括以下几点：发现了一个没有被满足的需求；做了一个什么产品解决了这个问题；解决的问题带来了什么价值；为什么只有我们能做成；如果你支持我，未来我会给你带来什么回报。

（三）逻辑清晰合理

好的创业项目的商业逻辑一定是闭环的。对于5～10分钟的路演项目，逻辑不能混乱，逻辑不能复杂，逻辑不能嵌套。

（四）内容充实丰富

在符合前三者的情况下，路演文件的内容要丰富。需要注意的是，丰富的内容不是现场都要讲的，而是让评委会在听的过程中获取更多的视觉信息。PPT的视觉内容可以进一步加深评委对项目的了解与认知。

（五）形式专业规范

要充分运用好视频、PPT、现场产品演示等不同呈现形式的优势，要让每个呈现形式都精益求精；同时做好不同呈现形式的合理组合，以达到最好的效果。

（六）结尾用心有力

一个好的呈现，人们在记住高潮的同时，一定会记住结尾。所以，一个体现项目目标、愿景、情怀的结尾，会产生余音绕梁的效果。

二、项目路演要呈现的关键内容

呈现路演PPT要遵循3C原则：清晰(clear)、简洁(concise)、能激发兴趣(compelling)。

（一）项目路演PPT的框架逻辑

第一，要讲清楚自己要做的项目：创始人名称、身份，项目名称，解决的问题（直奔客户的痛点），目标客户。

讲清楚自己准备干一件什么事。要做的事应该是一两句话就能说清楚的。这里的核心是要突出专注，表明自己就想做一件事，而且就想解决这件事中的某一个关键问题。项目不要追求大而全。

第二，讲清楚行业背景、市场现状：市场规模、未来发展趋势的判断。要说明自己在正确的时间做正确的事，而且市场空间大。市场大，不代表有需求。要描述在目前的市场背景下，自己的项目抓住了用户的痛点，或者自己的项目可以为用户带来更高性价比的产品（服务）。尽量列出与竞争对手的对比分析，表明当前的商业机会。

第三，讲清楚如何做以及现状：商业模式实现的具体方案。包括解决这个问题的方法，推出的产品（服务）产品，产品的应用效果，以及运营计划、产品（服务）开发计划、营销策略。描述这个项目是如何实施的，以及最终达成的效果。

第四，讲清楚团队分工：团队成员简介（与项目有关的经历）、业务分工；天使投资人、外部顾问等。

（二）项目路演要表达的核心内容

第一，项目差异性。项目要能够制造或提供与众不同的产品或服务。

第二，不要太独特。虽说差异性与项目顺利进入市场息息相关，但也不可过于独特。一个还不曾有人涉足过的项目，对投资人的吸引力并不会太大。所以，创业者在介绍时，不妨将侧重点更多地放在项目的“新”与市场现实的“旧”如何保持平衡与互利状态，而不是不断重复“这是一个未被发掘的市场，这是一个可以颠覆行业的项目”。

第三，具体地解释项目的产品或服务。投资人想看到的不是创业者所画的“概念大饼”，而是一个实打实的产品或服务，因此不要过多地阐述项目理念等抽象内容。同时，要把握好投资人心态，其实归根结底，投资人最关心的还是产品或服务是否能够盈利，是否能够扩大规模，因此也不必过分解释产品特性如何。

第四，精确定位目标受众群。许多创业者为了显示自身项目的市场容量巨大，经常会和投资人说“中国人口众多，只要能占据1%的市场，前途就不可限量”等宏大无比的故事，但经验丰富的投资人是不会听信这样的假说的，因此创业者可以用人口特征及心理特征来精确定位项目的目标受众，同时配以一定的客户数据，就会增强说服力。

第五，获取新用户。创业项目能否成功，营销是十分重要的一个环节，因此创业者要让投资人看到很棒的营销理念、方法或技术，否则酒香也怕巷子深。

第六，建设A级团队。创业理想也好，创业宏图也罢，成也执行，败也执行，而执行无疑是需要依靠有天赋、有能力的人来进行的。所有创业项目都会存在竞争对手，但强大的团队会带来一流的产品与品牌。因此，创业者在融资路演时，需要告诉投资人团队优势何在，团队成员各自擅长什么，是否能够优势互补。

第七，收入模式。有一定路演经验的创业者一定不难发现，投资人提及最多的问题中，一定会有“公司如何盈利”或“现在是否已经盈利”等。实质上，投资人之所以给出投资，除了极少的情怀因素外，极大程度上都是希望得到回报，因此投资人想要知道创业者的收入模式如何，是如何执行的，以及是否得到了验证。

第八，资金使用计划。投资人的钱并非拿来让创业者随意“烧”的，那么具体这笔资金创业者的利用方法，利用速度，以及预计达到的“里程碑”效果，都是投资人十分关心的。创业者需要制订至少未来三年内的财务模式，包含运营成本、收入增长、利润、潜在利润等，这些都是投资人判断其投资回报率高低的重要基础。

第九，痛点+解决方案。从Airbnb、Uber等成功的融资路演案例中，不难发现这些项目都是从某一行业痛点出发，然后再给出自身的解决方案，最后延展到较为宏观的未来愿景上。建议创业者在路演时也能够以这样的逻辑顺序进行推介，并告诉投资人，自己项目产品或服务能够解决这个行业痛点，并且是最好的解决方案，而在获得资金支持的情况下，可以帮助更多用户解决这一问题。

第十，投资人的“退出策略”。“退出策略”一直是很多初创企业都会忽略的一个问题，但这一点却又是投资人十分关注的内容，大部分投资人是期望能够在短时间内，如五年内，获得收益。因此创业者需要告诉投资人项目的“退出策略”，未来公司的上市计划，是否会授权进行连锁经营还是会被收购，并利用未来销售收入与估值预计所能达到的范围，让投资人看到更多回报的可能性，从而增大投资人投资的概率。

案例 10-2

“电梯演讲”创业比赛

“麦肯锡30秒电梯理论”来源于麦肯锡公司一次沉痛的教训：该公司曾经为一家重要的

大客户做咨询。咨询结束时，麦肯锡的项目负责人在电梯间里遇见了对方的董事长，该董事长问麦肯锡的项目负责人："你能不能说一下现在的结果呢?"由于该项目负责人没有准备，而且即使有准备，也无法在电梯从30层到1层的30秒内把结果说清楚。最终，麦肯锡失去了这一重要客户。

从此，麦肯锡要求公司员工凡事要在最短的时间内把结果表达清楚，凡事要直奔主题、直奔结果。麦肯锡认为，一般情况下人们最多记得住一二三，记不住四五六，所以凡事要归纳在三条以内。这就是如今在商界流传甚广的"麦肯锡30秒电梯理论"，或称"电梯演讲"。

（资料来源于网络，编者整理得到）

第三节 项目路演的常见误区

一、创业计划书的问题

（一）"海投"项目摘要或创业计划书

对于创业者"海投"式的电子邮件，投资人一般都不会看，而是直接删掉。因为他们会收到成百上千的电子邮件，他们不可能花时间一封封地去筛选。但如果是这个圈子里的某个人推荐的，他们还是会加以留心，比如某位律师，或他们投资的某个公司的企业家，或者是另一位风投资本家。

（二）创业计划书冗长

投资人通常不会也没时间先看一份50页的创业计划，再去决定值不值得会面或跟进这个项目。创业者首先应该给投资人看的是一份两三页的摘要，或是一份PPT。

（三）路演PPT超过20页

如果创业者的PPT做得太长，就会影响路演的明快感。如果投资人对项目产生了兴趣，创业者可以事后再向他提供更多信息。

二、不了解投资人

（一）不了解投资人感兴趣的行业

有些投资人只对某一个领域的项目感兴趣，比如生物科技、移动应用、清洁能源或互联网和数字媒体等。创业者在联系投资人之前，最好先做调研，确保公司从事的项目恰好是投资人感兴趣的领域。

（二）关于保密协议

大多数投资人都有不签保密协议这个不成文的习惯。如果创业者存在高度保密的东西，千万别急于跟投资人展示，会牵扯上风险问题。

（三）对投资人提出的问题不能给出令人满意的答案

创业者在给投资人做讲演之前，应该先找朋友或顾问练习一下。创业者需要对投资人的问题给出干脆利落的答案。创业者必须提前想到投资人可能会问的比较难回答的问题。

（四）投资人不喜欢陈词滥调

在言语间要避免以下这些语句。

(1)“我们需要的只是1%的市场。”

(2)“使用量会相当火爆。”

(3)“这个产品自己就是活广告。”

(4)“连谷歌都会想要收购我们。”

(5)“我们的预测数字比较保守。”

（五）对投资者和他的投资组合不做调查

投资人喜欢创业者提前做足功课，如果创业者向投资人表明，对其背景和投资的公司有所了解，而且能向投资人表明，创业者已经会针对性做一些尽职调查了。

三、团队成员缺乏协作配合

（一）只有 CEO 一人在讲话

投资者想知道创业者是否拥有一个好的团队。所以，带着团队参加路演，但在路演的时候，只让 CEO 进行讲演，这绝对是一个错误。因而，所有团队成员都应该有发言机会，且发言内容应各有侧重，互为补充，不能自相矛盾。

（二）没有强调团队成员的经验和资历

很多投资人都认为，对于一家创业公司，其团队要比创意或产品更重要。投资者认为，团队拥有正确的技能、动机、经验甚至脾气秉性能够推动公司的成长。所以在讲演中可能会被问到以下问题。

(1) 公司的创始人和核心团队成员是谁？

(2) 团队在相关领域有什么经验？

(3) 在短期内，团队需要加入哪些核心成员？

(4) 团队有什么独特之处，能够执行好公司的商业计划？

(5) 有多少名员工？

(6) 创始人的动机是什么？

(7) 接下来的 12 个月，打算如何扩大团队？

四、目标市场定位阐述不清楚

(一) 没有展示创业项目有较大的市场机会

大多数投资人都在寻找可以做大做强的企业。所以创业者要首先解答为什么公司可以做得很大这个问题,不要展示任何小点子。如果第一个产品或服务范围较小,那么创业者还需要把公司定义成一个能催生多个产品和应用的“平台”型企业。另外,还要向投资人表明真正的目标市场,以及随着时间的推移,打算占据的市场份额。

(二) 没有任何竞争对手

创业项目当然是有竞争对手的,不管这种竞争是直接还是间接的,又或许有其他人能够提供替代的解决方案。另外,创业者对竞争对手的分析,也能表明他们对市场是有理解的。

(三) 给创业者看无趣的或不切实际的预测

例如,创业者向投资人预测到,公司的收益在三年内能达到500万美元,但预测中的假设不能自圆其说,打算在运营和营销成本只增长20%的情况下,就使收益增长400%,这种豪言壮语只会让投资人觉得不切实际。

(四) 不能讲述出一个清晰的营销战略

能够做出一个好产品,并不代表就能把它卖出去,或是用户就会使用它。所以投资人更关注的是产品或服务的营销策略,如打算使用的展示渠道,以具有成本效益的方式接触到目标客户的方法,使用的社交媒体,以及内容营销方案和效果。

(五) 产品或服务没有早期反响

一定要向投资人展示产品或服务获得的早期反响,尤其是知名网站或出版物上的评价。请在一张PPT页面上附上这些文章的标题,并且注明有多少篇文章、多少份出版物提到了你的公司。

(六) 不告诉投资人资金运用方式以及回报周期

投资人最关心的是资金的使用,以及在创业计划中的投放程度,投资人根据资本需求来了解创业者的融资计划是否合理。另外,也能使投资人结合对其他公司的投资经验,评估预期成本(比如人员聘用成本、营销成本、办公成本等)是否合理。

五、其他问题

(一) 不重视细节

首先,要确保演示PPT里没有错别字或自相矛盾的地方。其次,要制作一份文笔流畅、视觉效果吸引人的演示PPT。要记得给PPT标上页码,这样能轻松地回顾某一页的内容。为了保护合法权益,可以在PPT末页底部写上版权声明,加上“保密与隐私”提示。

（二）没有样品

“样品胜千言”。原型产品，或者产品、应用和网站的演示效果，能让投资人更好地理解创业项目。

拓展阅读

成功路演的八大关键因素

要素一：有一个大愿景，然后把这个愿景扩大十倍。

举个例子，如果你有一个愿景，通过在某个国家解决一个问题，让人们的生活更加便捷，然后再把范围扩大，为全世界的人们解决同一个问题。

要素二：详细解释如何使用投资。

你需要一个详细的财务模式，而你的雄伟蓝图至少要规划到未来三年，其中不仅要包含运营成本，还要包含收入增长、利润及潜在利润等。

最重要的是，你需要了解不同部门如何使用资金，了解每一个商业项目如何使用资金；而如果你已经有了一个可预知投资回报率的营销策略（比如投资 1 美元，回报 5 美元），也需要详细地向投资人解释。

要素三：比任何人都了解你的创业指标。

如果你的公司采用的是订购模式，那么需要了解用户获取成本，客户终身价值，净流失率，用户转换率，客户数量和收入比率，毛利润等。

对于其他类型的公司，指标可能会比较简单。你需要准确知道自己目前和未来的业务指标，同时对于一些还没有实现的目标，你需要告诉投资人自己会采取什么样的方法，一步步实现。

要素四：尽量将主路演时间缩短。

这个要素很简单，通常融资路演分为两部分，主路演和附路演。在主路演阶段，需要做 PPT 演示，告诉投资人你的创业故事，展示创业指标，团队成员，以及发展愿景。在附路演阶段，还需要播放一些配套的幻灯片。

那么，路演需要控制在多长时间呢？通常情况下，你需要播放 30～60 张 PPT。

要素五：公司不是靠资金，而是靠人发展起来的。

最好的公司，都是靠一群有天赋有能力的人创建出来的。在路演的时候，至少要用一张 PPT 来介绍你的团队，告诉投资人团队的与众不同之处。

投资人很清楚，每个创业者都有竞争对手，通常，最强大的团队会构建出最好的产品和品牌，最终赢得市场。如果你有一支强大的团队，那就毫不犹豫地展示出来。如果在讨论公司愿景的时候，你手下的团队成员都是一帮“菜鸟”，那么也不要着急，你可以告诉投资人自己在获得资金支持之后，会采取什么样的招聘策略，并招募一些什么样的人才。

在招募人才的时候一定要有信心，并尽可能地构建一支最出色的团队，在路演的时候，要把这种决心表现出来。此外，对于团队中的缺点也不要掩饰，但要把重点放在团队的优点和强项上面。

要素六：谈一些痛点，再告诉投资人自己是如何解决的。

出色的融资路演，一般都是从一个故事开始，然后介绍某个行业痛点，再给出自己的解决方案，到最后的公司愿景。因此在路演的时候，一定要确保提到自己产品所解决的那个最初行业痛点。

要素七：竞争力，事实胜于雄辩。

无论你的公司是否产生收入，都需要向投资人展示出你的产品已经拥有一定竞争力。正如前文所提到的，如果潜在投资人认为你公司的风险越小，那么你就越有可能获得投资。

如果公司已经产生收入，并且发展速度很快，那么一定要在路演的 PPT 里面展示出来。如果暂时做不到这一点，那么在所有的业务指标里面找一个最具发展潜力的展示出来，比如用户总量，照片上传总量等数据。你可以制作一张图表，来展示这些指标的发展路径，并且告诉投资人，如果能够获得资金，这些指标将会得到更快速的发展，并帮助你的公司获得收入，从而增加利润。

要素八：多经历，会让你的路演越来越好。

在每一次路演结束时，确保要有一个答疑环节，这可以帮助潜在投资人了解你的公司业务指标数字，以及你的竞争优势。对于投资人提出的问题和反馈，你都需要做好笔记记下来，并且在下次路演时做好解答。

牢记上述八个要素，在路演时出现的问题会变得越来越少，路演水平也会不断提高，同时在演讲时也会得到更多积极的反馈，最大可能地激发潜在投资人对公司的兴趣。

（资料来源：微信公众号，有改动，https://mp.weixin.qq.com，2015-10-15）

思考与训练

1. 结合前面章节讲述的市场调研、商业模式，设计一份项目路演 PPT。
2. 组织全班学生进行一场创业路演活动，要求做到以下两点。

(1) 按照设计的项目路演 PPT，进行一场创业路演。

(2) 观看完路演的学生，给出公正、全面的反馈意见。

第十一章　大学生创新创业赛事

知识结构

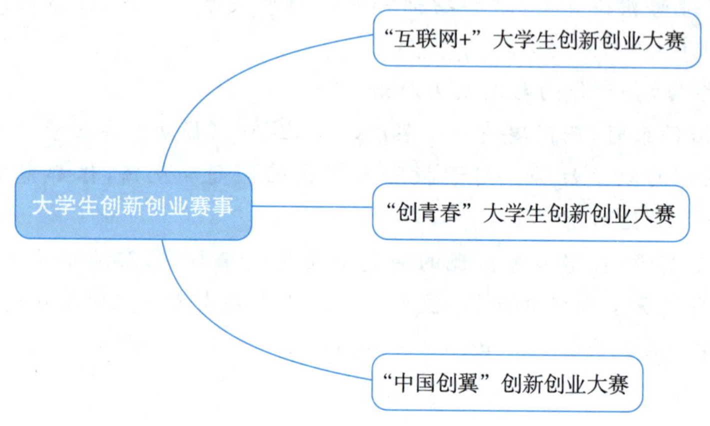

学习目标

- 通过浏览主要创新创业赛事官方网站，了解有关创新创业大赛的相关信息。
- 掌握各个赛事的侧重点。

第一节　“互联网＋”大学生创新创业大赛

为贯彻落实党中央决策部署和《国务院办公厅关于深化高等学校创新创业教育改革的实施意见》，进一步激发高校学生创新创业热情，展示高校创新创业教育成果，搭建大学生创新创业项目与社会投资对接平台，教育部自 2015 年起联合有关部门成功举办了多届中国“互联网＋”大学生创新创业大赛。下面以第六届“互联网＋”大学生创新创业大赛为例进行分析。

一、大赛主题

为全面落实习近平总书记给“青年红色筑梦之旅”大学生的重要回信精神，深入推进大众创业万众创新，引领创新创业教育国际交流合作，加快培养创新创业人才，促进创新驱动创业、创业引领就业，2020 年 6 月至 11 月举办第六届中国国际“互联网＋”大学生创新创业大赛。本次大赛的主题是“我敢闯、我会创”。

二、大赛目的与任务

第六届中国“互联网＋”大学生创新创业大赛旨在激发学生的创造力。激励广大青年扎根中国大地了解国情民情，锤炼意志品质，开阔国际视野。在创新创业中增长智慧才干，把激昂的青春梦融入伟大的中国梦，努力成长为德才兼备的有为人才。

第六届中国“互联网＋”大学生创新创业大赛把大赛作为深化创新创业教育改革的重要抓手，引导各类学校主动服务国家战略和区域发展，深化人才培养综合改革、全面推进素质教育，切实提高学生的创新精神、创业意识和创新创业能力。推动人才培养范式深刻变革，形成新的人才质量观、教学质量观、质量文化观。

第六届中国“互联网＋”大学生创新创业大赛以赛促创，搭建成果转化新平台，旨在推动赛事成果转化和产学研用紧密结合，促进“互联网＋”新业态形成，服务经济高质量发展，努力形成高校毕业生更高质量创业就业的新局面。

三、大赛总体安排

第六届中国“互联网＋”大学生的深创业大赛将力争做到“五个更”。

(1) 更实际。立足粤港澳大湾区，融入全球创新创业浪潮，汇聚世界一流大学，打造同场竞技、相互促进、人文交流的国际大平台。

(2) 更教育。深化创新创业教育改革，构建德智体美劳“五有平台”，培养学生敢闯敢拼的素质的能力；助力脱贫攻坚，提升学生的社会责任感和担当精神。

(3) 更全面。做强高教、国际、职教、萌芽各板块，探索形成各学段有机衔接创新创业教育链条，实现区域、学校、学生类型全覆盖。

(4) 更创新。广泛开展大学生和中学生创新活动，助推科研成果转化应用，服务国家创新发展。

(5) 更中国。以大赛为载体，推出创新创业教育的中国经验、中国模式，提升我国高等教育的影响力、感召力和塑造力。

第六届中国“互联网＋”大学生创新创业大赛设置举办“1＋6”系列活动。“1”是主体赛事，包括高教主赛道、“青年红色筑梦之旅”赛道、职教赛道、萌芽赛道。“6”是 6 项同期活动，包括“智闯未来”青年红色筑梦之旅活动、“智创未来”全球创新创业成果展、“智绘未来”世界湾区高等教育峰会、“智联未来”全球独角兽企业尖峰论坛、“智享未来”全球青年学术大咖面对面、“智投未来”投融资竞标会。

四、组织机构

第六届中国“互联网＋”大学生创新创业大赛由教育部、中央统战部、中央网络安全和信息化委员会办公室、国家发展改革委、工业和信息化部、人力资源和社会保障部、农业农村部、中国科学院、中国工程院、国家知识产权局、国家乡村振兴局、共青团中央和广东省人民政府共同主办。华南理工大学、广州市人民政府和深圳市人民政府承办。

大赛设立组织委员会(简称大赛组委会),由时任教育部部长陈宝生和广东省省长马兴瑞担任主任,教育部副部长钟登华和广东省副省长覃伟中担任副主任,教育部高教司司长吴岩担任秘书长,有关部门(单位)负责人作为成员,负责大赛的组织实施。

大赛设立专家委员会,由中国工程院原常务副院长潘云鹤担任主任、国家知识产权局原局长田力普担任副主任,行业企业、投资机构、创业孵化机构、大学科技园、公益组织、高校和科研院所专家作为成员,负责参赛项目的评审工作,指导大学生创新创业。大赛设立纪律与监督委员会,对大赛组织评审工作、协办单位相关工作进行监督,对违反大赛纪律的行为予以处理。

大赛总决赛由中国建设银行冠名赞助支持,各地教育部门可积极争取中国建设银行分支机构对省赛的赞助支持。大赛由相关组织参与协办(名单经大赛纪律与监督委员会认可后另发)。

各省(区、市)和新疆生产建设兵团可根据实际情况成立相应的机构,开展本地初赛和复赛的组织实施、项目评审和推荐等工作。

五、参赛项目要求

(1) 参赛项目能够将移动互联网、云计算、大数据、人工智能、物联网、下一代通信技术、区块链等新一代信息技术与经济社会各领域紧密结合,服务新型基础设施建设,培育新产品、新服务、新业态、新模式;发挥互联网在促进产业升级以及信息化和工业化深度融合中的作用,服务新型基础设施建设,促进制造业、农业、能源、环保等产业转型升级;发挥互联网在社会服务中的作用,创新网络化服务模式,促进互联网与教育、医疗、交通、金融、消费生活等深度融合。

(2) 参赛项目须真实、健康、合法,无任何不良信息,项目立意应弘扬正能量,践行社会主义核心价值观。参赛项目不得侵犯他人知识产权;所涉及的发明创造、专利技术、资源等必须持有清晰合法的知识产权或物权;抄袭、盗用、提供虚假材料或违反相关法律法规一经发现,即刻丧失参赛相关权利并自负一切法律责任。

(3) 参赛项目涉及他人知识产权的,报名时须提交完整的具有法律效力的所有人书面授权许可书、专利证书等;已完成工商登记注册的创业项目,报名时须提交营业执照及统一社会信用代码等相关复印件、单位概况、法定代表人情况、股权结构等。参赛项目可提供当前财务数据、已获投资情况、带动就业情况等相关证明材料。在大赛通知发布前已获投资100万元及以上或在2019年及之前任意一个年度的收入达到1000万元及以上的参赛项目,请在全国总决赛时提供相应佐证材料。

(4) 参赛项目根据各赛道相应的要求,只能选择一个符合要求的赛道参赛,已获往届中国“互联网+”大学生创新创业大赛全国总决赛各赛道金奖银奖的项目,不可报名参加本次大赛。

(5) 各省(区、市)教育厅(教委),新疆生产建设兵团教育局,各有关学校负责审核参赛对象资格。

六、比赛赛制

第六届中国“互联网+”大学生创新创业大赛主要采用校级初赛、省级复赛,全国总决赛三级赛制(不含萌芽赛道)。校级初赛由各校负责组织、省级复赛由各地负责组织，全国总决赛由各地按照大赛组委会确定的配额择优遴选推荐项目。大赛组委会将综合考虑各地报名团队数、参赛院校数和创新创业教育工作情况等因素分配全国总决赛名额。

全国共产生 1600 个项目入围全国总决赛(港澳台地区参赛名额单列)，其中高教主赛道 1000 个(中国大陆参赛项目 600 个、国际参赛项目 400 个，中国港澳台地区参赛项目数量另定)、“青年红色筑多之旅”赛道 200 个、职教赛道 200 个、萌芽赛道 200 个。

高教主赛道每所学校入选全国总决赛项目总数不超过 4 个，“青年红色筑梦之旅”赛道、职教赛道、萌芽赛道每所院校入选全国总决赛项目各不超过 2 个。

七、赛程安排

(1) 参赛报名(2020 年 6 月)。参赛团队通过登录“全国大学生创业服务网”或微信公众号(名称为“全国大学生创业服务网”或“中国互联网＋大学生创新创业大赛”)任意方式进行报名。报名系统开放时间为 2020 年 6 月 11 日，截止时间由各地根据复赛安排自行决定，但不得晚于 8 月 15 日。国际参赛项目通过全球青年创新领袖共同体促进官网进行报名(具体安排另行通知)。赛事咨询通过“中国互联网＋大学生创新创业大赛”微信公众号进行咨询，参赛团队可在“全国大学生创业服务网”资料下载板块，下载学生操作手册，指导报名参赛。

(2) 初赛复赛(2020 年 6 月至 9 月中旬)。各校登录全国大学生创业服务网进行大赛管理和信息查看。省级管理用户使用大赛组委会统一分配的账号登录，校级账号由各省级管理用户进行管理。初赛复赛的比赛环节、评审方式等由各校、各地自行决定。各地各校要正确研判当地疫情形势，原则上采用线上路演的方式开展校级初赛和省级复赛，尽量减少线下同期活动，并做好相关疫情防控预案。大赛组委会已经组织有关单位加紧开发免费的网上路演平台(另行通知)，各地各校可根据自身情况选择使用。各地在 9 月 15 日前完成省级复赛，遴选参加全国总决赛的候选项目(推荐项目应有名次排序，供全国总决赛参考)。国际参赛项目的推荐遴选工作另行安排。

(3) 全国总决赛(2020 年 11 月上旬)。大赛展架委员会对入围全国总决赛项目进行网上评审，择优选拔项目进行现场比赛，将决出金奖、银奖、铜奖。

大赛组委会将通过“全国大学生创业服务网”为参赛团队提供项目展示、创业指导、投资对接等服务。各项目团队可以登录“全国大学生创业服务网”查看相关信息。各地可以利用网站提供的资源，为参赛团队做好服务。华为技术有限公司姜维参赛团队提供多种资源支持。

八、主要赛事介绍

(一) 高教主赛道

1. 参赛项目类型

高教主赛道参赛项目类型主要包括“互联网＋”现代农业，包括农林牧渔等；“互联网＋”制造业，包括先进制造、智能硬件、工业自动化、生物医药、节能环保、新材料、军工等；“互联网＋”信息技术服务，包括人工智能技术、物联网技术、网络空间安全技术、大数据、云计算、工具软件、社交网络、媒体门户、企业服务、下一代通信技术、区块链等；“互碳网＋”文化创意服务，包括广播影视、设计服务、文化艺术、旅游休闲、艺术品交易、广告会展、动漫娱乐、体育竞技等；“互联网＋”社会服务，包括电子商务、消费生活、金融、财经法务、房产家居、高校物流、教育培训、医疗健康、交通、人力资源服务等。参赛项目不只限于“互取网＋”项目，鼓励各类创新创业项目参赛，根据行业背景选择相应类型。

2. 参赛方式和要求

（1）大赛以团队为单位报名参加，允许跨校组建团队，每个团队的参赛成员不少于3人，原则上不多于15人（含团队负责人），须为项目的实际核心成员。参赛团队所报参赛创业项目，须为本团队策划或经营的项目，不得借用他人项目参赛。

（2）根据参赛团队负责人的学籍或学历确定参赛团队所代表的参赛学校，按照参赛学校所在的国家和地区，分为国际参赛项目、中国大陆参赛项目、中国港澳台地区参赛项目三类。国际参赛项目和中国港澳台地区参赛项目可根据当地教育情况适当调整学籍和学历。

（3）所有参赛材料和现场答辩原则上使用中文或英文，如有其他语言需求，请联系大赛组委会。

（4）参赛项目不得含有任何违反《中华人民共和国宪法》及其他法律、法规内容。须尊重中国文化，符合公序良俗。

3. 参赛组别和对象

根据参赛项目所处的创业阶段、已获投资情况和项目特点，分为创意组、初创组、成长组、师生共创组。具体参赛条件如下。

（1）创意组。参赛项目有较好的创意和较为成型的产品原型或服务模式，在2020年5月31日（以下时间均包含当日）前尚未完成工商登记注册，并符合以下条件：①参赛申报人须为团队负责人，须为普通高等学校在校生（可为本专科生、研究生，不含在职生）。②学校科技成果转化项目不能参加创意组（科技成果的完成人、所有人中参赛申报人排名第一的除外）。

（2）初创组。参赛项目工商登记注册未满三年（2017年3月1日后注册），且获机构或个人股权投资不超过一轮次，并符合以下条件：①参赛申报人须为初创企业法定代表人，须为普通高等学校在校生（可为本专科生、研究生，不含在职生），或毕业五年以内的毕业生（2015年之后毕业的本专科生、研究生，不含在职生）。企业法人代表在大赛通知发布之日后进行变更的不予认可。②初创组项目的股权结构中，参赛企业法人代表的股权不得少于10%，参赛成员股权合计不得少于1/3。③学校科技成果转化项目（不含基于国家级重大、重点科研项目的科研成果转化项目）可以参加初创组，允许将拥有科研成果的教师的股权与学生所持股权合并计算，合并计算的股权不得少于51%（学生团队所持股权比例不得低于26%）。

（3）成长组。参赛项目工商登记注册三年以上（2017年3月1日前注册）；或工商登记注册未满三年（2017年3月1日后注册），获机构或个人股权投资两轮次以上（含两轮次），并符合以下条件：①参赛申报人须为企业法定代表人，须为普通高等学校在校生（可为本专科生、研究生，不含在职生）。或毕业五年以内的毕业生（2015年之后毕业的本专科生、研究生，不含在职生）。企业法人代表在大赛通知发布之日后进行变更的不予认可。②成长组项目的股权结构中，参赛企业法人代表的股权不得少于10%，参赛成员股权合计不得少于

1/3。③学校科技成果转化项目(不含基于国家级重大、重点科研项目的科研成果转化项目)可以参加成长组,允许将拥有科研成果的教师的股权与学生所持股权合并计算,合并计算的股权不得少于51%(学生团队所持股权比例不得低于26%)。

(4) 师生共创组。基于国家级重大、重点科研项目的科研成果转化项目,或者教师与学生共同参与创业且教师所占权重比例大于学生(如已注册成立公司,教师持股比例大于学生)的项目参加师生共创组进行比赛,并符合以下条件:①参赛项目如已注册成立公司,公司注册年限不得超过五年(2015年3月1日后注册),师生均可为公司法定代表人。企业法人代表在大赛通知发布之日后进行变更的不予认可。股权结构中,师生股权合并计算不低于51%,且学生参赛成员合计股份不低于10%。②参赛申报人须为普通高等学校在校生(可为本专科生、研究生,不含在职)。③参赛项目中的教师须为高校在编教师(2020年6月1日前正式入职)。

4. 比赛赛制

(1) 中国大陆参赛项目采用校级初赛、省级复赛、全国总决赛三级赛制。校级初赛由各校负责组织,省级复赛由各地负责组织,全国总决赛由各地按照大赛组委会确定的配额择优遴选推荐项目。大赛组委会将综合考虑各地报名团队数、参赛院校数和创新创业教育工作情况等因素分配全国总决赛名额,每所高校入选全国总决赛项目总数不超过四个。全国共产生600个项目入围全国总决赛高教主赛道,通过网上评审,产生150个项目进入全国总决赛现场比赛。

(2) 中国港澳台地区参赛项目通过当地合办赛伙伴选送全国总决赛,通过网上评审,产生20个项目进入全国总决赛现场比赛。

(3) 国际参赛项目通过驻外使领馆面向全球征集、合办赛伙伴征集选送、国内高校发动,共产生400个项目入围全国总决赛高教主赛道,通过网上评审,产生100个项目进入全国总决赛现场比赛。中国大陆参赛项目、中国港澳台地区参赛项目、国际参赛项目同场参加全国总决赛现场比赛,将统一打分,分类排名。

5. 奖项设置

高教主赛道中国大陆参赛项目设金奖50个、银奖100个、铜奖450个,中国港澳台地区参赛项目设金奖5个、银奖15个,铜奖另定,国际参赛项目设金奖40个,银奖60个,铜奖300个。另设最佳带动就业奖、最佳创意奖、最具商业价值奖、最具人气奖各一个:获奖项目将由大赛组委会颁发获奖证书,提供投融资对接、落地解化等服务。设高校集体奖20个、省市优秀组织奖10个(与职教赛道合并计算)和优秀创新创业导师若干名。

(二)"青年红色筑梦之旅"

1. 参赛项目要求

参加"青年红色筑梦之旅"活动的项目,如参加大赛,可自主选择参加"青年红色筑梦之旅"赛道或其他赛道比赛(只能选择参加一个赛道)。"青年红色筑梦之旅"赛道单列奖项、单独设置评审指标。

(1) 参加"青年红色筑梦之旅"活动的项目应符合大赛参赛项目要求,同时在推进革命老区、贫困地区、城乡社区经济社会发展等方面有创新性、时效性和可持续性。

(2) 以团队为单位报名参赛。允许跨校组建团队,每个团队的参赛成员不少于三人,原则上不多于15人(含团队负责人),须为项目的实际核心成员。参赛团队所报参赛创业项目,须为本团队策划或经营的项目,不得借用他人项目参赛。

(3) 参赛申报人须为团队负责人,并且为普通高等学校在校生(可为本专科生、研究生,不含在职生),或毕业五年以内的毕业生(2015年之后毕业的本专科生、研究生,不含在职生)。企业法人代表在大赛通知发布之日后进行变更的不予认可。

(4) 已获往届中国“互联网+”大学生创新创业大赛全国总决赛各赛道金奖和银奖项目,不可报名参加本届大赛。

(5) 没有参加本届“青年红色筑梦之旅”活动的项目不得参加“青年红色筑梦之旅”赛道比赛。

(6) 各省级教育行政部门、各有关学校负责审核参赛对象资格。

2. 参赛组别和对象

根据项目性质和特点,分为公益组、商业组。

(1) 公益组。参赛项目以社会价值为导向,在公益服务领域具有较好的创意、产品或服务模式的创业计划和实践。参赛申报主体为独立的公益项目或者社会组织,注册或未注册成立公益机构(或社会组织)的项目均可参赛。师生共创的公益项目,若符合“青年红色筑梦之旅”赛道要求,可以参加该组。

(2) 商业组。参赛项目以商业手段解决农业农村和城乡社区发展的痛点问题、助力精准扶贫和乡村振兴,实现经济价值和社会价值的融合。注册或未注册成立公司的项目均可参赛。已完成工商登记注册参赛项目的股权结构中,企业法人代表的股权不得少于10%,参赛成员股权合计不得少于1/3。如已注册成立机构或公司,学生须为法定代表人。师生共创的商业项目不能参加“青年红色筑梦之旅”赛道,但可参加高教主赛道。

3. 比赛赛制

采用校级初赛、省级复赛、全国总决赛三级赛制,校级初赛由各高校负责组织,省级复赛由各地负责组织,全国总决赛由各地按照大赛组委会确定的配额择优遴选推荐项目。大赛组委会将综合考虑各地报名团队数、参赛学校数和创新创业教育工作情况等因素分配全国总决赛名额。每所学校入选全国总决赛“青年红色筑梦之旅”赛道的团队总数不超过两个。全国共产生200个项目入围全国总决赛“青年红色筑梦之旅”赛道,通过同步评审,产生60个项目进入全国总决赛现场比赛。

4. 奖项设置

设“青年红色筑梦之旅”赛道金奖15个、银奖45个、铜奖140个。设“乡村振兴奖”“社区治理奖”“逐梦小康奖”等单项奖若干。奖励对农村地区教育、科技、农业、医疗、扶贫以及城乡社区治理等方面有突出贡献的项目。设“青年红色筑梦之旅”高校集体奖20个,省市优秀组织奖8个和优秀创新创业导师若干名。获奖单位颁发获奖证书及奖牌。

(三) 职教赛道

1. 参赛项目类型

职业赛道参赛项目主要包括“互联网+”现代农业,包括农林牧渔等;“互联网+”制造业,包括先进制造、智能硬件、工业自动化、生物医药、节能环保、新材料、军工等领域生产加工、维护、服务；“互联网＋”信息技术服务，包括人工智能技术、物联网技术、网络空间安全技术、大数据、云计算、工具软件、社交网络、媒体门户、企业服务、下一代通信技术、区块链等；“互联网＋”文化创意服务，包括广播影视、设计服务、文化艺术、旅游休闲、艺术品交易、广告会展、动漫娱乐、体育竞技等；“互联网＋”社会服务，包括电子商务、消费生活、家政服务、养老服务、食品安全、金融、财经法务、房产家居、高效物流、教育培训、健康服务、交通、社区服务等。参赛项目不只限于“互联网＋”项目，鼓励各类创新创业项目参赛，根据行业背景选择相应类型。

2. 参赛方式和要求

(1) 职业院校(含职业教育本科、高职高专、中职中专)学生(不含在职生)、国家开放大学学历教育学生(不超过 30 岁)均可以报名参赛。大赛以团队为单位报名参赛。允许跨校组建团队，每个团队的参赛成员不少于 3 人，原则上不多于 15 人(含团队负责人)，须为项目的实际核心成员。参赛团队所报参赛创业项目，须为本团队策划或经营的项目，不得借用他人项目参赛。

(2) 已获往届中国“互联网＋”大学生创新创业大赛全国总决赛各赛道金奖、银奖的项目，不可报名参加本届大赛。各省级教育行政部门、有关学校负责审核参赛对象资格。

3. 参赛组别和对象

职业赛道分为创意组与创业组。

(1) 创意组。参赛项目具有较好的创意和较为成型的产品原型、服务模式或针对生产加工工艺进行创新的改良技术，在 2020 年 5 月 31 日(以下时间均包含当日)前尚未完成工商登记注册。参赛中申报人必须为团队负责人，须为全日制在校学生或国家开放大学学历教育在读学生。

(2) 创业组。参赛项目在 2020 年 5 月 31 日前已完成工商登记注册，且公司注册年限不超过五年(2015 年 3 月 1 日后注册)。参赛申报人须为企业法定代表人，须为职业院校全日制在校学生或在五年内的毕业生(2015 年之后毕业)、国家开放大学学历教育在读学生或毕业五年内的毕业生(2015 年 6 月之后毕业)。企业法人在大赛通知发布之日后进行变更的不予认可。已完成工商登记注册参赛项目的股权结构中，企业法人代表的股权不得少于 10%，参赛成员合计不得少于 1/3，学校科技成果转化的项目须参加创业组(不能参加创意组，科技成果的完成人、所有人中有参赛申报人的除外)，允许将拥有科研成果的教师的股权与学生所持股权合并计算，合并计算的股权不得少于 51%(学生团队所持股权比例不得低于 26%)。教师持股比例大于学生团队持股比例的项目，只能参加高教主赛道师生共创组，不能报名参加更换赛道。

4. 比赛赛制

职业赛道采用初级初赛、省级复赛、全国总决赛三级赛制。校级初赛由各院校(国家开放大学各分部)负责组织，省级复赛各地负责组织，全国总决赛由各地按照大赛组委会确定的配额择优遴选推荐项目。大赛组委会综合考虑各地报名团数、参赛学校数和创新创业教育工作情况等因素分配全国总决赛名额。每所院校入选全国总决赛职教赛道的团队总数不超过两个。职教赛道共产生 200 个项目入围全国总决赛，通过网上评审，产生 60 个项目进入全国总决赛现场比赛。

5. 奖项设置

职教赛道设置金奖 15 个、银奖 45 个、铜奖 140 个，获奖项目将由大赛组委会颁发获奖证书，提供投资融资对接、落地孵化等服务。设院校集体奖 20 个、省市优秀组织奖 10 个(与高教主赛道合并计算)，优秀创新创业导师若干名。为获奖单位颁发证书及奖牌。

(四) 萌芽赛道

1. 参赛对象

萌芽赛道的参赛对象为普通高级中学在校生。参赛学生须为项目的实际成员，鼓励学生以各团队为单位参加(团队成员原则上不超过 15 人)，允许跨校区组建团队。

2. 参赛项目要求

(1) 项目应紧密融合学习、生活、社会实践，能创造性地解决问题或提供解决思路，具有可预见的应用性与成长性，可以是各类中学生赛事获奖项目或作品(可参照教育部公布认可的中小学生全国性竞赛)。项目不只限于“互联网＋”项目，鼓励各类创新创业项目参赛。

(2) 项目须真实、健康、合法，无任何不良信息，不得借用他人项目参赛。项目立意应弘扬正能量，践行社会主义核心价值观。参赛项目不得侵犯他人知识产权；所涉及的发明创造、专利技术、资源等必须拥有清晰合法的知识产权或物权，涉及他人知识产权的，报名时须提交完整的具有法律效力的所有人书面授权许可书、专利证书等；抄袭、盗用、提供虚假材料或违反相关法律法规一经发现即丧失参赛相关权利并承担一切法律责任。

(3) 已获得往届中国“互联网＋”大学生创新创业大赛总决赛奖项的项目，不可报名参加本届大赛。

(4) 各省级教育行政部门、有关学校负责审核参赛对象资格。

3. 赛程安排

各地要成立有基础教育部门参与的萌芽赛道工作小组，认真研究并制订工作方案，推进以下各阶段的赛事组织工作。

(1) 项目遴选(2020 年 6—8 月)。各地要做好本地优秀创新项目的遴选工作。遴选环节和方式等可自行决定。

(2) 项目推荐(2020 年 9 月)请各地于 9 月 15 日前，向大赛组委会推荐不超过 10 个参加全国总决赛的萌芽赛道的项目。

(3) 网络评审(2020 年 9 月)根据萌芽赛道评审规则选出 200 个入围全国总决赛的项目，其中前 60 个项目参加总决赛现场比赛。每所学校入选全国总决赛萌芽赛道的项目不超过两个。

(4) 全国总决赛(2020 年 11 月上旬)。进入全国总决赛现场比赛的 60 个项目参加现场展评，通过项目讲解、实物展示和专家答辩，决出奖项。

4. 奖项设置

萌芽赛道设创新潜力奖 20 个和单项奖若干个，获奖项目将由大赛组委会颁发获奖证书。

第二节 "创青春"大学生创新创业大赛

为贯彻落实习近平总书记系列重要讲话和党中央有关指示精神，适应大学生创业发展的形势需要，在原有"挑战杯"中国大学生创业计划竞赛的基础上，共青团中央、教育部、人力资源和社会保障部、中国科协、全国学联决定，自 2014 年起共同组织开展"创青春"全国大学生创业大赛，每两年举办一次。下面以 2018 年"创青春"浙大双创杯全国大学生创业大赛为例进行介绍。

一、大赛主题

2018 年"创青春"浙大双创杯全国大学生创业大赛的主题为"培养创新意识、启迪创意思维、提升创造能力、造就创业人才"。

二、大赛目的

为深入学习贯彻习近平新时代中国特色社会主义思想和党的十九大精神，引导和激励高校学生弘扬时代精神，把握时代脉搏，将所学知识与经济社会发展紧密结合，培养与提高创新、创意、创造、创业的意识和能力，促进高校学生就业创业教育、创业实践活动的蓬勃开展、发现和培养一批具有创新思维与创业潜力的优秀人才，帮助更多高校学生通过创业创新实际行动推动大众创业、万众创新，为决胜全面建成小康社会、建成社会主义现代化强国、实现中华民族伟大复兴的中国梦贡献青春力量。

三、组织机构

主办单位：共青团中央，教育部、人力资源和社会保障部、中国科学技术协会、中华全国学生联合会、浙江省人民政府。

承办单位：浙江大学、共青团浙江省委、金华市人民政府、浙江师范大学。

大赛设立领导小组，由主办单位、承办单位的有关领导组成。

大赛设立全国组织委员会（以下简称"全国组委会"），由主办单位、支持单位、承办单位的有关负责人组成，负责大赛各项工作的组织开展。全国组委会下设秘书处，负责大赛的日常事务。

大赛设立指导委员会，由全国组委会邀请享有较高知名度并关注青年创业的经济学家、企业家、风险投资界和新闻媒体界等人士担任成员。

大赛设立全国评审委员会（以下简称"全国评委会"），由全国组委会聘请非高校的各相关领域专家学者、企业家、风险投资界人士、青年创业典型人士等组成，负责参赛项目的评审工作。

各省（自治区、直辖市）可根据实际成立相应机构，负责本地预赛的组织开展、项目评审等相关工作。

四、大赛基本方式

大学生创业计划竞赛面向高等学校在校学生，以商业计划书评审、现场答辩等作为参赛项目的主要评价内容；创业实践挑战赛面向高等学校在校学生或毕业未满三年的高校毕业生，且应已投入实际创业三个月以上，以盈利状况、发展前景等作为参赛项目的主要评价内容；公益创业赛面向高等学校在校学生，以创办非营利性质社会组织的计划和实践等作为参赛项目的主要评价内容。全国组委会聘请专家评定出具备一定操作性、应用性及良好市场潜力、社会价值和发展前景的优秀项目，给予奖励；组织参赛项目和成果的交流、展览、转让活动。

五、参赛对象

凡在举办大赛终审决赛的当年 7 月 1 日以前正式注册的全日制非成人教育的各类高等院校在校专科生、本科生、硕士研究生和博士研究生（均不含在职研究生）可参加全部三项主体赛事；毕业三年以内（时间截至举办大赛终审决赛的当年 7 月 1 日）的专科生、本科生、硕士研究生和博士研究生可代表原所在高校参加创业实践挑战赛（需提供毕业证证明，仅可代表最终学历颁发高校参赛）。

六、申报条件

（1）大学生创业计划竞赛。参加比赛项目分为已创业与未创业两类；分为农林、畜牧、食品及相关产业，生物医药、化工技术和环境科学，信息技术和电子商务，材料，机械能源，文化创意和服务咨询七个组别。参赛项目实行分类、分组申报。

拥有或授权拥有产品或服务，并已在工商、民政等政府部门注册登记为企业、个体工商户、民办非企业单位等组织形式，且法定代表人或经营者为符合相关规定的在校学生、运营时间在三个月以上（以预赛网络报备的时间为截止日期）的项目，可申报已创业类。

拥有或授权拥有产品或服务，具有核心团队，具备实施创业的基本条件，但尚未在工商、民政等部门注册登记或注册登记时间在三个月以下的项目，可申报未创业类。

（2）创业时间挑战赛。拥有或授权拥有产品或服务，并已在工商、民政等政府部门注册登记为企业、个体工商户、民办非企业单位等组织形式，且法定代表人或经营者为符合相关规定的在校学生、运营时间在三个月以上（以预赛网络报备的时间为截止日期）的项目，可申报该赛事。申报不区分具体类别、组别。

（3）公益创业赛。拥有较强的公益特征（有效解决社会问题，项目授意主要用于进一步扩大项目的范围、规模或水平）、创业特征（通过商业运作的方式，运用前期的少量资源撬动外界更广大的资源来解决社会问题，并形成可自身维持的商业模式）、实践特征（团队须实践其公益创业计划，形成可衡量的项目成果，部分或完全实现其计划的目标成果）的项目，且参赛学生符合相关规定，可申报该赛事。申报不区分具体类别、组别。

七、参赛形式

以学校为单位统一申报，以创业团队形式参赛，原则上每个团队人数不超过10人。网络初评开始后，只可进人人员删减，不可进行人员顺序调整及人员添加。

对于跨校组队参赛的项目，各成员须事先协商、明确项目的申报单位。

对于经授权的发明创造或专利技术，在报名时需提交具有法律效力的发明创造或专利技术所有人的书面授权许可、项目鉴定证书、专利证书等。

对于已注册运营的项目，在报名时需提交相关证明材料(含单位概况、法定代表人情况、营业执照复印件、税务登记证复印件、组织机构代码等材料)。

八、奖励与扶持

(一) 奖励

全国评委会对各省(区、市)报送的三项主体赛事的参赛项目进行复审，分别评出总参赛项目的90%左右进入决赛。三项主体赛事的奖项统一设置为金奖、银奖、铜奖，分别约占进入决赛项目总数的10%、20%和70%。

其中，大学生创业计划竞赛实行分类、分组申报，针对已创业与未创业两类项目实行相同的评审规则，各组参赛项目获奖比例原则上相同；计算总分时，将视已创业项目实际运营情况，在其实得总分基础上给予1%～5%的加分。创业实践挑战赛、公益创业赛两项主体赛事实行统一申报，决赛实行抽签分组，各组参赛项目获奖比例原则上相同。

专项赛事单独设置奖项，不计入所在学校得分。

参加全国终审决赛的项目，确认资格有效的，由全国组委会向作者颁发证书，并视情况给予创业资金、专业指导、出国培训等奖励。参加各省(区、市)预赛的项目，确认资格有效而未进入全国大赛的，由各省(区、市)组织协调委员会向作者颁发证书。

(二) 扶持

全国组委会将在大赛举办期间组织多种形式的交流、展示活动和其他活动丰富大赛内容。

全国组委会拥有组织转让及孵化获奖项目的优先权。成果产权及利益分配由学校和作者协商确定。全国组委会可结集出版大赛获奖项目及评委评语。

在每次大赛举办期间，全国组委会将联合地方政府、产业园区及风险投资机构举办项目对接和孵化活动，对大赛中涌现出的优秀项目优先转化。

全国组委会将设立大学生创业基金，加强与有关方面特别是金融机构、风险投资机构和创业投资机构等方面的合作，并通过成立大学生创业联盟等，为高校学生通过参与大赛实现创业提供支持。

九、计分方法

(1) 大学生创业计划竞赛的金奖项目每件计100分，银奖项目每件计70分，铜奖项目每件计 30 分，上报至全国组委会；但未通过复赛的项目每件计 10 分。

(2) 创业实践挑战赛的金奖项目每件计 120 分，银奖项目每件计 90 分，铜奖项目每件计 50 分，上报至全国组委会；但未通过复赛的项目每件计 10 分。

(3) 公益创业大赛的金奖项目每件计 100 分，银奖项目每件计 70 分，铜奖项目每件计 30 分，上报至全国组委会；但未通过复赛的项目每件计 10 分。

如遇总分相等，则以获金奖的个数决定同一名次内的排序，以此类推至铜奖。

十、注意事项

参赛项目涉及下列内容时，必须由申报者提供有关部门的证明材料，否则不予评审。

(1) 动植物新品种的发现或培育，须有省级以上农科部门或科研院所开具的证明。

(2) 对国家保护动植物的研究，须有省级以上林业部门开具的证明，证明在该项研究的过程中未产生对所研究的动植物繁衍、生长不利的影响。

(3) 新药物的研究须有卫生行政部门授权机构或具有同等资质机构的鉴定证明。

(4) 医疗卫生研究须通过专家鉴定，并最好附有在公开发行的专业性杂志上发表过的文章。

(5) 涉及燃气用具等与人民生命财产安全有关用具的研究，须有国家相应行政部门授权机构的认定证明。

每个学校送选参加全国大赛的项目总数不超过六件。其中，参加大学生创业计划竞赛的项目总数不超过三件，参加创业时间挑战赛的项目总数不超过两件，参加公益创业赛的项目总数不超过一件，每人(每个团队)限报一件；每个参赛项目只可选择参加一项主体赛事，不得兼报。

十一、附则

大赛结束后，对获奖项目保留一个月的质疑投诉期。若收到投诉，大赛领导小组将委托主办单位有关部门进行调查。经调查，如确认该项目资格不符者，取消该项目的奖励，通报全国组委会成员单位，并视情节给予所在学校取消参赛资格或其他处罚。

大赛组委会不接受匿名投诉，将保护实名投诉人的合法权益。

“创青春”大学生创新创业大赛充分体现了“创青春”这一概念，针对的对象是在读或毕业三年以内的专科生、本科生、硕士研究生和博士研究生，但是需要注意的是在职研究生不包含在内，充分体现了赛事主要是服务于学生的本质。

第三节 “中国创翼”创新创业大赛

“中国创翼”创新创业大赛是由人力资源社会保障部、科技部、共青团中央等联合举办的一项全国性质的创新创业大赛。首届大赛于 2015 年启动，第二届大赛在 2016 年举行，2018 年举行了第三届大赛。这里以第三届“中国创翼”创新创业大赛为例进行介绍。

一、大赛主题

第三届“中国创翼”创新创业大赛的主题为“创响新时代共圆中国梦”。

二、大赛目的与特色

以贯彻党的十九大关于“倡导创新文化”“鼓励创业带动就业”的精神和国家创新驱动发展战略、就业优先战略及人才强国战略，推进“大众创业、万众创新”为核心价值，以营造创新创业氛围、培养创新创业意识为目标导向，以创新引领创业、创业带动就业为重点评价指标，突出参赛项目的社会价值和创业者的社会贡献。

三、组织机构

（一）主办及承办单位

主办单位：人力资源社会保障部、国家发展改革委、科技部、共青团中央、中国残联。

承办单位：人力资源社会保障部全国人才流动中心。

（二）大赛组委会

成立大赛组委会，负责大赛的组织领导。大赛组委会下设办公室，具体负责大赛的方案设计、统筹协调、组织实施、社会宣传、赛事保障等工作。办公室设在人力资源和社会保障部全国人才流动中心。

各省级人力资源和社会保障部门要积极联合地方有关部门和群团组织设立省级组委会，负责大赛的宣传动员、报名审核、地市级和省级选拔赛(推荐)的组织实施、后续赛事的协调管理、优秀项目宣传和奖励扶持等工作。

（三）咨询委员会

为提升大赛层次和影响，大赛组委会将邀请部分热心公益、在创业大赛组织及创业指导服务方面具有丰富经验和社会影响力的专家组成大赛咨询委员会。咨询委员会对大赛组委会负责，对大赛整体策划设计、评审标准规则、专家队伍建设等方面提出意见和建议。

（四）评审委员会

为确保大赛评选工作公开、公平、公正进行，大赛组委会特邀部内外就业创业研究和指导专家、成功创业企业家及创投行业领军人士组成大赛评审委员会。评审委员会对大赛组委会负责，并独立开展评审工作。

四、参赛对象

年满16周岁的各类创业创新群体均可报名参赛。重点鼓励高层次人才、留学回国人员、高校和技工院校学生(毕业生)、去产能转岗职工、复转军人、返乡农民工、残疾人等创业者报名参赛。

五、组织形式

大赛分为主体赛和专项赛两部分,其中主体赛面向各类群体,重点是高层次人才、留学回国人员、高校和技工院校学生(毕业生)、复转军人、返乡农民工等,分为创新项目组和创业项目组两个组别,按照省级选拔赛、全国选拔赛、决赛三个阶段实施;专项赛面向去产能转岗职工、残疾人两类特殊群体,按照省级选拔赛(推荐)、全国决赛两个阶段实施。主体赛省级选拔赛由省级组委会组织实施,原则上按照地市级、省级选拔赛的步骤实施,统一以"中国创翼"冠名,并以大赛组委会统一分配的名额推选优秀项目入围全国选拔赛;专项赛由省级组委会通过比赛选拔,也可按分配名额直接推选优秀项目入围全国决赛。

六、参赛条件

报名参赛项目应符合国家法律法规和国家产业政策,经营规范,社会信誉良好,无不良记录,不侵犯任何第三方知识产权。前两届大赛全国决赛获一、二、三等奖和优胜奖的项目不能参加。

(一) 创新项目组报名参赛条件

(1) 截至 2018 年 5 月 3 日,参赛主体为尚未在工商登记注册的团队或在工商登记注册未满一年的新创企业或机构。

(2) 参赛项目为原创性创新项目,产品或经营服务模式具有较高成长潜力。

(3) 参赛项目为原创性创新项目,不存在知识产权争议,不会侵犯第三方的知识产权、所有权、使用权和处置权。

(4) 参赛者须为该项目的第一创始人,或受其委托参赛且为项目核心团队成员。

(二) 创业项目组报名参赛条件

(1) 截至 2018 年 5 月 31 日,参赛主体为在工商登记注册满一年未满五年的企业或机构。

(2) 参赛项目为具有创新性的技术、产品或经营服务模式,具有较高成长潜力。

(3) 参赛项目为原创性创新项目,不存在知识产权争议,不会侵犯第三方的知识产权、所有权、使用权和处置权。

(4) 参赛者须为该项目的第一创始人,或受其委托参赛且为核心团队成员。

(三) 专项赛报名参赛条件

(1) 截至 2018 年 5 月 31 日,参赛主题为尚未在工商登记注册的团队或在工商登记注册未满五年的企业或机构。

(2) 项目第一创始人必须为去产能转岗职工或残疾人。

（3）参赛项目为具有创新性的技术、产品或经营服务模式，具有较高成长潜力。

（4）参赛项目为原创性创新项目，不存在知识产权争议，不会侵犯第三方的知识产权、所有权和处置权。

（5）参赛者须为该项目的第一创始人，或受其委托参赛且为核心团队成员。

七、赛程安排

（一）第一阶段

第一阶段为大赛的启动、对接和组织发动。

1. 大赛启动

时间：2018 年 3 月下旬。

大赛通知下发后，大赛组委会召开新闻通气会，宣布大赛启动，公布大赛方案，通过各类媒体广泛发布大赛启动消息。各省按通知要求成立省级组委会，广泛开展宣传发动等工作。

2. 大赛组织对接会

时间：2018 年 4 月上旬。

大赛组织对接会解读大赛方案，通报大赛筹备情况和各项组织实施规范，部署工作，明确相关规则和要求。各省级组委会负责同志要参加大赛组织对接会。

3. 省级大赛发动和筹备

时间：2018 年 4 月下旬。

各省级组委会制订本级大赛实施方案，组织层层宣传发动，积极筹划赛事相关事宜。

（二）第二阶段

第二阶段为省级选拔赛。

1. 主体赛省级选拔赛

时间：2018 年 5 月上旬至 8 月上旬。

主体赛省级选拔赛由各省级组委会负责组织，原则上需采取项目路演方式举办地市级、省级选拔赛，有困难或有特殊情况不能举办的，需经大赛组委会同意后，按照统一规则，采取专家集中评审等方式对本省参赛项目进行打分排名。评委由省级组委会确定，各省如有需要，可向大赛组委会申请提供评审专家支持（专家费用由各省承担）。

2. 确定主体赛全国选拔赛参赛项目

时间：2018 年 8 月中旬（完成）。

各省按照大赛组委会统一分配名额确定本省优秀项目参加主体赛全国选拔赛。共约 200 个项目进入全国选拔赛，其中创新项目组为 100 个，创业项目组为 100 个。大赛组委会确保每省不少于两个项目参赛（创新项目组和创业项目组各一个）、两个（不含）以上的名额，根据各省 2015—2017 年新登记企业（机构）数量和本次报名参赛数量等情况，由大赛组委会组织咨询专家组设计计算方式，确定各省份名额后在大赛官网和大赛组织对接会上公布。

3. 确定专项赛全国决赛参赛项目

时间：2018 年 8 月中旬（完成）。

专项赛每个省份原则上推荐一个优秀项目直接参加全国决赛，全国共约有 32 个项目参赛。项目产生方式由省级组委会自行确定，鼓励省级组委会通过比赛选拔，大力营造氛围，也可直接推荐优秀项目参赛。

（三）第三阶段

第三阶段为全国选拔赛和决赛。

时间：2018 年 10 月。

主体赛全国选拔赛和决赛及专项赛全国决赛由大赛组委会统一组织实施，在全国“双创”活动周期间连续举办，地点视情况而定。

1. 主体赛全国选拔赛

创新项目组和创业项目组各分两组同时进行（每组约 50 个项目，每个项目参赛不超过三人），各省级组委会安排领队，负责参赛选手的召集、协调和安全管理。采取封闭式基础评分（9 月中旬完成）和现场路演评分相结合的方式计算分值。各组获得前 15 名的项目进入全国决赛，其他项目获得“中国创翼”创业创新大赛“创翼之星”奖。

2. 主体赛和专项赛全国决赛

主体赛创新项目组、创业项目组和专项赛同时进行（主体赛每组 30 个项目，专项赛每组 32 个项目，每个项目参赛不超过三人），采取封闭式基础评分和现场路演评分相结合的方式计算分值。主体赛决赛每组各评出一等奖 2 名、二等奖 6 名、三等奖 10 名、优秀奖 12 名，专项赛决赛评出一等奖 2 名、二等奖 6 名、三等奖 10 名、优秀奖 14 名。

全国决赛结果产生后，大赛组委会将举办颁奖典礼。

八、评审规则

（一）评审标准

突出“创新引领创业，创业带动就业”的导向，重点关注项目的创新性、示范性、引领性及社会价值。在评审过程中，针对“创新”主要围绕项目的产品、技术、经营模式、管理方式等评分；针对创业带动产业主要围绕项目直接提供的就业岗位数量、带动上下游产业就业规模、吸纳贫困团体或个人就业等方面进行打分。同时，还要关注项目带动精准扶贫、促进绿色发展等内容，并适当关注项目的商业价值。

1. 主体赛创新组评分标准

（1）创新性、示范性和引领性。（25 分）

① 技术和产品具有原创性、创新性。（10 分）

② 技术和产品具有行业领先性或取得了专利等知识产权成果，能填补国内外空白，项目在某个行业或领域具有示范性和引领性。（5 分）

③ 项目商业模式具有可行性和创新性，项目管理和服务方式具有创新性。（10 分）

（2）社会价值。（25 分）

① 项目直接带动就业岗位的数量（签订劳动合同、缴纳社保的证明），间接带动创业就业的数量，预计未来三年将创造就业岗位的数量规模。（10 分）

② 项目的社会贡献，即带动当地产业发展、资源利用、民族文化传承，带动特殊群体或困难群体就业创业，促进建档立卡困难家庭和群体增收等。(10 分)

③ 促进节能减排、环境保护，推动绿色发展等。(5 分)

(3) 项目团队。(25 分)

① 项目第一创始人的素质、能力、背景和经历。(10 分)

② 团队其他成员配备的科学性、完整性和互补性。(10 分)

③ 团队的整体运营能力和执行力。(5 分)

(4) 发展现状和前景。(25 分)

① 项目具有广阔的市场前景，具备大范围推广的可行性和条件。(5 分)

② 项目具有可持续发展的能力以及良好的经济价值。(10 分)

③ 项目运营现状和财务状况，取得的进展和成绩。(10 分)

2. 主体赛创业组评分标准

(1) 创新性、示范性和引领性。(25 分)

① 技术和产品具有原创性、创新性。(10 分)

② 技术和产品具有行业领先性或取得了专利等知识产权成果，能填补国内外空白，项目在某个行业或领域具有示范性和引领性。(5 分)

③ 总项目商业模式具有可行性、创新性，项目管理和服务方式具有创新性。(10 分)

(2) 社会价值。(25 分)

① 项目直接带动就业岗位的数量(签订劳动合同、缴纳社保的证明)，间接带动创业就业的数量，预计未来三年创造就业岗位的数量规模。(10 分)

② 项目的社会贡献，即带动当地产业发展、资源利用、民族文化传承，带动特殊群体或困难群体的就业创业，促进建档立卡困难家庭和群体增收等。(10 分)

③ 促进节能减排、环境保护、推动绿色发展等。(5 分)

(3) 项目团队。(20 分)

① 项目第一创始人的素质、能力、背景和经历。(5 分)

② 团队其他成员配备的科学性、完整性和互补性。(5 分)

③ 团队的整体运营能力和执行力。(5 分)

④ 团队股权结构合理性和是否建立了员工激励机制。(5 分)

(4) 发展现状和前景。(30 分)

① 项目具有广阔的市场前景，具备大范围推广的可行性和条件。(5 分)

② 项目具有可持续发展的能力以及良好的经济价值。(5 分)

③ 项目运营现状，取得的进展和成绩。(10 分)

④ 项目财务状况和融资状况。(10 分)

3. 专项赛评分标准(同主体赛创新组评分标准)

打分规则：评委打分保留小数点后两位。

总分区间：优，90 分及以上；良，80～89 分；中，70～79 分；差，69 分以下。

(二) 评审规则

项目评审采用封闭式基础评分与现场路演评分相结合的方式，其中封闭式基础评分占

30%、现场路演评分占70%,两次评审分数按权重加总即为参赛选手的最终得分。封闭式基础评分和现场路演评分的组织规则及评定标准将在大赛组织对接会上初步明确。

九、奖励与扶持

(一) 奖励

大赛组委会对获得全国级一、二、三等奖和优秀奖的项目颁发奖杯及证书,并分别颁发相应奖金,同时由人力资源和社会保障部授予“全国优秀创业创新项目”称号;对获得“创翼之星”奖的项目颁发奖杯和证书。各地人力资源和社会保障部门可按规定对获奖项目给予适当奖励。

主体赛创新组包括30个项目,评出一等奖2名、二等奖6名、三等奖10名、优秀奖12名;主体赛创业组包括30个项目,评出一等奖2名、二等奖6名、三等奖10名、优秀奖12名;专项赛包括32个项目,评出一等奖2名、二等奖6名、三等奖10名、优秀奖14名。

对全国决赛获奖项目所在创业孵化基地(机构)授予优秀创业服务机构奖并颁发奖牌,在2018年人力资源和社会保障部评定全国创业孵化示范基地时给予优先考虑。各地人力资源和社会保障部门可按规定对获奖孵化基地(机构)给予适当奖励。

对省级选拔赛期间按规定统一名称举办路演赛,组织发动得力、社会影响力大、参赛项目数量较多、工作成效明显的省份授予优秀组织奖并颁发奖牌。参考指标如下。

(1) 统一使用“中国创翼”名称。

(2) 分省、地市两级举办选拔赛。

(3) 实际参赛数量规模较大。

(4) 及时上报省级大赛方案,且符合大赛总体方案要求,详细具体、安排得当、组织机构健全等。

(5) 按大赛组委会要求的时限,及时上报相关材料(如项目清单、照片、视频剪辑、赛事进展情况和亮点、典型创业人物和故事等),积极配合大赛组委会办公室做好各阶段赛事的组织实施工作。

对大赛提供大力支持的社会机构、企业和个人授予特别贡献奖并颁发奖牌。

(二) 扶持措施

大赛组委会建立“中国创翼”官网(含微信端口),将所有参加全国选拔赛的项目纳入大赛项目库,通过大赛平台持续宣传、推广,提升创业项目和创业者的知名度,拓宽其市场发展渠道。将全国和省级层面的导师评委与创业投资机构纳入大赛导师库及投资机构库,并为地方人力资源和社会保障部门创业服务机构设立对接服务端口,提供开放式、多样化、可持续的创业支持和服务。

在省级选拔赛期间,大赛组委会将为有需求的地方给予推荐评审专家、培训导师、投资机构和媒体宣传等方面的支持。

对所有参加全国选拔赛的项目第一创始人,大赛组委会将区分不同创业者群体,在征求省级组委会意见的基础上从中选出一批有代表性的海归创业、技能创业、返乡(下乡)创业、转岗创业、自强创业等典型人物,收入“中国创翼风采录”,在系统内和社会上广泛宣传,发挥典型的示范引领作用。

鼓励各地人力资源和社会保障部门及有关部门将大赛评选结果与创业扶持政策的落实相结合，对获得“全国优秀创业创新项目”称号的项目可放宽创业担保贷款申请条件，加大资金等政策扶持力度；对所有参加全国选拔赛的项目，在入驻园区、贴息贷款、培训辅导、资金扶持等方面给予优先扶持。

十、相关细则

（一）省级选拔赛

大赛分为主体赛和专项赛两部分，其中主体赛分为创新组和创业组两个组别，按照省级选拔赛、全国选拔赛、决赛三个阶段实施；专项赛按照省级选拔赛（推荐）、全国决赛两个阶段实施。在省级选拔赛期间，各地需按以下要求完成工作。

（1）按照大赛总体方案的统一要求，结合本地实际，抓紧制定本省大赛实施方案，并请于 5 月 15 日前报大赛组委会办公室备案。赛事进展情况、亮点特色、不同群体典型创业人物故事亦请及时上报，便于大赛组委会掌握情况及跟进宣传。

（2）各地主体赛原则上须采取项目路演方式举办地市级、省级选拔赛，有困难或有特殊情况不能举办的，需经大赛组委会同意后，按照统一规则，采取专家集中评审等方式对本省参赛项目进行打分排名。省级选拔赛获奖项目按照大赛组委会确定的名额，按分数由高到低依次晋级全国选拔赛。专项赛每个省份推荐一个优秀项目直接参加全国决赛，全国共约有 32 个项目参赛。各省晋级专项赛全国决赛项目产生方式由省级组委会自行确定，鼓励省级组委会通过项目路演方式举办比赛，选拔最优项目晋级全国决赛，大力营造踊跃参赛竞赛氛围。8 月 25 日前，各省级选拔赛需全部完成。

（3）各地可将全国大赛与地方比赛有机结合，避免重复赛事，但应统一使用“第三届‘中国创翼’创业创新大赛××省选拔赛”名称，以打造大赛统一品牌。各地也可根据实际需要，在统一名称后加地方赛事名称（若有冠名赞助，则应加在地方赛事名称上）。

（4）为与全国赛更好地衔接，各地举办省级选拔赛时要按照大赛组委会制定的赛事规则和评审标准来实施，以利于参赛选手提前适应全国赛规则。各省要广泛发动符合条件的项目参赛，扩大比赛规模、地域覆盖面和社会知晓度。西部偏远省份确有困难的，主体赛中创新组、创业组及专项赛的实际参赛项目数量最低各不少于 30 个。各省实际参加地市级选拔赛的项目清单于 8 月 31 日前加盖省级机构公章后报大赛组委会办公室备案。

（5）各地按照大赛组委会的要求，可推荐一两名专家入选国赛评委库。推荐的专家要求熟悉创业形势和政策，在创业服务和创业研究领域具有一定的建树。符合条件的专家写“专家报名信息表”（在中国国家人才网大赛专栏下载），经省级大赛组委会审核评定后，报大赛组委会办公室（于 8 月 25 日前上报）。

（二）主题赛全国选拔赛

1. 确定全国选拔赛项目

（1）全国选拔赛项目总数量。各省按照大赛组委会统一分配名额确定本省优秀项目参加主题全国选拔赛。共约有 200 个项目进入全国选拔赛，创新组、创业组各有 100 个。

(2) 各省参加全国选拔赛项目数量。大赛组委会确保每省不少于两个项目参赛(创新组和创业组各一个)。对两个(不含)以上的名额,根据2015—2017年各省份新登记企业(机构)数量,由大赛组委会按照以下计算方式确定。

三年内该省新增企业数量:A1。

三年内全国新增企业总数量:AT。

该省创新组或创业组两个(不含)以上的名额数量为(A1/AT)×68。

(3) 参赛项目和参赛者名单确认时间。于8月31日前完成并上报,省级组委会按照大赛组委会分配给该省的名额及省级选拔赛成绩排序,提出进入全国选拔赛本省参赛项目名单(各省参加专项赛全国决赛的项目名单一并送报)。大赛组委会对各省提出的名单进行审核,之后在大赛官网上统一发布。省级组委会应和拟推荐的项目方进行充分沟通,以确保上报的项目做好准备,按时参加主体赛全国选拔赛和专项赛全国决赛。如果该项目第一创始人由于特殊原因不能参赛,经第一创始人授权,可以由项目的联合创始人代表项目参赛。如果该项目由于特殊原因无人能够参赛,则省级组委会按照省级选拔赛的比赛成绩顺延推荐其他项目,必须在全国选拔赛前一周上报。

2. 上传全国选拔赛项目资料

(1) 项目资料上传。

时间:2018年9月10日前完成。

大赛组委会建立大赛官网,并为各省级组委会分配工作账号,由各省负责上传参加全国选拔赛的本省项目的相关信息(参加专项赛全国决赛的项目信息一并上传),包含项目简介、团队介绍、项目进展、联系方式等基本信息;同时,按照官网提示上传项目相关附件,包含路演PPT、营业执照复印件、专利证书、获奖证书等相关附件,以便于大赛组委会组织网上基础评分。特别要强调的是,参赛项目的路演PPT在上传之后不得进行修改,作为项目评审的依据,避免比赛现场修改路演文件而导致比赛秩序混乱,影响比赛公平公正和成绩评定。

(2) 纸质资料准备。参赛项目可为现场评委准备比较全面的纸质项目资料,在上场前发放给现场的评委,方便评委在选手参赛时,除了现场路演PPT以外,还可结合纸质材料,对项目有更全面的了解。未来得及在路演PPT中展示的材料,可以在纸质材料中提供。

(3) 项目分组。各省进入主体赛全国选拔赛的项目确定后,创新组和创业组的项目数量各约有100个,根据项目是否为偏技术导向型各分成两个小组,每个小组约50个项目,各两天并行比赛。

(4) 赛程安排。项目评审分为两个阶段:第一阶段为封闭式基础打分,通过网上评审完成,占30%。第二阶段为现场路演赛,占70%。按权重加总后的得分为该项目的最终比赛成绩。全国选拔赛网上评审于2018年9月20日前完成,全国选拔赛现场比赛时间定于2018年10月全国“双创活动周”期间。

一般约25个项目/天/场,根据项目数量可安排两天四场同时进行比赛。

(5) 比赛顺序。在全国选拔赛前(报到日),通过抽签的方式产生各小组参赛项目的比赛顺序。

(6) 赛前准备。省级组委会领队或工作人员在签到期间为参赛项目发放分组清单、各项目所在的小组编号,参加选拔赛的顺序、日期和时间,并告知本省参赛项目提前做好各方面的准备,依次进行参赛,确保比赛按计划有序进行。

(7) 现场路演赛的要求及流程。

① 比赛现场。比赛现场要满足选手项目展示、评委打分、倒计时提醒及观众(选手)席位等基本设施。比赛期间,在保证不影响参赛项目路演的情况下可以选择开放或不开放赛场。

② 时间设置。比赛现场采取“6+6+1”模式,项目路演为6分钟(不超过6分钟),评委提问时间为6分钟(不超过6分钟),1分钟为打分时间。现场屏幕设置倒计时,在路演和提问环节分别进行6分钟倒计时提示。时间到,即进入下一环节。主持人及现场工作人员负责提醒参赛选手及评委时间,避免超时。

③ 选手路演。比赛采用项目路演的形式,选手结合路演PPT,在有限时间内流畅、真实、完整地讲清自己的项目,客观呈现项目的优势。路演是对项目的真实表达,避免出现夸大和伪造事实的情况,选手对材料和现场表达的真实性负责。每个项目在上场路演前,该项目的纸质材料可以发放到现场评委手中,方便评委了解。

④ 评委提问。评委现场提问可有所侧重,如行业专家评委侧重提问技术、行业相关问题,投资机构、企业家评委侧重提问发展模式、市场价值等问题,创业研究和服务机构评委侧重提问社会价值有关问题。每个项目单个评委可以提问一个问题,至多提问两个问题,避免单个评委占用全部提问时间,使其他评委有机会解决针对项目的疑问,便于全体评委比较全面地了解项目,从而给出更客观的评审分数。在提问环节,无论是评委提问还是选手回答,都要言简意赅。

⑤ 评委打分。评委打分时,参考评分细则及相关评审资料,依照评分表进行评分并签名确认(如有涂改,评委应在涂改处再次签字确认)。现场九位评委在打分规则的指导下对每个项目进行评分。为避免出现个别评委对项目的判断过于主观和个性化,将去掉一个最高分和一个最低分,再进行汇总和平均。

⑥ 分数统计。每个项目比赛结束,现场工作人员负责收集评分表,并进行分数记录、统计等工作。结合网上评审的项目分数和现场路演评分,两次评审分数按权重加总即为参赛选手的最终得分。工作人员在结果表上签字确认,为公平起见,请工作人员严谨对待,避免出现修改,如果在过程中复查出现更改的情况,工作人员应在更改处再次签字确认。

⑦ 成绩公布。随着比赛的进行,大赛组委会结合技术手段及时公布每个项目的成绩。

⑧ 晋级决赛。主体赛全国选拔赛结束后,创新组和创业组共四个小组的前15名,共60名进入全国决赛。选拔赛结束时公布晋级全国决赛项目名单,对未晋级者授予“创翼之星”奖励颁发奖牌和证书。

(8) 全国选拔赛评委安排。

① 评审委员会建立。为确保大赛评选工作公开、公平、公正进行,大赛组委会邀请系统内外就业创业研究和指导专家、成功创业企业家及创投行业领军人士约150人组成大赛评审委员会。评审委员会对大赛组委会负责,并独立开展评审工作。

② 全国选拔赛的评委数量。全国选拔赛每个小组设九位评委即九人/组/天。每场每天的九位评委中,其中五六位评委为投资机构评委、创业企业家,另外三四位评委由行业资深专家、孵化器等创业服务机构、创业导师等构成。九位评委中设主评委一名,负责在比赛过程中进行评审工作的意见传达、组织协调。全国选拔赛包含两个创新组和两个创业组,小组总数为四个,每个小组有九位评审,需要36位评委到场并全程参与。

③ 评委邀约的备份。为了防止评委临时有事而不能到场，须做好评委的储备工作。实际邀请的评委数量应两倍于计划需要的评委数量。

④ 评委的管理。建立第三届“中国创翼”创业创新大赛评委库，确保参与总决赛的评委数量、质量和水平，以及结构的完整和均衡。评审委员会名单在大赛官网上公布，接受社会监督。评委一旦出现不合格或违规行为，大赛组委会将取消其评审委员资格。对合格评委颁发第三届“中国创翼”创业创新大赛评委证牌或证书。在全国选拔赛开始前，大赛组委会和评委签订大赛保密协议，通过大赛活动的关于大赛和项目的核心信息、评分结果等，在未经大赛组委会允许的情况下，评委不得私自泄露。在进行全国赛期间，评委不得与各省级组委会、参赛项目方进行私下接触和沟通，以保证评审结果的公平公正。

3. 全国决赛

全国决赛包括主体赛创新组、创业组比赛和专项赛比赛，三组并行实施。

时间安排：全国决赛在全国选拔赛举办结束后连续举办。全国决赛时间安排为 1.5 天，其中 1 天为全国决赛，0.5 天为颁奖典礼。

比赛赛制：6＋5＋1，即每个项目 6 分钟路演，5 分钟提问，1 分钟打分。

参赛项目数量：主体赛创新组为 30 个，创业组为 30 个，专项赛为 32 个。

单个项目参赛人数：每个项目参赛人数不超过 3 人。

参赛者：原则上要求项目的第一创始人上台展示，或者经第一创始人委托的联合创始人。

评委数量：决赛每场比赛评委人数为 9 人，3 组共 27 人，全程参与一天的决赛。为避免出现个别评委临时有事的情况，提前做好评委的储备和预案。

评委安排：在决赛的三个赛场，分别邀请和安排部分在创投界更有影响力的嘉宾评委，增强大赛的影响力、吸引力，提升大赛的整体水平，同时为优秀项目面对知名投资机构评委提供交流与学习的机会，为未来的投资合作和其他方面的各项合作顺利进行奠定基础。

项目得分：现场九位评委在打分规则的指导下对每个项目进行评分。为避免出现个别评委对项目的判断过于主观和个性化，将去掉一个最高分和一个最低分，再进行汇总和平均。采取封闭式基础评分（沿用全国选拔赛前所做的基础评分）和现场路演评分相结合的方式计算分值。封闭式基础评分占 30％，现场路演评分占 70％。

拓展阅读

玩 3D“蒜泥科技”有点狠

风险投资人往往更青睐专业人做专业事。道理显而易见，做熟悉、擅长的项目，成功的可能性更大。如此来说，杨少毅和他的团队在大赛上轻松摘金，并受到超过半数风投的青睐，似乎顺理成章。

从大二开始，杨少毅就和两个志同道合的同学开始涉足机器人技术研究，一做就是五年。最初，三个人的研发工作室是在一个车间里隔离出来的，只有一台旧机床可用。“由于负担不了购买足够设备和材料的费用，就跑到了工厂附近的废品回收站捡回几块生锈的钢板，自己抛光、切割、打磨，做成了我们的第一个机器人。”杨少毅告诉记者，“蒜泥科技”就是从这个废铁制成的机器人发展而来的。

就这样，杨少毅和他的团队节衣缩食，先后研发出三代机器人，共八款。不仅把全国科技类竞赛的大奖拿了个遍，还收获了第一桶金。“蒜泥科技”自 2014 年成立至 2015 年，已成长为拥有 40 名员工、3000 平方米综合办公场地、软硬件齐备的科技创新公司。

其实，让“蒜泥”声名鹊起的并非机器人。在项目路演播放的幻灯片中，一个外形酷似回传返回舱的罩子格外吸引人。“人站在里面不到 1 秒钟，计算机就能收集到精准度极高的人体三维数据，传统扫描仪完成这一过程至少要用 20 分钟。”杨少毅讲话声不大，却透着满满的自信。该产品是“蒜泥科技”最新研制的人体三维扫描仪 Visbody。

杨少毅团队更看好融合了人工智能的 3D 扫描仪的发展前景。他们经过调查发现，除了应用于立体打印、影视特效、三维动画等相关性比较大的专业领域外，Visbody 在服装、健身、美容等领域也有着巨大的市场空间。

人才引进困难成了团队的心头病，这个从西安起家的公司不得不把研究中心设在深圳，因为那里人才济济。公司运转平稳后，强烈的乡土情结让他们不惜重金“挖人”，硬是将研究中心转回西安。“我们的根在这里，回来才踏实。”杨少毅说。

杨少毅团队颇有自知之明：“‘蒜泥’的弱势很明确，搞技术研发绝对厉害，但市场把握和推广则是短板。”基于这种认识，他们面向西安电子科技大学全体学生成立了“蒜泥”创客空间，致力于智能硬件领域的创意实现服务。

成立创客空间，既为创业者提供全面、专业的预孵化平台，又为“蒜泥科技”满足自身人才需求创造了条件，做自己的伯乐。但这只是其中的一个原因，另一个原因是他的反哺情怀。“蒜泥科技”每年投入 50 万元，用于支持母校创新创业教育项目“薪火团队计划”。用杨少毅的话说，在“双创”的大背景下，“蒜泥科技”有义务凭借自身经验和资源去帮助更多的初创团队。

目前，“蒜泥”创客空间正同时服务于九个智能硬件研发团队和四个相关创业团队，其中四组团队已正式投入运营。从创客中来，回创客中去，于往来之间，“创”能量滚起了雪球。

（资料来源：在“互联网＋”的创业天地里翱翔驰骋 ——五个金牌项目团队的故事，中国教育报[J]，2015-10-22）

思考与训练

模拟大学生创新创业大赛

（1）资料收集。通过网络（如大学生比赛信息网、教育部官方网站）及学校有关部门查看创业大赛的比赛类型，了解比赛的情况，如时间、地点、内容、注意事项等，然后根据个人专业或兴趣爱好选择比赛类型。

（2）编写创业计划书。结合教师、同学的指导，综合考虑多种因素，选择好创业项目，选择志趣相投的同学组建好团队。然后根据团队成员的专长进行分工，思考项目发展前景，以及产品、市场、竞争、风险、投资收益和融资等方面的内容。

最后编写符合要求的创业计划书。

（3）教师点评，展示成果。请教师对自己的创业计划书进行点评，修改后根据创业计划书制作演示文稿，展示自己的创业计划。

第十二章　创业的创建与管理

知识结构

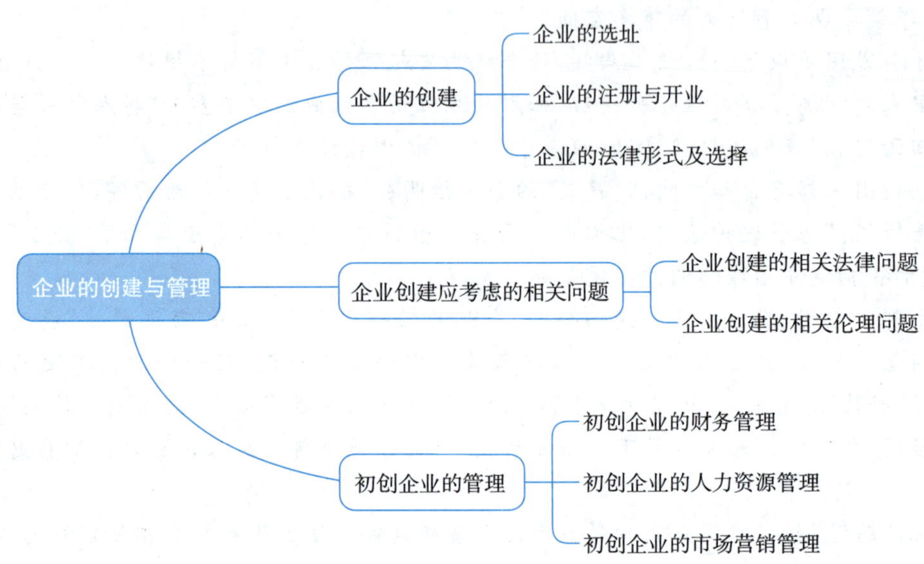

学习目标

- 了解企业选址所考虑的各方面因素。
- 了解企业的注册与开业流程。
- 了解企业的法律形式及选择。
- 掌握企业涉及的法律和伦理问题。
- 掌握初创企业的管理策略。

第一节　创业的创建

企业是指依法设立的以营利为目的，从事商品生产经营和服务活动的独立核算的经营组织。企业的创建意味着创业进入新的阶段。从创业到创业机会，从创业机会到创业项目，再从项目到企业，既是创业活动的顺序推进，也是创业项目的再检验。在经营活动中，企业存在多种形式，广义的企业包含一切从事生产经营活动的组织，狭义的企业是指具有法人主体资格的实体。

创业的创建过程是一个连贯性和持续性过程。从开始筹备到实现设立登记,每个环节都影响甚至决定创业的成功。本节从企业的选址和企业的形式进行论述。

一、企业的选址

不论创建任何企业,地点的选择都是决定成败的第一大要素,尤其是以门店销售为主的餐饮、理发、零售等服务业。对于企业而言,选址关系到企业的经济效益和未来的发展前景,直接决定着企业的成败。

在进行设施选址时,成本、市场、政府等都会影响选择决策。在创业实践中,因为选址的原因导致创业失败的案例是比较多的。在很多行业里,选址的重要性甚至处于首位。例如,开一家餐馆,厨师的手艺、员工的服务态度等还容易改进,以符合顾客的需要,但如果是选址错误,导致人流量过少,则很难想出办法来解决这个问题。

(一)企业选址的主要考虑因素

经济、技术、政治、社会文化、自然等方面的因素均会影响新企业选址的决策过程。

1. 经济因素

一般情况下,企业设立在关联企业和关联机构相对集中的地区就会相对容易获得成功。这是因为如果相互关联的企业集中在某一地区选址,该区域内的企业将产生一种既竞争又合作的关系,这种关系将推动该地区经济竞争力的发展,共同实现区域繁荣。

2. 技术因素

由于新技术对于高科技企业的成功起着关键作用,因此相当多的高科技企业在创业选址时,把企业建在技术研发中心附近或新技术信息传播比较迅速的地区,以在第一时间掌握技术的变化趋势,规避技术进步的不确定性带来的风险。例如,美国的硅谷、中国的中关村等都是根据技术因素选址的典型代表。

3. 政治因素

企业必须考虑政府对相关产业的政策,将企业建在政府支持该产业的地区,尤其是进行跨国经营时,创业者必须考虑经营所在国的政治环境,评估该环境对企业提供的产品或服务、分销渠道、价格、促销策略等造成的影响。

4. 社会文化因素

不同地域的社会习俗、文化价值观、生活态度等方面差别很大,社会对安全、健康、营养及环境的关注程度也不尽相同,因此企业在选址时,如果不考虑上述因素,其所提供的产品或服务就很可能不被其所在地的市场接受。

5. 自然因素

在企业选址时,创业者还必须考虑气候变化、地质状况、水资源可利用性等自然因素,这些因素可能影响企业日常经营调度、原材料供给、安全生产等方面。

不同企业对上述因素的侧重有所不同,制造业往往优先考虑对生产成本造成影响的因素,如原材料与劳动力;而服务业则往往优先考虑对市场造成影响的因素,如消费者的消费水平、市场竞争状况等。

(二) 企业选址的思路

企业都需要有经营场所，企业的选址与未来的经营发展有很大的关系。好的选址等于成功了一半，大多数创业者都会选择在熟悉的城市(家乡或者学习的城市等)开展创业活动。在选定目标城市后，创业者还需要进一步选择具体的经营地点。不同类型的企业，在选址上优先考虑的因素是不同的。

1. 生产性质的企业选址

生产性质的企业在选址时要考虑周边地区具备的生产条件：交通方便，便于原料运进和产品运出；生产用电要充足，生产用水要保证；生产所使用的原料基地要尽量距离企业地址不远；所使用的劳动力资源要尽量就地解决；当地税收是否有优惠政策。如果是一些可能对环境造成影响的生产项目，还需考虑环保问题。

2. 商业性质的企业选址

商业性质的企业在选址时应考虑创业地点的实际情况、客流量、店铺租金等方面，如在城市，若干个商业圈往往可以带动圈内商业的规模效应，企业选择建立在商圈内会较易经营，但与繁华商业圈寸土寸金的消费能力相应，其店铺租金或转让费十分昂贵，往往会让创业者捉襟见肘，使企业很难在商业圈得到一席之地。为此，创业者可以在商业圈内利用联合经营、委托代销等方式或者在商业圈边缘选址，转向“次商圈”，可以将因此而节约下来的资金用于产品升级、提升服务等。

企业在选址时要有“借光”的意识，如在体育馆、展览馆、电影院旁选址等；选择商圈之外的经营场所，则要注意做出特色，形成自己独特的风格，以达到“酒香不怕巷子深”的效果。

3. 服务性质的企业选址

服务性质的企业在选址时要根据具体的经营对象灵活选址，但对客流量要求较高。“天下熙熙，皆为利来；天下攘攘，皆为利往”，可以说客流在一定意义上就等于财流。在车水马龙、人流量大的地段经营，服务性质的企业成功的概率往往比在人迹罕至的地段要高得多，但也应结合企业的目标消费群体特点。

例如，针对居民消费的企业应设在居民社区附近，针对学生消费的企业则应设在学校附近；如果服务性质的企业的经营模式以订单为主，那么低成本、高效能的办公楼成为新企业选址的首选。目前，创业的年轻人多以从事服务性和知识性产品的创业者为主，集中在网络技术、电子科技、媒体制作和广告等产业。这些性质的公司可以选在行业聚集区或较成熟的商务区以及新兴的创意产业园区。

在选择经营场地时，各行业的考虑重点各不相同，其中有两项因素是不容忽略的，即租金给付能力和租约条件。经营场地租金是企业最固定的运营成本之一，即使休息不营业，也得支付。有些货品流通迅速、空间要求不大的行业，例如精品店、高级时装店、餐厅等，负担得起高房租，就设于高租金区；而家具店、旧货店等，因为需要较大的空间，最好设在低租金区。

(三) 企业选址的步骤

企业选址一般要经历市场信息收集研究、多地点评价和最终地点确定等步骤。

1. 市场信息收集研究

在企业开始选址时，创业者必须首先依据影响选址的各种因素，自己或借助专门调查机构收集市场信息，并对收集到的信息进行整理分析，信息收集研究的成果将对后期的选址决策产生非常重要的影响。

2. 多地点评价

对市场上各种信息收集研究后，创业者应该得到若干关于企业厂址的候选地，此时可以借助科学的定量方法进行评价。目前采用多因素综合评价法进行选址较为常见，此方法首先赋予不同的因素权重，再给不同选址下的各因素打分，最后求各方案的加权平均值得出最佳方案。除多因素综合评价法外，收益分析法、运输模型法、重心法等也可被用于选址评价。

3. 最终地点确定

当创业者在分析市场信息的基础上，结合所要进入行业的特点及自己企业的特征，运用以上一种或几种方法进行评估后，将最终确定某一候选地为企业的地址，从而完成选址决策。

(四) 商业选址调查

创业者在进行企业的选址时，只运用技巧并无多大实际用处，而是需要明确一个原则：商业选址不是纸上谈兵，单纯依靠看书在头脑中设计选址方案往往不能成功，创业者只有亲自进行实地调查，多看、多听、多问，才能找到适合企业建立的地点。

市场调查既可以弄清楚店址的具体位置，又可以调查诸多周围环境、客流量、发展潜力等问题；而商业选址调查的要点包括选址的人口数量、职业分布、人口年龄层次调查，商店基本设施及竞争者调查，商店周围人群的消费习性调查、生活习惯调查、流动人口调查，商圈未来发展调查等。

1. 家庭状况

家庭状况是影响消费者消费需求的基本因素。家庭状况包括人口数量、收入状况、年龄状况等。

(1) 家庭人口数量会对未来的商店销售产生较大的影响。例如，由一对年轻夫妻组成的家庭，其购物倾向为追求时尚化、个性化、少量化；而三口之家(有一个独生子女)，其消费需求则基本上是以子女为中心的。

(2) 每个家庭的平均收入和家庭收入的分配可明显影响未来的商店销售，与商圈周边邻近家庭收入分配结构相适应的商店往往能取得较好的效益，而所在地区家庭平均收入的提高，则会提高家庭对选购商品数量、质量和档次的要求。

(3) 家庭成员的年龄状况也会对商品需求产生影响。例如，老龄化的家庭的购物倾向购买保健品、健身用品、营养食品等；而有儿童的家庭则重点投资于儿童食品、用品、玩具等。

2. 人口密度

一个地区的人口密度可以用每平方千米的人数或户数来衡量。人口密度越高，则选址商店的规模可相应越大。

计算人口密度可通过计算白天人口数来实现，即户籍中除去幼儿的人口数加上外地在该地区上班、上学的人口数，减去到外地上班、上学的人口数，随机客流人数不在考察数之内。白天人口密度高的地区多为办公区、学校等地。对白天人口多的地区，创业者应在分析其消费需求特点的基础上进行经营，如采取延长下班时间、增加便民项目等以适应人群的消费需要。一般而言，人口密度高的地区，如果离商业设施的距离近，可增加到店购物频率，而人口密度低的地区吸引力低，且消费者光临的次数少。

3. 潜在消费者的数量

每个人都可以是商店的消费者，因此创业者在选择店址时必须了解当地的人口总数、人口密度、人口增长情况以及人口年龄结构等。

通常情况下，人流密集的地方有利于开店，但并非只要是人多的地方就适合开店，创业者还要结合商店周围的流动人群的特征和客流规律进行分析。首先，创业者要了解流动人群的年龄和性别；其次，要了解行人来往的高峰时间和低谷时间；最后，要了解行人来往的目的及停留的时间。

4. 行人的去向

在选址时，创业者要将来往的客流量作为考虑的重点。同时，来往消费者的去向也是一个非常值得研究的问题，即使是同一个人，由于每次外出购物的目的不同，情况也就有所差别，如购买日常生活用品与购买高档艺术品的情况就完全不同。因此创业者在开店的时候，应根据人们去向的差异，选择适当的店址。

5. 交通地理条件

商店附近的交通状况会在很大程度上影响商店的经营状况，尤其是住宅区，上班与下班的高峰时间，街道两旁的行人、车辆，可呈现明显的差异，因此创业者在商店选址时都会考虑交通路线问题。

例如，很多消费者通常会在下班回家的途中进行消费，因此并不是主干道的旁边才算是开设商店的黄金位置，由主干道延伸出的巷弄内也有许多适合开店的地点。而一般评估巷道内的“黄金店面”，多可用漏斗理论，即同一个街口如果有数家商店，那么位于主干道转进巷道的第一家商店，会像漏斗一样，最先吸引消费者入店。

6. 购买力

消费水平取决于收入水平，因此商店附近人口的收入水平对店址地理条件有决定性的影响。人均收入可通过入户抽样调查获取。在选择店址时，创业者应以处于青年和中年的消费者较多、社会经济地位较高、可支配收入较多者的居住区域作为优先考虑的店址。

7. 竞争程度

如果商店经营的是挑选性不强、购买频率较高的日用消费品，在同一地区又有很多同行在恶性竞争，那么势必会影响商店的经济效益，除非新设的商店有特殊的经营风格、能力或不寻常的商品来源，否则很难成功。当然，在某些环境中，上述情况也并不完全如此，有些行业因同行都集中在一起，反而会形成一条别具特色的商业街。

因此，在选择经营地点时，创业者要详细了解在该地点附近类似商店的数量，这些商店的规模、装修、商品品种、价格及待客态度，自己的加入将是增加竞争还是互相有利等。

8. 未来变化

创业者在进行选址时要清楚城市建设的规划，包括短期规划和长期规划。有的地点从目前来看是最佳位置，但随着市场的改造和发展将会出现新的变化而不适合开店；反之，有些地点从目前来看不理想，但从规划前景看会成为有发展前途的新的商业中心。因此，创业者必须放眼未来，从长计议，在了解地区内的交通、街道、市政、绿化、公共设施、住宅及其他建设或改造项目的规划的前提下，做出最佳地点的选择。

二、企业的注册与开业

根据我国相关法律规定，新办企业必须经工商行政管理部门批准登记发给营业执照，并获得有关部门颁发的经营许可证，如卫生许可证、环保许可证、特种行业许可证等。企业只有领取了营业执照，才算有了合法身份，才可以开展各项法定的经营业务。

（一）注册登记

企业只有注册登记，领取了营业执照才是合法的企业，才能取得法人资格，得到国家法律法规的保护，享受国家有关的优惠政策。

企业申请登记的事项是指企业在申请登记时应填报的项目，其主要事项有企业名称、住所、法定代表人、注册资金、经营范围、所有制形式、经营形式、从业人数、经营期限等。

工商行政管理部门对企业法人申请登记注册事项的核定是企业法人登记注册程序中最重要的一个环节，其意义是企业法人登记注册一经核定，企业即具备法人资格，其权利能力和行为能力也随之产生。

企业注册登记流程如下。

(1) 办理企业名称核准。可登录所在地的工商管理局网站填写相关信息，办理企业名称登记。企业名称一般由行政区划、字号、行业特点和组织形式四部分组成，例如：北京（行政区划）时代（字号）信息咨询（行业特点）中心（组织形式）。

企业名称填写完成后可检查是否可用，一般通过工商局网上申办名称预先登记的，可不领取纸质《企业名称预先核准通知书》。需要注意的是，经营范围中的行业名称一定要写规范，如有特殊经营许可项目（如卫防、消防、治安、环保、科委等）还需相关部门报审盖章，办理特种行业的许可证。

(2) 申领营业执照。企业核名通过后，申办人可在工商局网上预约现场办理执照申领时间，并准备好所需材料按照预定时间到现场办理。2014 年 6 月 4 日，国务院《关于促进市场公平竞争维护市场正常秩序的若干意见》(国发〔2014〕20 号文)在“(四)改革市场准入制度”中提出“简化手续，缩短时限，鼓励探索实行工商营业执照、组织机构代码证和税务登记证‘三证合一’登记制度”，各地纷纷响应。“三证合一、一照一码”登记是指申请人向工商行政管理、质量技术监督、税务部门分别申请办理营业执照、组织机构代码证、税务登记证，改为通过“一表申请、一窗受理”的方式向工商行政管理部门申请办理加载统一社会信用代码的营业执照，组织机构代码证和税务登记证不再办理，即加载统一社会信用代码的营业执照代替原营业执照、组织机构代码证、税务登记证、统计登记证的使用功能。

(3) 制章。申办人在申领营业执照后，可到指定的刻章地点办理企业公章、合同章等的刻制。

若应届毕业生在自主创业中担任企业法定代表人的，则需要出具的证明包括：①学校就业办公室出具的应届毕业生证明；②公安处户政科出具的集体户口证明；③公安处户政科出具的无刑事犯罪记录证明。

(二) 开业

在所有的前置手续全部完成后,创业者就可以择日开业了。这里需要考虑的是开业时间的选择。选择开业时间时,创业者一般要考虑有关部门人员是否有时间参加、天气是否晴好等,如开店要考虑是否在节假日等因素。

以上就是自主创业运作的基本程序,希望能够为有志于自主创业的大学毕业生们提供帮助,但是这些还仅仅是创业的前置程序。在顺利开业以后,创业者还面临着维持企业的日常活动,以及积累资金、发展企业等重要任务,这些都更需要创业者具备相关的经验及胆识。

三、企业的法律形式及选择

当前,中国注册登记的企业法律形式一般包括个体工商户、个人独资企业、合伙企业和有限责任公司四种。

(一) 个体工商户

个体工商户经营的主要法律依据是《个体工商户条例》。个体工商户是指有经营能力并依照《个体工商户条例》的规定经工商行政管理部门登记,从事工商业经营的公民。

公民要申请登记为个体工商户,应当向经营场所所在地登记机关申请注册登记。申请人应当提交登记申请书、身份证明和经营场所证明。个体工商户登记事项包括经营者姓名和住所、组成形式、经营范围和经营场所。个体工商户使用名称的,名称作为登记事项。个体工商户的字号名称在申请登记管辖机关范围内同一行业中不得重名。个体工商户的名称一般体现其所属行业,字号名称前冠以区县地点,直接冠名市的须经市级工商行政管理部门核准后方可。目前,国家大力推行电子营业执照,电子营业执照与纸质营业执照具有同等法律效力。

个体工商户可以由个人经营,也可以由家庭经营。由个人经营的商户,以个人全部财产承担民事责任;有家庭经营的商户,以家庭全部财产承担民事责任。

(二) 个人独资企业

个人独资企业是指依照《中华人民共和国个人独资企业法》(以下简称《个人独资企业法》)在中国境内设立,由一个自然人投资,财产为投资者个人所有,投资者以其个人财产对企业债务承担无限责任的经营实体。

1. 个人独资企业的设立条件

(1) 投资者为一个自然人。

(2) 有合法的企业名称。个人独资企业的名称应当与其责任形式及从事的营业相符合,不能使用“有限”“有限责任”“公司”字样,可以是厂、店、部、中心、工作室等。

(3) 有投资者申报的出资。设立个人独资企业,投资者可以用货币出资,也可以用实物、土地使用权、知识产权或其他财产权利出资。

(4) 有固定的生产经营场所和必要的生产经营条件。

(5) 有必要的从业人员。

2. 个人独资企业的法律特征

(1) 在组织结构形式上，个人独资企业是由个人创办的独资企业，其投资者是一个自然人。国家机关、国家授权投资机构或国家授权的部门、企业、事业单位等都不能作为个人独资企业的设立人。

(2) 在责任形态上，投资者个人以其个人财产对企业债务承担无限责任。投资者若以家庭共同财产作为个人投资的，以家庭共同财产对企业债务承担无限责任，这是个人独资企业区别于有限责任公司和股份有限公司等企业形式的基本特征。

(3) 从性质上看，个人独资企业是非法人企业。个人独资企业没有独立的资产，企业的财产就是投资人的财产，企业的责任就是投资人的责任。因此，个人独资企业无独立承担民事责任的能力。个人独资企业虽然不具备法人资格，但是独立的民事主体，能够以自己的名义从事民事活动。

(三) 合伙企业

合伙企业是指自然人、法人和其他组织依照《中华人民共和国合伙企业法》(以下简称《合伙企业法》)在中国境内设立的，分为普通合伙企业和有限合伙企业。普通合伙企业由普通合伙人组成，合伙人对合伙企业债务承担无限连带责任；有限合伙企业由普通合伙人和有限合伙人组成，普通合伙人对合伙企业债务承担无限连带责任，有限合伙人以其认缴的出资额为限对合伙企业债务承担责任。

1. 合伙企业的设立条件

订立合伙协议、设立合伙企业，应当遵循自愿、平等、公平、诚实信用原则，并具备以下条件。

(1) 有两个以上的合伙人，合伙人为自然人，应当具有完全民事行为能力。

(2) 有书面合伙协议。合伙协议应当载明的事项有：合伙企业的名称和主要经营场所的地点，合伙目的及合伙企业的经营范围，合伙人的姓名及其住所，合伙人出资的方式、数额和缴付出资的期限，合伙企业的解散与清算，违约责任。

(3) 由合伙人认缴或者实际缴付的出资，可以是货币、实物、土地使用权、知识产权或其他财产权利出资，甚至可以用劳务出资。对出资的评估作价可以由合伙人协商确定。

(4) 有合伙企业名称。合伙企业在其名称中不得使用“有限”或者“有限责任”字样。

(5) 有经营场所和从事合伙经营的必要条件。

2. 合伙企业的法律特征

(1) 合伙企业以合伙协议为成立的法律基础。合伙协议是调整合伙关系、规范合伙人相互权利、义务、处理合伙纠纷的基本法律依据，对全体合伙人具有约束力，是合伙得以成立的法律基础。

(2) 合伙企业须由全体合伙人共同出资，合伙经营。出资是合伙人的基本义务，也是其取得合伙人资格的前提条件。

(3) 合伙人共负盈亏，共担风险。

(4) 合伙制企业的数量不如个人独资企业和公司制企业多，一般在广告、商标、咨询、会计师事务所、法律事务所、股票经纪人、零售商业等行业较为常见。

（四）有限责任公司

有限责任公司是指根据《中华人民共和国公司法》（以下简称《公司法》）规定注册登记，每个股东以其所认缴的出资额对公司承担有限责任，公司以其全部资产对其债务承担责任的经济组织。

1. 有限责任公司的设立条件

根据《公司法》的规定，要设立有限责任公司应当具备下列条件。

（1）股东符合法定人数。有限责任公司由 50 个以下股东出资成立。

（2）有符合公司章程规定的全体股东认缴的出资额。关于出资方式，股东可以用货币出资，也可以用实物、知识产权、土地使用权等可以用货币估价并可以依法转让的非货币财产作价出资；但是，法律、行政法规规定不得作为出资的财产除外。

（3）股东共同制定公司章程。

（4）有公司名称，建立符合有限责任公司要求的组织机构。公司作为独立的企业法人，必须有自己的名称，公司设立名称时还必须符合法律、法规的规定。有限责任公司的组织机构是指股东会、董事会或执行董事、监事会或监事。

（5）有公司住所。

2. 有限责任公司的法律特征

（1）相对于承担无限责任的组织形式，组建有限责任公司的法律风险较小。有限责任公司对外承担有限责任，限定了创业者承担的法律风险不会超过注册资本金，但有限责任公司的组建及运作过程仍会存在风险。

（2）创业者在组建有限公司的过程中，应当根据法律的规定，规范股东之间的股份分配、权利义务，规范公司的运作，以降低法律风险。创业者设立一人有限责任公司，还应当注意明确个人财产与公司财产，避免个人财产与公司财产混淆。

在创业实践中，有些创业者为注册有限责任公司的需要，采取隐名股东（实际投资人）与股东名册不一致的方式，但中国的法律法规不支持隐名股东这种方式，因为隐名股东的利益往往得不到保障。

（五）企业法律形式的选择

不同的企业制度不但在法律形式与规定上有着较大的差别，而且其适用程度随创业者选择的新企业的法律制度不同而有很大的变化。因此，创业者有必要对所选择的企业的法律形式进行利弊比较分析。

1. 启动成本分析

对于白手起家的创业者而言，启动成本无疑是创建企业的第一屏障，且越复杂的组织，创办成本也越高。

（1）相对而言，创办成本最少的是个人独资企业，只需要有注册企业或商品名的费用。

（2）合伙企业除注册外还要订立合伙协议，这就涉及一些专业中介机构的咨询成本及谈判成本。

（3）有限责任公司和股份有限公司相对来讲比较“昂贵”，因为其在成立前需要履行一系列法律所规定的程序，这就不可避免地会产生一系列费用。

2. 企业的稳定性分析

无论是对创业者、投资者还是消费者来说，企业能否长久地存续，是否能够稳定地发展下去都是他们最关心的问题之一。

(1) 个人独资企业完全是基于创业者个人的能力、资金等因素而建立起来的，如果创业者死亡或个人情况发生改变，个人独资企业的稳定性就会发生动摇。

(2) 在合伙企业中，合伙人之间的信任是建立合伙企业的基础，合伙人之一的死亡、退出或信赖基础的丧失都可能导致合伙企业结束。中国的合伙企业法对入伙和退伙都做出了具体的规定，退伙包括正常退伙、当然退伙和强制退伙。

(3) 有限责任公司与股份有限公司在各种企业形式中拥有最好的稳定性。由于董事会在公司治理中起到了十分重要的督导作用，股东的死亡或退出对企业的连续性基本上无太大的影响。

3. 从权益的可转让性方面进行分析

所有者对于企业的权益是否容易转让决定着所有者财产的流动程度。当利润一定时，创业者会努力持有流动性高的资产；反之亦然。

(1) 在个人独资企业中，创业者有权随时出售或转让企业的任何资产。

(2) 在合伙企业中，除非合伙协议允许或其他合伙人同意，否则合伙人一般无权出售企业的任何权益。

(3) 在有限责任公司与股份有限公司中，股东在出售企业的权益方面有很大的自由。特别是股份有限公司，一般股东可以在任何时间不经其他股东同意就转让自己的股份。当然，由于股权分置等历史原因，中国的公司法对股份有限公司的股份转让规定了某些限制，如发起人持有的本公司股份，自公司成立之日起三年内不得转让，公司董事、监事、经理应当向公司申报所持有的本公司的股份，并在任职期间内不得转让等。

4. 从获得增加资金的方面分析

一般而言，新企业增加资金的机会和能力依据企业形式的不同会有很大的差别。

(1) 对个人独资企业而言，任何新资金只能来自贷款和创业者个人的追加投资。

(2) 合伙企业可以从银行借贷，也可以要求每个合伙人追加投资或者吸收新的合伙人。

(3) 有限责任公司与股份有限公司则有很多途径可以增加资金，要比企业的其他法律形式有更多的选择渠道。股份有限公司可以发行股票、债券，也可以直接向银行贷款。

5. 从管理控制方面分析

每种企业形式都会给管理控制和决策责任带来不同的机会和问题。在许多新企业中，创业者通常希望尽可能多地保留对公司的控制权。

(1) 在个人独资企业中，创业者拥有最大的控制权，可以灵活制订企业决策。

(2) 在合伙企业中，一般由合伙人根据合伙协议协商解决日常及关键性问题。

(3) 有限责任公司与股份有限公司日常业务的控制权掌握在职业经理的手中，但大股东有权投票决定公司较重要的长期决策。按照公司制的设计要求，法人公司中的管理权和控制权进行了适当的分离。

6. 从利润与损失的分配方面分析

毋庸置疑，利润最大化和损失最小化是新企业的经营目标，因此利润与损失分配问题也是创业者选择企业法律形式时需要着重考虑的问题。

(1) 个人独资企业的负责人取得企业经营中的所有利润，同时也要为经营中的所有损失承担无限责任。

(2) 在合伙企业中，利润与损失的分配，取决于合伙人出资的份额或合伙协议。

(3) 有限责任公司与股份有限公司一般严格按照股东的出资比例分别获得利益和承担损失。

7. 从筹资吸引力方面分析

由于个人独资企业和合伙企业对企业的债务承担无限责任，因此任何债务性融资对他们来讲都需要慎重考虑和决策；相对而言，股份有限公司和有限责任公司仅对企业的债务承担责任，因此，无论是债务性融资还是权益性融资都对这两类公司的吸引力要强许多。当然，公司实力越强，筹资就越容易。

第二节　企业创建应考虑的相关问题

企业的创建不仅需要考虑自身的发展问题，还需要考虑其行为对社会及所在社区的影响。现有的法律制度和伦理要求对新企业成长而言是最基本的底线，只有那些能有效遵守法律制度和相关伦理要求的企业才能获得持久发展。

一、企业创建的相关法律问题

(一) 创建企业需要了解的法律法规

(1)《个人独资企业法》。2000 年 1 月 1 日，《个人独资企业法》开始实施。《个人独资企业法》规定了创建个人独资企业的权利和所需要担负的责任，同时规定了任何单位和个人不得违反法律、行政法规的规定，以任何方式强制个人独资企业提供财力、物力、人力；对于违法强制提供财力、物力、人力的行为，个人独资企业有权拒绝。《个人独资企业法》强有力地保证了个人自主创业将有一个更为宽松的法律和政策环境。

(2)《合伙企业法》。2007 年 6 月 1 日，新修订的《合伙企业法》开始实施。出于促进中国创业投资的发展，新修订的《合伙企业法》增加了有限合伙，为风险投资扫清了法律的障碍，促进了科技创新投入。新一轮的投资高峰将随之到来，这对广大大学生创业者是一个有利的消息。

有限合伙主要适用于风险投资，由具有良好投资意识的专业管理机构或者个人作为普通合伙人，承担无限连带责任，负责企业的经营管理；作为资金投入者的有限合伙人享受合伙收益，对企业债务只承担有限责任。有限合伙因具有避免双重纳税、出资人有限责任等诸多优点，相当受投资者和创业者的青睐。

(3)《公司法》。2014 年 3 月 1 日，新修订的《公司法》开始实施。新《公司法》的实施对想创业的大学生而言是一个令人振奋的消息，因为新《公司法》将注册资本实缴登记制改为认缴登记制，放宽了注册资本登记条件，简化了登记事项和登记手续。

(4)《中华人民共和国劳动合同法》(以下简称《劳动合同法》)。企业的发展和壮大离不开对人才的需求，企业聘用员工涉及劳动法和社会保险问题，管理者需要了解劳动合同、试用期、服务期、商业秘密、竞业禁止、工伤保险、养老金、住房公积金、医疗保险、失业保险等诸多规定。2008 年 1 月 1 日正式实施的《劳动合同法》，加重了用人单位的法律责任和违法成本，对此大学生创业者应予以高度重视。2013 年 7 月 1 日，新修订的《劳动合同法》开始实施，本次主要对劳务派遣方面做了相关修订。

(5)《中华人民共和国担保法》(以下简称《担保法》)。保证是指保证人和债权人约定，当债务人不履行债务时，保证人按照约定履行债务或承担责任的行为。大学生创业者在创业过程中难免会遇到资金融通、商品流通等现实问题，遇到这些问题时，创业者就可能会因借贷或其他原因而向他人提供担保或由他人为自己提供担保。《担保法》规定了多种担保方式，包括人保、物保和金钱担保等，明确它们之间的区别和利弊是企业正确进行担保的前提。

(6)《中华人民共和国票据法》(以下简称《票据法》)。企业运营中必然会涉及汇票、本票和支票等票据的使用。票据是怎样分类的，《票据法》规定的票据有哪几种，这些问题在企业使用票据时都会出现。作为企业的创建者，创业者应清晰地了解票据知识。了解票据的种类、明确票据当事人之间的权利和义务是大学生创业者在创办企业前的必修课。

(二) 创建企业时面临的法律问题

一般而言，企业在创建过程中面临的法律问题主要包括知识产权、合同、税收、商业秘密等方面的问题。

1. 知识产权

知识产权是指人们对从事创造性智力劳动而取得的知识、智能性成果享有的权利。知识产权一般只在有限时间内有效。各种智力创造如发明、文学和艺术作品，以及在商业中使用的标识、名称、图像及外观设计，都可被认为是某一个人或组织所拥有的知识产权。知识产权虽然并非有形实物，但也是创业者的重要资产。现实中，很多创业者由于并不了解知识产权的相关知识，而忽视了对知识产权进行有效的保护或导致出现侵犯别人知识产权的后果，这些情况都会对新企业造成严重影响。

(1) 知识产权的特点。

知识产权与其他权利相比具有以下特点。

① 知识产权是一种无形的财产，所以企业对其享有无形财产权。

② 企业知识产权的确认必须经由国家专门的立法机构进行办理。

③ 双重性。知识产权既有某种人身权的性质，又有财产权的性质(商标权除外)。

④ 专有性。知识产权的专有性是指知识产权为权利主体所专有，具有排他性。

⑤ 地域性。知识产权的确立只能在本国生效，在其他国家所有者拥有的知识产权不享受法律保护。

⑥ 时间性。知识产权的保护是有时间限制的，只有在规定的时间内才能受到法律的保护。

(2) 知识产权的种类。知识产权主要包括专利权和商标权等。

① 专利权。《中华人民共和国专利法》(以下简称《专利法》)将专利定义为受法律规范保护的发明创造,专利权是指一项发明创造向国家审批机关提出专利申请后,经依法审查合格后向专利申请人授予的在规定时间内对发明创造享有的专有权。

《专利法》所称的发明创造是指发明、实用新型和外观设计。发明是指对产品、方法或者其改进所提出的新的技术方案;实用新型是指对产品的形状、构造或者其结合所提出的适于实用的新的技术方案;外观设计是指对产品的形状、图案或者其结合以及色彩与形状、图案的结合所做出的富有美感并适于工业应用的新设计。

专利属于知识产权的一部分,是一种无形财产,与有形财产相比其具有特别之处,这些特别之处主要表现在排他性、区域性与时间性方面。排他性是指只要在专利权有效期和法律管辖区内,任何单位或个人未经专利权人许可都不得实施其专利,否则属于侵权行为;区域性是指专利权是一种有区域范围限制的权利,只有在法律管辖区域内有效,同一发明可以同时在两个或两个以上的国家申请专利,获得批准后其发明便可以在所有申请国获得法律保护;时间性是指专利只有在法律规定的期限内才有效,通常在中国发明专利权的期限为20年,实用新型专利权和外观设计专利权的期限均为10年。

对以下几种情况,国家将不授予专利权:科学发现,智力活动的规则和方法,疾病的诊断和治疗方法,动物和植物品种,用原子核变换方法获得的物质,对平面印刷的图案、色彩或二者的结合做出的主要起标识作用的设计。

② 商标权。世界知识产权组织(Word Intellectual Property Organization,WIPO)在其商标官方网站上给出了商标的定义:商标是将某商品或服务标明是某具体个人或企业所生产或提供的商品或服务的显著标志。根据《中华人民共和国商标法》(以下简称《商标法》)的规定,经商标局核准注册的商标为注册商标,包括商品商标、服务商标和集体商标、证明商标;商标注册人享有商标专用权,受法律保护。

集体商标是指以团体、协会或者其他组织名义注册,供该组织成员在商事活动中使用,以表明使用者在该组织中的成员资格的标志。证明商标是指由对某种商品或者服务具有监督能力的组织所控制,而由该组织以外的单位或者个人使用于其商品或者服务,用以证明该商品或者服务的原产地、原料、制造方法、质量或者其他特定品质的标志。为了避免商标的侵权行为,创业者在企业成立之初选择商标时,应当遵循以下五个基本准则。

第一,要花费一定的时间与精力调查自己所选商标的使用情况。

第二,针对商标问题咨询律师的意见,如果律师不同意使用该商标,那么在大部分情况下这个商标是有问题的。

第三,寻找一个有创新性的商标。

第四,在营销的过程中为自己的商标选择一个独特的暗示符号,以给消费者留下深刻的印象。

第五,避免恶意模仿,如运用相同音不同字的商标,会给自己的企业带来不必要的麻烦。

《商标法》第十条规定,下列标志不得作为商标使用。

第一,同中华人民共和国的国家名称、国旗、国徽、国歌、军旗、军徽、军歌、勋章等相同或者近似的,以及同中央国家机关的名称、标志、所在地特定地点的名称或者标志性建筑物的名称、图形相同的。

第二，同外国的国家名称、国旗、国徽、军旗等相同或者近似的，但经该国政府同意的除外。

第三，同政府间国际组织的名称、旗帜、徽记等相同或者近似的，但经该组织同意或者不易误导公众的除外。

第四，与表明实施控制、予以保证的官方标志、检验印记相同或者近似的，但经授权的除外。

第五，同“红十字”“红新月”的名称、标志相同或者近似的。

第六，带有民族歧视性的。

第七，带有欺骗性，容易使公众对商品的质量等特点或者产地产生误认的。

第八，有害于社会主义道德风尚或者有其他不良影响的。

县级以上行政区划的地名或者公众知晓的外国地名，不得作为商标。但是，地名具有其他含义或者作为集体商标、证明商标组成部分的除外；已经注册的使用地名的商标继续有效。

《商标法》第十一条规定，下列标志不得作为商标注册。

第一，仅有本商品的通用名称、图形、型号的。

第二，仅直接表示商品的质量、主要原料、功能、用途、重量、数量及其他特点的。

第三，其他缺乏显著特征的。

案例 12-1

王老吉商标之争

2000 年，作为王老吉商标的持有者广药集团与加多宝母公司鸿道集团签署合同，约定其对“王老吉”商标的租赁期限至 2010 年 5 月 3 日。此后，双方签署了两份补充协议，将商标租赁时限延长。但由于鸿道集团贿赂广药集团原总经理李益民 500 余万港元，又续签 10 年。2011 年 12 月，双方正式对簿公堂，在 380 多天后，仲裁结果才最终宣布。北京市第一中级人民法院于 2012 年 7 月 13 日对价值 1080 亿元的“王老吉”商标合同争议案进行终审判决，驳回鸿道集团关于撤销王老吉仲裁结果的申请。这意味着持续达 445 天的“王老吉”商标案件正式以广药集团的完胜大结局。广药集团收回鸿道集团的红色灌装及红色瓶装“王老吉”凉茶的生产经营权。

据裁决书，广药集团与鸿道集团签订的《“王老吉”商标许可补充协议》和《关于“王老吉”商标使用许可合同的补充协议》无效；鸿道集团停止使用“王老吉”商标；双方各负 50%仲裁费。该裁决为终局裁决，自作出之日起生效。

广药集团胜诉后，倪伊东称，将保留向鸿道集团起诉自 2010 年 5 月 3 日起损失的权利，所要求赔偿金额内部还在商议中，尚未确定。

（资料来源于网络，作者整理得到）

2. 合同

合同是指当事人或当事双方之间设立、变更、终止民事关系的协议。合同依法成立后，受法律保护。新企业必须在开始生产经营的时候与供应商、客户等签订合同，这要求创业者必须了解与合同相关的法律法规。

3. 税收

税收直接关系到新企业能否设立和存续。如果税收很高，创业者就只能保留所赚利润的一小部分，导致可获得的潜在利润变少，以致不足以抵消创建企业所带来的风险。

在个人独资企业、合伙企业和有限责任公司这三种企业形式中，有限责任公司只承担有限责任，风险相对较小；个人独资企业和合伙企业由于要承担无限责任，风险较大。尤其是个人独资企业，还存在增值税一般纳税人认定等相关法规不易操作的问题，更增加了企业风险。

在中国创业领域，比较重要的税种包括流转税（增值税、营业税、消费税和关税）和所得税（个人所得税和企业所得税）。此外，还涉及一些新企业当地的税种。需要注意的是，只有有限责任公司适用企业所得税，个人独资企业、合伙企业则不适用企业所得税而适用个人所得税。创业者在选择创业所在地和企业形式时都应该考虑这些税收政策，充分运用合理的税收策略，实现税后利润最大化。

4. 商业秘密

《中华人民共和国反不正当竞争法》第十条规定，商业秘密是指不为公众所知悉、能为权利人带来经济利益、具有实用性并经权利人采取保密措施的技术信息和经营信息。

商业秘密可以分为两大类，即技术信息和经营信息。技术信息为技术所承载的信息，主要包括两种类型：有形的技术信息（技术设计、技术样品、工艺流程、工业配方、计算机程序等）和无形的技术信息（员工的技能及经验等）。经营信息是指技术信息以外的能够给权利人带来竞争优势的用于经营的信息，包括两种类型：与市场有关的商业情报和信息（客户名单、货源、标书标底、谈判方案等）和与经营管理有关的资料和信息（发展规划、竞争方案、管理诀窍等）。

商业秘密有可能会产生泄密问题，因此企业有必要采取相应的措施来保护自己的商业秘密。

二、企业创建的相关伦理问题

创业伦理是人们在创业过程中调整人与人、人与企业、人与社会之间关系的所有行为规范的总和。创业伦理的主要功能是约束和引导人们的创业行为，使其在社会通行准则可接受的范畴之内，从而维护正常创业秩序，并为创业成功提供道德保障。

创业伦理包含责任、诚信、服务等内容。责任指创业者不但将创业视为满足个人职业要求的有效途径，而且将其视为为社会做出贡献、为民族进步、为国家分忧的个人责任，通过创业承担个人、社会、民族、国家的责任；诚信指创业者在其创业活动中遵纪守法，诚恳待人，信守承诺，不因外部因素影响放弃内心操守，坦率面对自己；服务指创业者以服务为核心，通过服务客户、服务社会、服务民族获得个人、企业在现实社会中的生存空间和发展空间，在达成个人创业理想的同时造福他人与社会。

具体来说，创业者在创业过程中应体现以下伦理道德素质。

(1) 捍卫本企业所制定的道德准则、价值规范。

(2) 强化本企业在业界和社会的形象和声誉。

(3) 维持本企业的道德责任感，以诚信为原则。

(4) 永远以客户的需求为第一考虑,时刻为客户着想。

(5) 确实掌握生产和服务成本,获取合理利润。

(6) 确保安全性和效率。

(7) 避免违法和不道德的行为。

第三节　初创企业的管理

一、初创企业的财务管理

财务管理是企业管理的一部分,是有关资金的获得和有效使用的管理工作。对企业而言,牢牢把握住企业的财务状况至关重要,若企业在财务上运转不灵,则很难长久存活。

(一) 财务管理的职能

财务管理的职能分为财务决策、财务计划和财务控制,如图 12-1 所示。这里的计划专指期间计划。期间计划是针对定期的(如一年),其编制目的是落实既定决策,明确本期间应完成的全部事项。控制是执行决策和计划的过程,包括对比计划与执行的信息、评价下级的业绩等。计划和控制都是决策的执行过程。

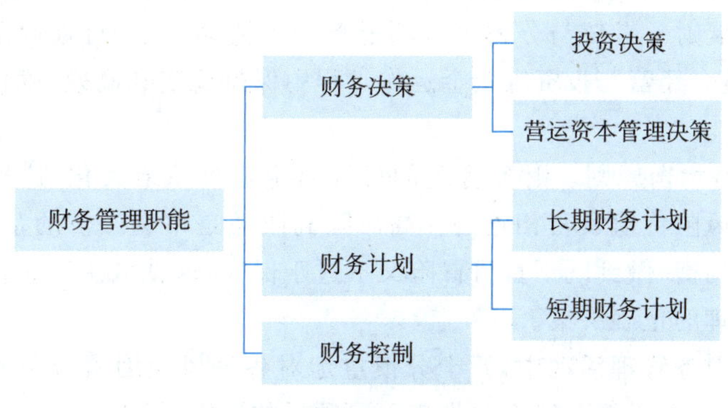

图 12-1　财务管理的职能

(二)财务管理的目标和原则

1. 财务管理的目标

在财务管理目标方面,大多数创业企业都要面对四个主要的财务目标,即营利性、流动性、效率和稳定性。

(1) 营利性。营利性是企业赚取利润的能力。许多新企业在成立的最初三年需要培训员工并树立品牌,因此开始并不会盈利。但企业必须盈利才能保持运转并向所有者提供回报。

(2) 流动性。流动性是企业偿还短期债务的能力。即使企业能够盈利,也必须保证在银行里有足够的钱及时满足日常贷款需要。为此,企业必须时刻关注应收账款和存货。应收账款是客户欠企业的货款,而存货则是企业的货物、原材料和待售产品。如果企业的这两项资产都过高，就很难保证企业有足够的现金来满足短期债务的需要。

(3) 效率。效率是相对于收益和利润而言的，是企业利用其资产的生产效率水平。以美国西南航空公司为例，该企业利用资产的生产效率水平非常高，其飞机在港停泊时间或飞机在地面卸货和装填货物的停留时间在航空企业中是最短的。美国西南航空公司对此的解释是“停在地面上的飞机不能带来任何价值，我们需要飞机尽快返回空中”。

(4) 稳定性。稳定性是企业整体财务状况的活力与实力。稳定的企业，不仅要能够赚取利润和保持资金流动性，而且要能控制企业债务。如果企业不断向贷款者借款，其权益负债率就会过高，这对企业偿还债务非常不利，会使企业的财务水平难以满足企业持续成长的需要。

2. 财务管理的原则

财务管理的原则是企业财务管理工作必须遵循的基本准则，是从企业财务管理实践中抽象出来的并在实践中得以证明是正确的行为规范。它反映了企业财务管理活动的内在本质要求。企业财务管理主要遵循以下几点原则。

(1) 价值最大化原则。企业价值最大化既是财务管理的目标，又是财务管理的一项基本原则。企业财务管理的一切管理活动都要按照价值最大化的原则来进行。在整个经营过程中，财务管理人员要严格控制企业的各项投入与产出、耗费与收入、盈利与亏损，努力使企业的资金在系统价值观念的指导下得以高效运行。

财务管理还应将价值最大化的基本理念贯穿于企业财务的预测与决策、编制财务计划、进行财务控制和开展财务考核与分析等各项财务管理活动之中，自觉运用价值管理的有效手段，促使企业在整个经营与投资等资金运作过程中保持稳定和高效，确保企业价值最大化目标的实现。

(2) 风险与收益均衡原则。财务管理的目标是企业价值最大化，这种价值最大化是与收益均衡前提下的风险价值紧密相连的。高风险高收益是市场经济的基本规律，如何在收益与风险之间取得均衡，做到既不盲目冒险又不过于保守，这就取决于企业经营管理当局的风险意识和财务管理的正确决策。

在企业的各项财务管理活动中，要十分慎重地对各种风险因素做深入的研究和仔细的分析，“好大喜功”的决策思想会给企业带来不可预料的严重后果。

(3) 成本—效益原则。财务管理要追求企业价值最大化，就必须处处讲求效益和节约成本，即把以最小的成本支出来获取最大的收益作为实现财务管理目标的基本手段。在企业的整个财务管理活动中，始终要坚持成本—效益原则，任何不顾成本、盲目追求产值或利润最大化的做法都是错误的，其结果只能给企业造成更大的经济损失。

(4) 资源合理配置原则。企业作为现代市场经济的微观组织，财务管理方面应十分重视如何将其财力得到最优化的合理组合，最大限度地发挥其整体的效用功能，既要防止资源供应不足而影响企业的整体规模效益，又要避免各个环节上的资源过剩和浪费。财务管理应通过帮助企业合理配置财力资源来促进企业生产规模的合理发展、产品结构的有效调整、产品质量的不断提高、资金管理和利用效益的增长，以及企业员工福利待遇的改善等。

(5) 利益关系协调原则。企业财务管理的重要性直接表现为它涉及企业各方面的利益关系，这种关系在财务中称为财务关系。财务管理要厘清企业的财产资源，也必须理顺企业不同利益者之间的利益关系。它直接关系到企业的投资人、债权人、经营者和内部员工及外部合作者的积极性和期望收益的满足程度，也直接关系到能否最大限度地实现企业价值最大化。在处理企业与经营者的财务关系时，企业要建立相应的机制，确保经营者的利益与企业的利益相一致；在处理企业利益与国家利益关系时，企业首先应做到依法纳税，同时在不违反税法的前提下尽可能地维护企业利益；在处理企业与员工的利益关系时，企业应充分关心职工的利益，确保员工的工薪收入和各项福利。财务管理只有正确地处理好各方面财务关系，确保企业具有长久的综合发展能力，才能使企业财务管理的目标得以实现。

（三）初创企业财务管理的策略

对于初创期的企业而言，企业管理的各项财务活动、处理各种财务关系应以稳健、谨慎为原则。

1. 筹资管理策略

初创阶段的企业要想求生存、谋发展，必须获得充足的资金支持。筹资管理要解决以何种形式、何种渠道、什么时机筹集经营所需资金的问题，重点把握各种资金的结构、资金成本等问题。

创业投资是创业期企业主要的资金来源，吸引风险投资是创业期企业主要的筹资渠道，创业者应注意寻找适合自己的风险投资商。一般而言，大企业及其所属的风险投资机构等战略投资者，通常能为创业企业提供一些技术支持，甚至是共享其已有的宝贵的客户资源；而且，纯粹的风险投资公司有良好的培育创业企业的经验和声誉，有广泛的网络关系，能够及时发现创业企业成长中的问题，并帮助解决这些问题。投资银行则能够帮助企业改善管理，为企业发行股票并上市、为实现更大范围的融资提供市场运作的专业服务。

2. 投资管理策略

投资管理要解决做什么（投资方向）、做多少（投资金额）、何时做（投资时机）、怎么做（资金来源与运用）等问题。由于企业在初创阶段需要大量的资金，而且市场具有很大的不确定性，因此，这个阶段的投资要处理好所面临的风险和收益问题。创业者要在充分收集信息的基础上，进行深入细致的市场调查和充分的可行性研究，通过审慎的研究评估，科学预测企业的投资价值和可能出现的风险，做到事先防范，将投资风险降到最低。创业期企业一般采用集中化投资战略，利用有限资金投资于某个特定市场，最大限度发挥资金使用效率。

3. 营运资金管理策略

营运资金管理是财务管理活动的重要环节，企业按月编制营运资金分析表可以有效地控制营运资金。发现营运资金不足时，企业应立即采取相应的措施来弥补不足。

4. 利润分配策略

企业进行股利分配时，要从企业战略的角度出发，根据企业自身的情况选择适宜的股利分配政策，使股利分配既能满足企业发展的需要，又能满足投资者的需要。股利分配关系到企业战略资金能否得到有效的保障，因为股利发放的多少决定着企业内部资金来源的多寡，关系到企业财务战略的成败。如果企业的留存收益水平较高，那么意味着企业发放的股利较少。如果企业留存收益较高，那么这些留存收益可以给企业发展提供资金保障。

创业期企业收益水平低且现金流量不稳定，因此低股利政策或零股利政策往往是比较明智的选择。

5. 财务控制策略

要解决创业期企业财务管理上存在的问题，完善内部控制成为创业期企业财务管理的基础工作，只有完善内部控制才能选择财务管理的应有职能，实现财务管理的目标。创业期企业在加强财务控制的过程中，应该重视以下几个方面。

(1) 聘请专业的财务人员，加强财务部门的力量。

(2) 保持会计记录的准确性、完整性。建立必要的会计制度，加强对员工的专业培训和后续教育，防止出现会计记录混乱、错误或不完整的情况，这是发挥财务管理其他职能的最基本前提。

(3) 建立健全职务分离制度。企业对记账、出纳、保管等不相容职务实行分离，应尽量由不同人员担任，避免一个人从头到尾处理一项业务，减少错误和舞弊出现的可能性。根据分工原则，企业要尽量将不同功能的工作安排不同的人来完成。

(4) 避免任人唯亲。特定的亲属关系会弱化企业内部的互相制约关系，使内部控制制度的作用得不到充分发挥，容易产生不公平现象，影响企业的整体激励制度，有时还存在难以管理的问题。

(5) 建立完善的资产管理制度，合理保证资产的安全性和完整性。首先，企业要建立健全物资购、销的内控制度，在物资采购、领用、销售以及样品管理上建立合适的操作程序，从制度上保证操作规范、堵住漏洞、维护安全；其次，企业要做到不相容职务分离，将资产管理和凭证记录分开，形成有力的内部牵制；最后，企业要建立实物资产盘存制度。

(四) 初创企业应对财务风险的措施

在企业面对复杂的经营环境的时候，财务风险总是在不同程度上存在的，尤其是初创企业。企业应对财务风险管理有足够的重视，对财务风险的成因及其防范进行研究，有效开展对财务风险的控制与管理、监测与预警，有效降低财务风险，提高企业的效益。一般而言，有效降低企业创业初期财务风险的方法有以下几种。

(1) 建立有效的风险防范处理机制，正确理解经营风险与财务风险的关系。风险防范是企业在识别风险、估量风险和研究风险的基础上，用最有效的方法把风险导致的不利后果降低到最低限度的行为。企业各部门、各人员，特别是企业的决策管理部门必须增强风险防范意识，无论是对外投资还是对内融资，无论是研制产品还是销售产品，都应预测可能产生的风险及企业的承受能力，加强企业管理的基础建设，加强对企业管理人员的业务培训，增强认识风险、分析风险和防范风险的能力，提高管理决策水平，以降低经营的盲目性和决策的随意性。

(2) 不断提高财务管理人员的风险意识，理顺企业内部的财务关系，做到责、权、利相统一。企业要使财务管理人员明白，财务风险存在于财务管理工作的各个环节，任何环节的工作失误都可能会给企业带来财务风险，财务管理人员必须将风险防范贯穿财务管理工作的始终。企业应设置高效的财务管理机构，配备高素质的财务管理人员，规范各项规章制度，强化各项基础工作，使财务管理人员的风险意识不断提高。与此同时，企业必须理顺内部的各种财务关系，明确各部门在企业财务管理中的地位、作用及应承担的职责，并赋予其相应的权力，真正做到权责分明、各负其责。在利益分配方面，企业应兼顾各方利益，以调动各部门参与企业财务管理的积极性，从而真正做到责、权、利相统一，使企业内部各种财务关系清晰明了。

(3) 引进科学的风险管理程序，加强制度建设，建立健全财务风险管理机制。财务风险管理是一个识别和评估风险、分析风险成因、预防和控制风险、处理风险损失的有机过程。在风险识别、评估和分析的基础上，企业确定应对风险的方案和措施，制订企业财务战略和计划，优化财务决策和控制方法，健全财务信息的控制系统，当风险出现时及时处理以减少损失。企业加强制度建设要做到：首先，建立客户管理制度，加强对客户信用的调整，形成一套适合本企业的风险预防制度，把财务风险降至最低；其次，建立统计分析制度，通过完善的统计分析及时发现问题，并采取相应措施加以控制；最后，建立科学的内部决策制度，对风险较大的经营决策和财务活动，要在企业内部的各职能部门中进行严格的审查、评估、论证，尽量避免因个人决策失误而造成的风险。

二、初创企业的人力资源管理

在现代社会的发展中，人力资源越来越重要，各种类型的组织对人力资源管理的重视程度也越来越高。是否拥有优秀的人才是企业能否创业成功的关键因素之一，因而人力资源的管理是创业者必须做好的工作之一。

(一) 初创企业常见的人力资源管理问题

初创企业的管理体系大多处在不断调整的状态中，加之其竞争地位相对较弱，因此在招聘、用人等方面存在诸多问题。

1. 难以找到合适的人才

由于初创企业提供的薪酬、福利相对较低，而风险又较高；有的企业地处中小城市，甚至是偏僻地区，因此很难吸引到合适的人才。

2. 稳定性差

初创企业通常成立时间较短，内部成员间未经充分磨合，而又面临较大的生存与竞争压力，容易产生矛盾与冲突，导致人员流动频繁；也有新加入者，如大学应届毕业生等，把企业当成了获得经验的跳板，一旦获得一定经验便跳槽，因而其人员的流动性较大。

3. 缺乏完整的人力资源管理体系

初创企业的发展更多地依赖于每个员工的能动性，但新企业往往难以形成系统、完善的人才管理制度及体系，其招人、用人可能有较大的随机性。

4. 良好的企业文化尚未形成

大多数初创企业的企业文化尚在形成过程中，还没有成熟和定型，员工之间往往缺乏共同的价值观念，对企业的认同感不强，容易造成个人价值观与企业理念冲突，极有可能造成不必要的内讧及人才流失。

(二) 初创企业人力资源管理的重点

相较于既有企业，初创企业在人力资源管理工作上也存在着一些不同。总而言之，创业者应把人力资源工作的重点放在以下几个方面。

1. 内部定岗

内部定岗是指在企业组织结构确定的条件下，采用科学的方法确定企业岗位设置和各岗位人员数量的过程。定岗的基础是科学、合理地设岗。创业者可以将企业的所有工作内容按专业划分成若干个组成部分，其中职能和业务流程中相同或相类似的部分可以组合起来设为一类岗位。企业定岗应遵循以下几项原则。

(1) 因事设岗原则。岗位和人应是设置和被设置的关系，岗位设置必须按照企业各部门职责范围设定，不能颠倒。很多企业也存在因人设岗的现象，如果不是针对少部分高端人才，因人设岗会导致人力资源浪费和劳动力成本提高。

(2) 协作原则。岗位设置强调专业化分工，但各岗位之间的有效协调也非常重要，因此应在分工的基础上有效地综合，使各岗位职责明确又能相互协调，这样才能发挥人力资源的最大效能。

(3) 最少岗位原则。对于创业者而言节省每笔开支都非常重要，在人力成本中，如果按照最少岗位原则，做到非必要、不设岗，既可以最大限度地节约人力成本，又可以尽可能地缩短岗位之间信息传递的时间，减少信息传递中的衰减效应，从而达到提高工作效率的目的。

(4) 客户导向原则。为客户创造价值是企业存在的基础，因此岗位设置必须从客户的角度考虑，以尽可能满足客户不同需求为标准。

(5) 监控原则。在企业中，有些工作之间存在监督与被监督的关系，如财务中的会计和出纳，这两种不同性质的工作就必须分别设岗。

2. 员工招聘

员工招聘是人力资源管理的第一项工作，也是最关键的一项工作。创业者可通过多种渠道向社会发布招聘信息，在招聘信息中应尽可能多地介绍公司的发展优势，以吸引优秀人才前来应聘。企业可以通过人才交流中心、招聘洽谈会、媒体广告、网上招聘、熟人推荐等渠道进行招聘。

企业招聘新员工应遵循以下几个原则。

(1) 公开、公平、公正原则。公开就是企业要把招聘信息、招聘方法及招聘结果公示出来，使整个招聘过程置于公开监督下，防止出现以权谋私和假公济私的现象，确保招聘到真正优秀的人才；公平、公正就是确保给每个应聘者平等的机会。

(2) 实际需要原则。招聘新员工应以工作的实际需要和岗位的空缺情况为出发点，以工作需要和岗位要求选聘工作人员；同时还应避免盲目攀比，过度消费人才资源，造成企业成本提高和人才浪费。

(3) 竞争择优原则。竞争择优是指在招聘过程中引入竞争机制，在对应聘者的思想品质、道德品质、业务能力等各方面进行全面考核的基础上，按照考查的成绩择优录用。

(4) 效率优先原则。初创企业应用尽可能低的招聘成本录用到最合适的人选。

3. 员工培训

培训作为现代企业管理的重要内容和手段，已越来越被企业所重视。一方面，培训可以改变员工的工作态度，增长知识，提高技能，激发他们的创造力和潜能，提高企业运作效率和销售业绩，使企业直接受益；另一方面，培训也增强了员工自身素质和能力，让员工体会到企业对他们的重视，认识到培训是公司为他们提供的最好福利。

4. 员工激励

员工被分配到一定岗位之后,企业就要充分调动员工的工作积极性,使其立足本职岗位,充分发挥出其聪明才智,为企业带来更大的效益。要达到这一目的,企业除科学管理、合理使用之外,建立一套良好的员工激励机制也是一项重要措施。例如,运用薪资、福利的灵活性吸引人才,或者通过股权赠予,以远景吸引留住人才。

三、初创企业的市场营销管理

市场营销是从卖方的立场出发,以买主为对象,在不断变化的市场环境中,以消费者需求为中心,通过交易程序,提供和引导商品或服务到达消费者手中,满足消费者需求与利益,从而获得利润的企业综合活动。

(一) 市场营销活动的过程

市场营销活动的过程包括以下四个步骤。

(1) 分析、发现和评估市场机会。企业必须随时关注宏观环境和微观环境的变化。宏观环境主要包括政治法律环境、经济环境、社会文化环境、科学技术环境、人文环境、自然环境等;微观环境主要包括供应商、竞争对手、消费者、替代产品生产者、潜在进入者等。企业必须通过对宏观、微观环境信息的搜集和分析,发现市场机会,抓住市场机会,利用市场机会。

(2) 细分市场,选择目标市场。企业可以根据消费者不同的消费特征将市场细分,然后根据自己的资源优势选择自己的目标市场,采取不同的目标市场战略措施。

(3) 制订营销计划,规划营销策略。在选定的目标市场上,创业者要实现自己的营销目标,就需要制订一系列营销计划,然后规划营销策略。

(4) 营销计划的落实。所有的营销计划、营销策略都必须很好地得到落实,并且在实施过程中根据实际情况加以改进,才能使其转化为实际的竞争优势,实现企业的营销目标。

(二) 市场营销策略

1. 目标市场策略

目标市场策略是指企业通过市场细分选择了自己的目标市场,专门研究其需求特点并针对其特点提供适当的产品或服务,制订一系列的营销措施和策略,实施有效的市场营销组合。一般而言,目标市场策略包括无差异性市场策略、差异性市场策略和密集性市场策略。

(1) 无差异性市场策略。无差异性市场策略是指企业不考虑各个细分市场之间的差异,只推出一种产品、设计一套市场营销组合方案去满足整个市场的需求。

优点:生产经营品种少、批量大,节约成本,提高利润率。

缺点:忽视了需求的差异性,市场部分需求得不到满足。

(2) 差异性市场策略。差异性市场策略是指企业准备为各个细分市场或为许多细分市场服务,并按照各个细分市场的需求差异,分别提供不同的产品、设计不同的市场营销组合方案去满足目标市场的需求。

优点:适应了各种不同的需求,能扩大销售,提高市场占有率。

缺点：增加设计、制造、管理、仓储和促销等方面的成本，造成市场营销成本的上升。

(3) 密集性市场策略。密集性市场策略又称集中性市场策略，即企业以一个或少数几个细分市场作为目标市场，并集中力量为目标市场服务。

优点：由于目标集中能更深入地了解市场需要，使产品更加适销对路，有利于树立和强化企业形象及产品形象，在目标市场上建立巩固的地位同时；由于实行专业化经营，可节省生产成本和营销费用，增加盈利。

缺点：目标过于集中，把企业的命运押在一个小范围的市场上，有较大风险。

这三种目标市场策略各有其长处和不足，企业应根据具体情况加以选择。其中，无差异性市场策略和差异性市场策略一般适用于生产规模大、实力雄厚的大企业，而新企业则更适合选择密集型市场策略。

2. 产品定位策略

产品定位是针对消费者或用户对某种产品的某种属性的重视程度，塑造产品或企业的鲜明个性或特色，树立产品在市场上的形象，从而使目标市场上的消费者了解和认识本企业。这里的产品定位与前面提到的目标市场定位有一定区别。目标市场定位是指企业对目标消费者或目标消费市场的选择，而产品定位是指企业选择什么样的产品来满足目标消费者或目标消费市场。一般情况下，初创企业应先进行市场定位，然后再进行产品定位。具体而言，产品定位策略主要有以下几种。

(1) 产品专门化策略。产品专门化策略即产品组合单一，在产品组合坐标系中，该产品处于原点位置。例如，可口可乐公司在相当长的时间里实行的是产品专门化策略，以统一的产品、包装、价格和宣传推广向全世界的消费者提供可口可乐。产品专门化策略在一定程度上视消费者的需求为无差异。

(2) 产品差异化策略。产品差异化策略即企业通过自己的营销努力使产品组合向深度、广度发展。例如，可口可乐公司在满足消费者多样化需求的前提下，生产了雪碧、健怡可乐、芬达等产品，从更多角度满足了消费者的需求。

(3) 产品边缘化策略。产品边缘化策略即产品组合由深度向关联发展。以金利来为例，其产品组合最初只是生产各种档次、规格、系列的男性领带，而现在其产品涉及男女用钱包、箱包、服装等多个领域，从多方面满足了男性消费者和女性消费者的需求。

(4) 产品多角化策略。产品多角化即产品组合由关联度向广度发展或由深度向广度发展。例如，国内的电器厂商海尔集团最初是靠生产冰箱起家的，但是如今已拥有包括电视机、洗衣机、空调在内的大小家电 800 多个项目产品。

3. 市场营销组合策略

市场营销的主要目的是满足消费者的需要。消费者的需要多种多样，因而要满足消费者需要所应采取的措施有很多。因此，企业在开展市场营销活动时，就必须把握住那些基本性措施，合理组合，并充分发挥整体优势和效果。市场营销组合策略主要体现在四个因素上，分别是产品(product)策略、价格(price)策略、营销渠道(place)和促销(promotion)策略，这就是市场营销的“4P”组合。

(1) 产品策略。产品策略包括产品发展、产品计划、产品设计、产品交货期等决策的内容，其影响因素包括产品的特性、质量、外观、附件、品牌、商标、包装、担保和服务等。

(2) 价格策略。价格策略包括确定定价目标、制订产品价格的原则与技巧等内容，其影响因素包括分销渠道、区域分布、中间商类型、运输方式和存储条件等。

(3) 分销策略。分销策略主要是指研究使商品顺利到达消费者手中的途径和方式等方面的策略,其影响因素包括付款方式、信用条件、基本价格、折扣、批发价、零售价等。

(4) 促销策略。促销策略主要是指研究如何促进消费者购买商品以实现扩大销售的策略,其影响因素包括广告、人员推销、宣传、营销推广、公共关系等。

拓展阅读

小米手机的定价策略

2011 年 8 月 16 日,200 余媒体及 400 粉丝齐聚北京 798D-PARK 艺术区,共同见证发烧友级重量手机小米手机的发布。雷军先极其详细地介绍了小米手机的各种参数,展示了其优点。在勾起人们的兴趣之后,临近结束之时,他用一张极其庞大醒目的页面公布了它的价格:1999 元。作为全球首款 1.5GH2 双核处理器,搭配 1GB 内存,以及板载 4GB 存储空间,最高支持 32GB 存储卡的扩展,超强的配置仅售 1999 元,让人为之一震。2014 年,小米科技销售手机总计 6112 万台,较 2013 年增长 27%;含税销售额达 743 亿元,较 2013 年增长 135%,登顶中国市场份额第一位。小米科技创造了一项企业崛起速度的记录,在仅仅四五年的时间里,完成了由一个 ROM 小组到估值百亿美元的中国最热手机品牌的蜕变。

小米手机取得如此好的销量,是采取什么样的定价策略呢?

1. 渗透定价策略

渗透定价即在新产品上市之初将价格定得较低,吸引大量购买者,扩大市场占有率。低价产生的两个好处是:首先,低价可以使产品尽快为市场所接受,并借助大批量销售来降低成本,获得长期稳定的市场地位;其次,微利阻止了竞争者的进入,增强了自身的市场竞争力。当然,低价微利投资回收期较长,不利于企业形象的树立,有可能招致反倾销报复。

1999 元就能够买到相当不错的智能手机,这对消费者来讲是一种很大的诱惑,小米手机第一次网上销售被一抢而空更能说明高性价比对消费者的诱惑,这对小米手机提高市场占有率有很大的优势。

2. 心理定价策略

(1) 尾数定价。所谓尾数定价,就是保留价格尾数,采用零头标价,将价格定在整数水平以下,使价格保留在较低一级档次上。

(2) 招徕定价。招徕定价,也称特价商品定价,即利用消费者的求廉心理,以接近成本甚至低于成本的价格进行商品销售的策略。通过细致的市场调研并合理地运用了多种新产品定价策略,小米手机最终定价 1999 元,实践证明这个价格发挥了其应有的作用。

(3) 品种定位。所谓品种定位,就是根据特定产品与自己的竞争对手在产品类型方面存在的差异,来确定该产品的市场位置。采用这种定位方法,要突出本产品与其他同类产品在品种方面存在的差异。

(4) 市场定位。所谓市场定位,就是根据市场细分的原则来确定特定产品的市场位置。这是市场细分策略在广告宣传中的具体运用,其目的是将商品定位在最有利的市场位置。这里所说的市场是指经过细分以后的市场。例如,主要面对的对象是富人还是工薪阶层、是婴幼儿还是青少年、是男性消费者还是女性消费者等。面对的市场不同,消费者的消费需求就有所不同，市场定位的策略在实施时就要做适当的调整。

（资料来源于网络，作者整理得到）

思考与训练

1. 认识企业的法律组织形式

(1) 阅读、收集与整理关于企业组织形式的材料，并收集相关理论信息。

(2) 分组进行总结归纳。每两个学生为一组，自由组合，对企业组织形式的相关理论进行总结归纳。

2. 设计一个优秀的Logo

(1) 收集五组最喜爱的徽标设计，分析徽标设计的适用范围及作用。

(2) 综合运用所学的知识，为一家真皮男包公司(慢卡)设计Logo。该真皮公司宣扬爱自由、爱浪漫，设计的Logo主要应用于实体店、网店、柜台、名片及包装等。

设计要求：图文结合式；主题突出、寓意深刻；简约大气，凸显品牌内涵；彩色稿件。

(1) 设计图(两幅)。

(2) 制作计算机设计方案。结合草图，制作计算机设计方案，可以提交电子文件，也可以提交打印稿件。

(3) 撰写设计稿件说明。设计稿件应附带200字左右的文字说明，简洁明了地阐述设计意图、创作理念等。

参 考 文 献

[1] 乔纳·莱勒.想象:创造力的艺术与科学[M].杭州:浙江人民出版社,2014.

[2] 朱学荣,郭宇.大学生创新基础教程[M].北京:北京师范大学出版社,2021.

[3] 王竹立.创新思维训练教程[M].西安:西安科技大学出版社,2020.

[4] 王艳茹,王兵.创业基础课堂操作示范[M].北京:北京师范大学出版社,2014.

[5] 黄妮妮,张翔,赵秋.大学生创新与创业基础[M].北京:北京师范大学出版社,2020.

[6] 张赵根,韩竹,曲海洲,等.创新创业基础[M].北京:北京师范大学出版社,2019.

[7] 梁莹.美好前程——大学生创新创业教育[M].上海:同济大学出版社,2021.

[8] 马振峰.创造未来——大学生创新创业教程[M].上海:同济大学出版社,2017.

[9] 陈建,严行.大学生创新创业基础与实务[M].北京:国家行政学院出版社,2019.

[10] 张汝山.创新与创业思维[M].北京:国家行政学院出版社,2017.

[11] 沈全洪,王旭光.大学生创业方略[M].北京:清华大学出版社,2016.

[12] 汪卫星,李海波.开创精彩人生——大学生创新创业教育[M].北京:北京邮电大学出版社,2017.